U0113197

实践与发展

中国特色社会主义政治制度

林培雄　庞仁芝

海风出版社

HAIFENG PUBLISHING HOUSE

目　录

当代中国成长进步
与政治改革发展

　　中华人民共和国成立以来，中国这块古老大地经历了日新月异的变化，改革开放以来更是创造了世人誉之为"中国奇迹"的发展成就。一个国家的发展总是在一定的政治制度下实现的，经济社会的成功必然有政治上的原因。制度，堪称一个国家的基础和根本。如果说经济制度是一个国家的基础，那么政治制度则是这个国家的根本。一个国家的先进与落后，必然体现在政治制度竞争的结果上。当代中国的发展进步，自然也不能例外。中国共产党第十八次全国代表大会指出："在中国特色社会主义道路上实现中华民族伟大复兴，寄托着无数仁人志士、革命先烈的理想和夙愿。在长期艰苦卓绝的奋斗中，我们党紧紧依靠人民，付出了最大牺牲，书写了感天动地的壮丽史诗，不可逆转地结束了近代以后中国内忧外患、积贫积弱的悲惨命运，不可逆转地开启了中华民族不断发展壮大、走向伟大复兴的历史进军，使具有五千多年文明历史的中华民族以崭新的姿态屹立于世界民族之林。"中国特色社会主义道路，探索始于 1949 年 10 月新中国成立，形成于 1978 年 12 月中共十一届三中全会开创的改革开放新时期。中国特色社会主义道路是一个全方位的概念，在政治领域的表现就是中国特色社会主义政治发展道路，就是作为制度形态的中国特色社会主义政治制度。中国特色社会主义政治制度下的辉煌发展实践，使我们加快接近中华民族伟大复兴的目标，也使我们更有信心和能力实现这个目标。

经济社会发展成就扫描

"发展"一词，一般用来说明事物由小到大、由弱到强、由简单到复杂、由低级到高级的变化，反映了社会主义中国 60 多年经济社会变迁的实质。新中国成立的 1949 年，全国社会总产值为 557 亿元，人均国内生产总值百元左右；到 1978 年，全国国内生产总值增至 3645 亿元，人均国内生产总值也升至 381 元。这一时期的发展远远超过了旧中国上百年的速度，在一些领域大大缩小了与发达国家的差距。成就虽然很大，但速度并不理想，而且经济社会发展也不平衡。以这一时期的发展为基础，改革开放以来的中国不仅创造了更高的发展速度，而且实现了经济社会的全面发展，在国际上赢得了"中国崛起"、"中国腾飞"、"中国时代"之类的赞叹。可以毫不夸张地说，近 30 多年来的中国，是综合国力显著增强的时期，是人民生活显著改善的时期，是国际竞争力和国际影响力显著提升的时期。"1949 年 10 月 1 日毛泽东庄严宣告，中国人民站起来了，这句话从来没有像现在这样贴近现实。"这是新中国成立 60 周年之际来自西班牙"中国政策观察"网站的声音。2013 年 3 月 7 日，这家网站又刊文评论道："如果一百多年前想象中国现在的状况，那简直就是一个不能实现的乌托邦。然而，尽管也经历了忽明忽暗的发展过程，但今天这个乌托邦越来越接近现实。"

经济持续平稳较快发展

经济建设是整个现代化建设的基础，直接决定着人们的生活水平。由于经济发展水平落后这一主要原因，中国的社会主义仍然处在初级阶段。因此，改革开放新时期，我们始终坚持把经济建设作为现代化建设的中心任务，聚精会神搞建设，一心一意谋发展，实现了国民经济持续平稳较快增长，大大增强了国家的经济实力和物质基础。

国内生产总值迅速扩大，国家财政实力大大增强。1978-2012年，GDP总量由3645亿元增至519322亿元（2013年达到568845亿元），年均增速为9.8%，不仅高于同期世界经济3.5%的年均增速，而且高于中国在1952-1978年5.9%的年均增速；总人口由96259万增至135404万，而人均GDP由381元升至38354元，实现了8.7%的年均增速。据世界银行统计，2011年中国人均国民收入为4933美元（1978年为190美元），已进入中高收入国家行列。国家财政收入方面，1978年仅为1132亿元，1999年超过1万亿元，2007年超过5万亿元，2012年达到11.72万亿元。财政实力不断增强，既是经济建设的丰硕成果，也为进一步发展经济、改善民生提供了财力保障。我们的近期目标，是到2020年比2000年实现总量GDP翻两番、人均GDP翻两番。翻一番的目标已于2007年提前3年实现，翻两番的目标完全可以提前实现。

如果说GDP的增长更多地体现为经济数量的扩张，那么产业结构的优化则更多地体现为经济质量的提高。在经济总量扩大的同时，第一产业基础增强，第二产业稳步发展，第三产业快速扩张。三大产业结构所占比重，由1978年的28.2%、47.9%、23.9%转变为2013年的10.0%、43.9%、46.1%。微电子、计算机、网络通讯、生物技术、新材料、航天技术等高技术产业迅速成长，正在成为国民经济的先导性、支柱性产业。清洁能源、节能环保、新一代信息技术、生物医药、高端装备制造等一批战略性新兴产业快速发展，产品质量整体水平不断提高。我们已形成比较先进、比较完整的装备制造体系。2010年，中国制造业跃居全球首位，产出占世界制造业的19.8%。2013年，全国高技术产业主营收入突破11万亿元，同比增长10%。按照国际标准，中国的工业化率在2012年达到70%左右，已进入工业化中后期。2020年基本实现工业化，这个目标一定能够如期实现。

　　随着产业结构的优化，产品和服务的供给能力大为增强，我们彻底告别了短缺时代。1978-2011 年的年产量，钢增长 21 倍，原煤增长 5.8 倍，发电量增长 18 倍，粮食增长 90%，肉类增长 9 倍。目前，这些产品的产量均居世界第一位。棉花、花生、油菜籽、茶叶、水果等主要农产品，水泥、化肥、棉布等主要工业品，产量也都位居世界前列。1990 年代后半期开始，工农业产品实现了供求平衡或略有富余，总体上由卖方市场转变为买方市场。服务业方面，多行业、多门类、多层次的体系初步形成。

　　基础设施日益完善，基础产业不断加强，支撑经济快速增长的能力与日俱增。改革开放以来，我们不断加大能源、交通、通信等基础设施和基础产业的投入，一批批关系国计民生的重大项目不断建成投产，形成了有利于长远发展的优良资产，长期制约经济发展的"瓶颈"部门得到明显加强。能源生产方面，初步形成煤炭为主体、电力为中心、石油天然气和可再生能源全面发展的供应格局。2011 年，能源生产和消费总量分别为 31.8 亿吨和 34.8 亿吨标准煤，是改革开放初期的 5 倍多。交通运输方面，2013 年铁路营业里程超过 10 万公里，其中电气化铁路达到 5.4 万公里，高速铁路突破 1 万公里。2011 年，公路通车里程达到 410.6 万公里，其中高速公路 8.5 万公里，"五纵七横"国道主干线和西部开发八条公路干线建成；民用航空航线里程 349.1 万公里；沿海规模以上主要港口货物吞吐量连续多年位居世界第一。邮电通信方面，2012 年末全国固定及移动电话用户总数达到 13.9 亿户，电话普及率达到 103.2 部 / 百人；上网人数 5.64 亿人，互联网普及率达到 42.1%。

　　城乡经济结构不断改善，区域经济结构趋向合理。促进农村和农业发展一直是国家的基本政策。进入 21 世纪以来，我们进一步加大了统筹城乡发展的力度，采取了一系列强农惠农富农的政策措施，有力地促进农业稳定增产和农民持续增收。中央财政"三农"支出，仅 2008-1012 年就有 4.47 万亿元，年均增长 23.5%。粮食综合生产能力跃上新台阶，2004 以来粮食总产量连续十年增长，2013 年达到 60193.5 万吨，比 1978 年增长约 1 倍。在统筹区域发展方面，国家先后实施西部大开发、促进中部地区崛起、振兴东北地区老工业基地等战略。2011年比2002年，中部地区、西部地区固定资产投资占全国的比重分别提高5.5%和3.2%，生产总值占全国的比重分别提高1.3%和2%。2013年，中西部地区GDP占全国的比重达到44.4%。

经济建设的巨大成就得益于不断深化的经济体制改革。30多年来，我们锐意推进经济体制改革，建立以家庭承包经营为基础、统分结合的农村双层经营体制，完善公有制为主体、多种所有制共同发展的基本经济制度，完善按劳分配为主体、多种分配方式并存的分配制度，同时深化财税体制、金融体制、投资体制、价格机制等方面改革，形成了宏观调控下市场对资源配置起基础性作用的经济管理制度，从而实现了从高度集中的计划经济体制到充满活力的社会主义市场经济体制的伟大历史转折。通过改革，国有经济虽然在企业数量上减少了许多，但活力、控制力和影响力明显增强。2012年，上榜《财富》世界500强的国有企业达到54家。国家所采取的鼓励、支持、引导非公有制经济发展的政策措施，营造了公平竞争的法制环境和市场环境，促进了非公有制经济和民间投资发展。2012年中国的非公企业，数量超过1000万户，GDP比重超过60%，利润达到1.82万亿元，税收贡献超过50%，就业贡献超过80%；个体工商户为4060万户（1978年仅有14万户），从业人数约8000万，资金总额约2万亿元。

中国经济建设的巨大成就还得益于不断扩大的对外开放。中国顺应经济全球化趋势，坚持对外开放的基本国策，加快发展开放型经济，实现了从封闭半封闭到全方位开放的伟大历史转折。从建立经济特区到开放沿海、沿江、沿边、内陆地区再到加入世界贸易组织，从大规模"引进来"到大踏步"走出去"，中国利用国际国内两个市场、两种资源的水平显著提高，国际竞争力不断增强。中国货物进出口总额，1978年只有206亿美元，在世界货物贸易中排名第32位，所占比重不足1%。之后快速攀升，2004年突破1万亿美元，2007年突破2万亿美元，2011年突破3万亿美元。2013年达到4.16万亿美元（其中出口总额2.21万亿美元，进口总额1.95万亿美元），意味着自二战结束以来美国保持了几十年的世界货物贸易第一的位置被中国替代。同时，中国的货物贸易结构也经历了根本性变化。1980年代实现了由初级产品为主向工业制成品为主的转变，1990年代实现了由轻纺产品为主向机电产品为主的转变，进入21世纪以来以电子和信息技术为代表的高新技术产品出口比重不断扩大。服务贸易在加入世界贸易组织后，规模迅速扩大，结构逐步优化，2013年超过5200亿美元，居全球第三位。利用外资方面，截止2012年累计超过1.3万亿美元。对外投资方面，2012年非金融类投资达到772亿美元，中国已跻身对外投资大国行列。外汇储备，1978-2012年由1.67亿美元增至33116亿美元。中国通过广泛深入的国际合作，既加快了本国经济发展，也为世界经济作出了贡献。

教育科学文化繁荣进步

教育科学文化既是社会主义现代化建设的重要内容，又是社会主义现代化建设的重要动力，直接关系中华民族的文明素质和伟大复兴。30多年来，这方面体制改革不断深化，教育科学文化事业蓬勃发展。

教育是民族振兴、社会进步的基石，是提高国民素质、促进人的全面发展的根本途径，寄托着亿万家庭对美好生活的期盼。国家把教育摆在优先发展的战略地位，坚持教育为现代化建设服务、为人民服务，把育人为本作为教育工作的根本要求，把改革创新作为教育发展的强大动力，把促进公平作为教育事业的基本政策，把提高质量作为教育改革的核心任务，推动各类各级教育不断取得新的成就。我们以人才培养体制改革为核心深入推进教育领域综合改革，包括考试招生制度、现代学校制度、办学管理体制、投入保障制度改革，包括基础教育、中等教育、高等教育和继续教育的课程和教学改革。坚持教育优先发展的基本国策，经济社会发展规划优先安排教育，财政资金优先保障教育，公共资源优先满足教育。国家财政性教育经费连年大幅增长，2012年达到22236.23亿元，占国内生产总值的比重为4.28%，超过了4%的预期目标。许多地方实施"一把手工程"，把教育发展指标纳入各级政府和领导干部考核体系，实行教育优先发展目标责任制和问责制，形成了密切协作、齐抓共管的机制。理顺了政府与学校的关系，前者按照职责与权限科学管理，后者面向社会依法自主办学。鼓励和引导社会力量兴办教育，基本形成以政府办学为主体、公办学校和民办学校共同发展的格局。深化投入体制改革，形成了义务教育由政府负全责、非义务教育以政府投入为主的多渠道筹集经费的体制机制。扩大教育开放，形成了全方位多层次宽领域、出国留学和来华留学同步发展的新局面。促进教育公平，保障公民受教育的权利，全国 15 岁以上人口平均受教育年限超过 9 年；公共教育资源向农村、边远、贫困地区和民族地区倾斜，缩小了西部和民族地区在主要教育发展指标上的差距。今天，城乡九年免费义务教育全面实现，义务教育人口覆盖率达到 100%，青壮年文盲率降到 1.08%；学前教育加快发展，学前 3 年毛入园率达 62.3%；高中教育加快普及，毛入学率升至 84.5%；中高等职业教育取得突破性进展，分别占到同级教育的半壁江山；高等教育大众化水平进一步提高，毛入学率达到 30%。研究生、普通高等教育本专科、各类中职、普通高中、初中、小学教育，2012 年分别招生 59、688.8、761、844.6、1570.8、1714.7 万人，在校生分别是 172.0、2391.3、2120.3、2467.2、4763.1、9695.9 万人，特殊教育在校生 37.9 万人，幼儿园在园幼儿 3685.8 万人。这样的规模，使中国教育成为当之无愧的世界第一。国家助学制度不断完善，实现了从学前教育到研究生教育的全覆盖，每年资助金额近 1000 亿元，资助学生近 8000 万人次，实现了"不让一个孩子因为家庭经济困难而上不起学"的庄严承诺。中等职业教育免学费政策，覆盖范围包括所有农村学生、城市涉农专业学生和家庭经济困难学生。初步解决了进城务工人员随迁子女教育问题，约 1260 万农村户籍孩子在城市接受义务教育。农村义务教育阶段学生营养改善计划，惠及三千多万学生。经过坚持不懈地多方面努力，中国教育正朝高效优质、人民满意、世界一流的方向大步前进。世界银行评价说："公共教育的提供也变得更加公平。一个公共财政体系已经建立以满足弱势群体的教育需求。城乡和区域差距在某种程度上被缩小。这些都是中国教育发展的重要的里程碑。"

科学技术是人类智慧的宝贵结晶和伟大创造，是经济繁荣、社会发展、文明进步的重要动力，也是中国实现社会主义现代化的关键。30 多年来，国家把科学技术作为战略发展重点，坚持推进科技体制改革，深入实施科教兴国战略，不断完善科技发展政策，根据发展需求确定科技战略重点，着力推进原始创新，加强关键技术突破，重视引进消化吸收，完善基础设施和条件平台，促进科技和经济紧密结合，加快科技成果向现实生产力转化，科技事业发展捷报频传。通过实施重大科技专项和一系列科技计划与工程，取得了玉兔登月、载人航天、载人深潜、卫星导航、超级计算、量子通信、中微子振荡、超级杂交稻等一批重大成果，一些重要学科领域进入世界科技前沿。中国载人航天工程自 1992 年起步至今，已建立起完整的天地往返载人运输系统，为我们正在研制建设的载人空间站及其运营系统奠定了扎实基础。在载人航天、探月工程之外，中国航天正踌躇满志地跨出地-月系统。中国"北斗"导航系统，总体性能与美国 GPS 相当，但成本更低，目前有 16 颗在轨卫星，能够覆盖东亚地区和澳大利亚，到 2020 年将覆盖全球。第一次来中国的东盟政府间人权委员会马来西亚代表穆罕默德　沙菲　阿布杜说："中国的农业专家袁隆平在杂交水稻方面取得了巨大成果，不仅解决了中国的粮食问题，也给世界不发达国家消除贫困与饥饿带来了希望，而生存权是人权的重要组成部分。"中国科技发明，自 1984 年颁布《中华人民共和国专利法》以来呈爆发式增长，仅 27 年就实现了发明专利授权量百万件突破，成为实现这一目标历时最短的国家。2012 年，受理专利申请 205.1 万件，其中境内申请占 91.9%；授予专利权 125.5 万件，其中境内授权占 91.1%。中国科技人员发表的国际论文，2002-2012 年（截止 11 月 1 日）共 102.26 万篇，位居世界第二，共被引用 665.34 万次，名列世界第六。一系列振奋人心的成功的背后，是研发投入的持续增加。2008-2012 年，中央财政科技投入累计 8729 亿元，年均增长 18%。全社会研究与开发支出，2013 年达到 11800 亿元（其中企业所占比例超过 76%），占国内生产总值的 2%。"十二五"时期（第十二个五年计划时期，即 2011-2015 年），这一比重将上升至 2.2%，达到发达国家的水平。我们的科技创新，在取得骄人成绩的基础上后劲十足，正在实现从追赶者向引领者的跨越。

　　文化是民族的血脉和人民的精神家园，文化建设是中国特色社会主义事业总体布局的重要方面，文化繁荣发展是全面建设小康社会的重要目标。随着文化体制改革的逐步深入，宏观体制环境不断优化，文化企事业单位的活力显著增强，文化创作文化市场空前繁荣，文化事业文化产业蓬勃发展，全社会参与文化建设的积极性日趋高涨，推动社会主义文化大发展大繁荣的氛围日益浓厚。文化体制改革方面，1980 年代以来在改革开放的大潮中不断探索、尝试、积聚力量，迈入 21 世纪后大力提速，加快形成党委领导、政府管理、行业自律、社会监督、企事业单位依法运营的文化管理体制和富有活力的文化产品生产经营机制。经营性文化单位转企改制取得实质性成果，时至 2012 年底，已有 6900 多家事业单位核销，近 30 万人的事业身份注销。通过改革，理顺了政府、市场与文化企事业单位的关系，强化了市场在文化资源配置中的积极作用，调动了文化企事业单位的积极性，促进了政府职能转变，优化了文化发展繁荣的体制机制。文化产业发展方面，企业活力和市场竞争力不断提升，涌现出一批总资产和总收入超过或接近百亿元的大型企业和企业集团，有力地促进了文化市场繁荣。2003-2012 年，电影年产量由不足百部升至 893 部，国内票房从 9.5 亿元增至 170.73 亿元（其中国产影片票房为 82.73 亿元），基本改变进口大片主导中国电影市场的格局。2012 年，生产电视剧 506 部 17703 集，电视动画片 222838 分钟；出版报纸 476 亿份，期刊 34 亿册，图书 81 亿册。这一年，文化产业增加值超过 1.8 万亿元，占 GDP 的比重达到 3.48%。公共文化服务体系建设方面，不断创新工作机制，推进了公共文化服务的资源共享、综合利用和社会化多元化。截止 2012 年底，全国有广播电视播出机构 2579 个，有线电视用户 2.14 亿户，有线数字电视用户 1.43 亿户。通过实施广播电视村村通工程，广播、电视节目综合人口覆盖率分别达到 97.5% 和 98.2%。通过实施文化信息资源共享工程，将优秀中华文化信息资源进行数字化整合，在全国范围内实现共建共享。该工程自 2002 年正式启动，至 2011 年底中央和地方财政投入累计 63.87 亿元，数字资源总量达到 136.4TB，至 2012 年 5 月已建成 1 个国家中心、33 个省级分中心、2840 个县级支中心、28595 个乡镇基层服务点、60.2 万个行政村基层服务点，累计服务人次超过 12 亿。2012 年末，全国有博物馆 2838 个、公共图书馆 2975 个、文化馆 3286 个、乡镇综合文化站 34139 个，基本实现了县县有图书馆文化馆、乡乡有综合文化站的建设目标，各级文化文物部门归口管理的公共博物馆、纪念馆、美术馆、图书馆、文化馆、爱国主义教育示范基地基本实行免费开放。农村电影放映工程实现了数字化，基本达到一村一月放映一场电影的公益服务目标；农家书屋工程建成近 40 万家，覆盖 50% 的行政村。

各项社会建设全面加强

加强社会建设、促进社会和谐，是国家富强、民族振兴、人民幸福的内在要求，也是中国共产党执政以来所致力建设的社会主义事业。新中国成立后，在领导社会建设方面进行了艰辛探索，积累了正反两方面经验，推动了各项社会事业的发展。改革开放以来，在坚持以经济建设为中心的同时，努力推动社会全面进步，有力地促进了社会和谐。进入 21 世纪以来，对社会建设的认识进一步深化，明确了它在中国特色社会主义事业总体布局中的地位，作出了一系列加强社会建设的决策部署，大力构建社会主义和谐社会。构建社会主义和谐社会，就是沿着中国特色社会主义道路，以科学发展观统领经济社会发展全局，按照民主法治、公平正义、诚信友爱、充满活力、安定有序、人与自然和谐相处的总要求，以解决人民群众最关心、最直接、最现实的利益问题为重点，着力保障和改善民生，推进社会体制改革，扩大公共服务，完善社会管理，促进社会公平正义，使全体人民学有所教、劳有所得、病有所医、老有所养、住有所居，形成全体人民各尽所能、各得其所而又协调发展、和谐相处的局面。

就业是人民改善生活的基本前提和途径，堪称民生之本，关系到社会繁荣稳定和国家长治久安。中国是世界上人口最多的国家，在拥有众多劳动力的同时也需要巨量的就业岗位。改革开放以来，随着经济体制改革的深化，中国的就业制度发生了深刻变化，实现了计划经济体制下统包统配为主逐步向市场经济体制下市场配置劳动力资源为主的转变，造成国有企业下岗职工再就业的问题。特别是随着农业劳动生产率的提高，农业劳动力就业比重由改革开放初期的78%下降到目前的37%，约有2.8亿多农村剩余劳动力从农业中转移了出来，造成再就业的另一个重大问题。中国政府高度重视就业问题，把就业作为保障和改善民生的头等大事。《中华人民共和国宪法》和《中华人民共和国劳动法》明确规定，保障劳动者的就业权利，采取各种政策措施积极促进就业，不断满足劳动者的就业需求。我们从中国国情出发，坚持就业优先的发展战略，通过实践探索并借鉴国际经验，实施了一系列积极的就业政策，确立了劳动者自主就业、市场调节就业、政府促进就业的方针，千方百计地做好就业工作，努力实现就业规模持续扩大、就业结构不断优化、劳动者素质明显提高、失业风险有效控制的目标，积极构建和谐劳动关系。经过多年努力，我们已建立起市场导向的就业机制。伴随经济发展和结构调整，就业规模持续扩大，就业结构逐步优化，就业渠道不断拓宽，就业形式更加灵活，保持了就业形势的基本稳定。2008年以来，面对全球金融危机给实体经济带来的冲击，政府深入落实就业优先战略和更加积极的就业政策，加强重点人群就业工作，提高职业培训和就业服务水平，五年累计投入就业专项资金1973亿元，每年城镇新增就业超过千万人，累计达到5870万人。2012年，在经济增速低于8%的情况下，城镇新增就业1266万人，失业人员再就业552万人，就业困难人员就业182万人，打破了经济增长率不低于8%才能促进就业的说法。这一年，全国就业总人数达76704万，其中城镇就业人员有37102万，城镇登记失业率为4.1%；全国农民工总量为26261万，其中外出农民工16336万。中国的目标是到2020年就业总量达到8.4亿，失业率控制在社会可承受的水平，绝大部分人有机会就业，少量失业者基本生活有保障并为就业做准备，社会总体上处于比较充分的就业状态。

　　建立健全与国情相适应的社会保障体系，是经济社会协调发展的必然要求，是社会稳定和国家长治久安的重要保证，是中国政府全面推进小康社会建设的重要任务。中国作为世界上最大的发展中国家，不仅人口众多，而且经济发展起点低，地区之间、城乡之间很不平衡，完善社会保障体系的任务异常艰巨繁重。现行宪法明确规定，国家建立健全同经济发展水平相适应的社会保障制度。改革开放之前，中国长期实行与计划经济体制相一致的社会保障政策，最大限度地向人民提供了各种社会保障。改革开放以来，中国政府坚持以人为本，改革计划经济时期的社会保障制度，逐步建立起与市场经济体制相适应、由中央政府和地方政府分级负责的社会保障体系的基本框架，包括社会保险、社会救助、社会福利三大系统及商业保险、慈善事业等补充保障。社会保险是社会保障体系的主体，包括养老保险、失业保险、医疗保险、工伤保险和生育保险，旨在解除劳动者的后顾之忧，增进劳工福利，它建立在劳资分责、政府担保的基础之上；社会救助旨在解决国民生存危机，保障起码生活，它被看作政府的当然责任；社会福利则是实现全体国民分享国家发展成果的重要途径。中国的社会保障制度，坚持公平、共享、普惠的价值理念，贯彻广覆盖、保基本、多层次、可持续的方针，实行以人为本、互助共济、弱者优先、政府主导与责任分担的原则，在实践中循序渐进地不断完善。通过多年努力，社会保障体系建设成效显著。新型农村社会养老保险制度和城镇居民社会养老保险制度实现了全覆盖，各项养老保险参保达到 7.9 亿人。建立新型农村合作医疗制度和城镇居民基本医疗保险制度，全民基本医保体系初步形成，各项医疗保险参保超过 13 亿人。城乡居民低保、医疗、教育、法律等救助制度进一步完善，孤儿保障、流浪儿童救助保护、农村五保供养制度进一步健全。社会保障水平方面，企业退休人员基本养老金人均每月由 2004 年的 700 元提高到 2012 年的 1721 元，失业、工伤、生育等保险待遇，城乡低保、优抚对象抚恤和生活补助标准，基本医疗保险报销比例和最高支付限额，也都不断提高。

　　住房是人民群众的基本生活需求，是公民实现居住权的核心依托，事关社会和谐和国家稳定。改革开放后，我们开始探索城镇住房制度改革。1998年后停止住房实物分配，全面推进城镇住房制度改革，加快完善基本住房保障制度。保障性住房，以廉租房和公租房为主，其他种类房为辅，受政府宏观调控的支持。公租房实行政府主导、社会参与，以略低于市场价格出租，主要解决城镇中等偏下收入家庭、新就业职工、外来务工人员等的阶段性住房困难；廉租房由政府投资，以低租金出租给城镇人均建筑面积 13 平方米以下的低收入家庭；经济适用住房由政府组织、社会投资，按照保本微利原则出售给符合条件的家庭；限价商品房面向符合条件的中等偏下收入家庭销售，在土地招标出让时限定套型结构、销售价位；棚户区改造限于老工业基地和林区、垦区、矿区集中连片的棚户区。近些年来，针对房价过高、上涨过快的现象，政府以坚决的态度连出重拳，大力推进保障性住房建设。2011年 9 月，国务院办公厅下发《关于保障性安居工程建设和管理的指导意见》，要求落实工程质量责任，实行勘察、设计、施工、监理单位负责人和项目负责人责任终身制。政府各部门齐心协力，住建部门督查保障性住房的建设和分配，促进政府投资比例的提高；国土部门负责土地供应，保证及时到位并落实到具体地块；财政部门督查住房保障资金的筹集、管理和使用，保证保障性安居工程的资金需求。经过努力，城镇保障性住房制度不断健全，覆盖面逐步扩大。到 2012 年底，累计用实物方式解决了 3100 万户城镇家庭的住房困难，约占城镇家庭总户数的 12.5%；此外，还有近 500 万户城镇低收入住房困难家庭享受政府发放的廉租住房租赁补贴。"十二五"时期，国家将进一步加大保障性住房建设力度，新建保障房 3600 万套，基本解决城镇低收入家庭的住房困难，改善部分中等偏下收入家庭的住房条件。为了切实保障中低收入家庭这一基本人群的居住权，国家正在拟制住房保障法。

发展医药卫生事业，提高人的健康水平，做到病有所医，是人类社会的共同追求，更是社会主义社会促进人的全面发展的必然要求。中国现行宪法规定，国家发展医疗卫生事业，发展现代医药和传统医药，保护人民健康。中国的医药卫生体制改革，自 1980 年代启动以来不断深化。改革的基本理念，是把基本医疗卫生制度作为公共产品向全民提供，保证每个居民不分地域、民族、年龄、性别、职业、收入水平，都能公平获得基本医疗卫生服务。改革的基本原则，是建机制、保基本、强基层。经过不懈努力，我们已在全国建立起包括疾病预防控制、健康教育、妇幼保健、精神卫生、卫生应急、采血供血、卫生监督和计划生育等在内的公共卫生服务体系，在农村建立起以县级医院为龙头、乡镇卫生院和村卫生室为基础的三级医疗卫生服务网络，在城市建立起各级各类医院与社区卫生服务机构分工协作的医疗卫生服务体系，在城乡建立起基本医疗保险、新型农村合作医疗和城乡医疗救助体系。目前，中国已构建起世界上规模最大的基本医疗保障网，人口覆盖率超过95％。同时，建立起包括药品的生产、流通、采购、配送、使用和价格管理的药品供应保障体系，建立起由政府一般税收、社会医疗保险、商业健康保险和居民自费等多种渠道构成的卫生筹资结构。中国的卫生事业总费用，1978年以来以年均11％以上的速度增长，2011年达到24345.91亿元，占国内生产总值的比重为5.1％，人均卫生总费用为1806.95元。2002以来的十年间，个人现金卫生支出由57.7％下降到34.8％。在医疗卫生事业改革发展的背后，是国家财政投入力度的不断加大。仅2009-2012年这方面的国家财政投入累计就达22427亿元，占财政支出的比例由4.4％提高到5.7％。世界卫生组织驻华代表蓝睿明说，世界上没有任何一个国家像中国这样迅速地推行了系统性医疗改革，在其他国家，要取得类似成就需要很多年。

环境保护取得显著成效

保护人类赖以生存的生态环境，造福当代，惠及子孙，是当今国际社会的共同任务。中国是一个发展中国家，虽然长期面临发展这个首要任务，但历来重视环境保护。1950年代"一五"期间开建的156项大型工程，注意全面规划、合理布局，并在选址、设计和施工时，考虑了风向、水源等环境因素，部分工程还采取了治污措施。在农村，开展了大规模的农田水利基本建设，进行了淮河、黄河、长江等河流的大型水利工程建设，加强了植树造林和水土保持工作，从而改善了农业生产条件，增强了农业抗御自然灾害的能力。1957年以后，我们在指导思想上的失误也加剧了人与自然的矛盾，工业污染和环境质量日益恶化。1970年代初，觉察到环境问题严重性的周恩来总理多次强调，要消灭废水、废气对城市的危害，并使其变为有利的东西；在搞经济建设的同时，就应抓紧解决工业污染问题，绝不能做贻误子孙后代的事。1973 年 8 月，国务院委托国家计委召开了第一次全国环保会议，制定了《关于保护和改善环境的若干决定（试行草案）》。这是一次具有重要意义的会议，唤起了各级干部和广大群众对环保工作的重要性、迫切性和现实性的认识，明确了中国环保工作的方针和战略，推动了环境管理机构的建立。1974 年 5 月，成立了国务院环境保护领导小组及其办公室。随后，各省、区、市和国务院有关部局也设立了环境管理机构。所有这些表明，生态与环境保护在中国起步是比较早的，甚至可以说是与世界同步的。

改革开放以来，随着中国经济的快速发展，发达国家上百年工业化过程中分阶段产生的环境问题在中国集中出现，资源相对短缺、生态环境脆弱、环境容量不足，逐渐成为中国发展中的重大问题。随着实践的发展和认识的深化，环境保护成为我们的一项基本国策。1981 年起，环境保护进入国民经济和社会发展五年计划。1990 年代中期，提出以保护生态环境为重要内容的可持续发展战略。同时，环境保护各方面工作的力度不断加大。

加强环境保护法治建设。1979 年 9 月全国人大常委会通过的《中华人民共和国环境保护法（试行）》，成为中国环境保护的基本法，标志着环境保护步入法制化的轨道。1982 年 12 月制定的宪法规定，国家保护和改善生活环境和生态环境，防治污染和其他公害。此后至今，我们颁布了 30 多部法律和 50 多项法规。针对特定环境保护对象，制定了水污染防治法、海洋环境保护法、大气污染防治法、环境噪声污染防治法、固体废物污染环境防治法、放射性污染防治法等法律；从建设生态文明的需要出发，制定了可再生能源法、循环经济促进法、环境影响评价法等法律。国务院制定了建设项目环境保护管理条例、危险化学品安全管理条例、排污费征收使用管理条例、危险废物经营许可证管理办法等行政法规。地方人大结合本地区的具体情况，制定了一大批环境保护方面的地方性法规。这些法律法规，规定了各级政府、一切单位和个人保护环境的权利和义务。此外，我们还颁布了 1300 余项国家环境保护标准，初步建立起国家环境保护标准体系。在加快环境立法的同时，加大了环境领域行政执法的力度，仅 2006-2010 年就依法查处环境违法企业 8 万多家（次），取缔关闭违法排污企业 7293 家。

强化政府环保部门职能。1982 年组建城乡建设环境保护部，代管国家环保局；1988 年撤销城乡建设环境保护部，组建建设部，国家环保局改为副部级的国务院直属机构；1998 年国家环保局改为国家环境保护总局，升格为正部级的国务院直属机构；2008 年撤销环境保护总局，组建环境保护部。组建环境保护部并列入国务院组成部门，强化了它在环境政策、规划等重大问题上的参与权、话语权和统筹协调职责，有利于它发挥协调跨部门、跨地区、跨流域的环境保护监督检查的职能。

发挥社会各方面的积极性。1982 年起，我们开始实施全国人大通过的《关于开展全民义务植树运动的决议》。此后的 31 年间，全国参加义务植树 139 亿人次，义务植树 640 亿株。2000 年以来，先后举行了七届"中华环境奖"评选活动。至 2011 年，先后召开了七次全国环保大会。据统计，目前中国有非政府环保组织三千多个。这些组织通过开展各种活动，推动了中国环保事业的进步。

近些年来，我们以科学发展观统领环境保护事业，坚持预防为主、综合治理、全面推进、重点突破的方针，创新体制机制，依靠科技进步，加强环境法治，着力解决危害人民群众健康的突出环境问题，减缓了环境污染和生态破坏的加剧趋势。2008-2012 年，共淘汰落后炼铁产能 1.17 亿吨、炼钢产能 0.78 亿吨、水泥产能 7.75 亿吨；新增城市污水日处理能力 0.46 亿吨；单位国内生产总值能耗下降 17.2%，化学需氧量下降 15.7%，二氧化硫排放量下降 17.5%；通过推进天然林保护、退耕还林、防沙治沙等重点生态工程建设，累计完成造林 2953 万公顷，治理沙漠化、石漠化土地 1196 万公顷，综合治理水土流失面积 24.6 万平方公里，整治国土面积 18 万平方公里。与此同时，我们大力发展风力发电、太阳能发电等绿色能源生产，这方面的投资在 2012 年达到 677 亿美元，继 2009 年再次成为世界最大的可再生能源投资国。这一年，全国天然气、水电、风电、核电四种新能源占能源消费的比重上升到 14.5%。在多项政策、技术、资金的支持下，中国资源综合利用取得明显成效。据国家发展改革委发布的《中国资源综合利用年度报告(2012)》，全国约 1/3 的共伴生矿产资源实现综合开发，35% 的黄金、90% 的银、100% 的铂族元素、75% 的硫铁矿和 50% 以上的钒、碲、镓、铟、锗等稀有金属来自于综合利用；粉煤灰、煤矸石、工业副产石膏等大宗固体废物年利用量约 15 亿吨，工业固体废物综合利用率近 60%，年利用量近 20 亿吨；农作物秸秆综合利用率达到 71%，年利用量 5 亿吨；主要品种再生资源回收总量达 1.65 亿吨，回收总值达 5763.9 亿元，部分城市主要品种再生资源回收率提高到 70%。"十二五"期间，中国生态环保投入将达到 3.4 万亿元，以节能减排作为结构调整和创新转型的重要突破口，使单位国内生产总值二氧化碳排放比 2010 年降低 17%。在第十二届全国人大一次会议审议通过的预算案中，环境对策预算比去年增加了 18.8%，超过了财政支出的整体增幅。

中国在环境保护领域的努力得到国际社会的肯定。联合国环境规划署、世界银行、全球环境基金，先后将"联合国环境规划署 川环境奖"、"绿色环境特别奖"、"全球环境领导奖"、"地球卫士奖"授予中国环保等部门。据国务院新闻办公室于 2013 年 5 月发布的白皮书，中国共 21 次获得联合国人居奖，有 7 个项目获得迪拜国际改善居住环境最佳范例奖，有 30 个城市获得中国人居环境奖，398 个项目获得了中国人居环境范例奖。美国《全球主义者》在线杂志登载的《绿色中国：一个供世界借鉴的模式》一文指出："在将绿色发展从一个新奇理念上升到全球竞争的新兴产业方面，中国扮演着引领变革的角色"；"中国的绿色发展模式成为目前应对全球变暖威胁的最佳方式，鉴于诸如《京都议定书》等旨在限制温室气体排放的国际努力未能取得预期效果，中国模式的意义便更加凸显"。中共十八大把生态文明建设作为中国特色社会主义建设总体布局的重要方面，并提出建设美丽中国的目标。对此，美国经济学家龙安志评论说："如果新领导人选择'生态文明'这一新发展思路，注重再生能源，开始根本性改革，那么中国将再次出现一个增长时代。如果北京选择这条道路，它将超过华盛顿，并成为新的世界领袖。"

城乡人民生活大幅改善

改革开放之初，中国共产党设计了社会主义现代化建设"三步走"的发展战略。这个发展战略的每一步，都与人民生活息息相关。到20世纪末，我们胜利实现了前两步目标，人民生活总体上达到小康水平。进入新世纪后，随着第三步发展战略的实施，人民群众生活正在步入更加全面、更高水平的小康社会。据2011年发布的《中国全面建设小康社会进程统计监测报告》，全面建设小康社会的实现程度，2000-2010年由59.6%提高到80.1%。

城乡居民收入不断增加。1978-2013年，城镇居民人均可支配收入从343元增至26955元，农村居民人均纯收入从134元增至8896元。城乡居民储蓄存款余额，1978-2011年由211亿元增至34.36万亿元。城镇居民财产性收入从无到有，占全部收入比重在2007年就达到2.3%。中共十八大提出收入倍增计划，即2020年城乡居民人均收入比2010年翻一番。既有速度告诉我们，这个倍增计划一定能够实现。有关数据显示，2011～2013年中国城乡居民人均收入年均增速超过9%，远高于未来收入倍增计划所需的7%的速度。

收入分配差距正在缩小。改革开放以来，人民整体生活水平不断提升，但从居民收入来看城镇快于乡村。近些年来，这种现象得到了扭转。2008-2012年，城镇居民人均可支配收入年均增长8.8%，农村居民人均纯收入年均增长9.9%。城乡居民收入增长趋向平衡，只是社会分配差距缩小的一个方面。国家统计局在2013年1月公布了按新标准、老的历史数据测算的10年来中国居民收入基尼系数，表明这个指标自2009年以来逐步回落。2003-2012年中国居民收入基尼系数分别为：0.479、0.473、0.485、0.487、0.484、0.491、0.490、0.481、0.477和0.474。另据2014年1月20日国家统计局发布的数据，2013年全国居民收入的基尼系数为0.473。基尼系数是用来定量测定收入分配差异程度的指标，其值在0和1之间，越接近0就表明收入分配越是趋向平等，反之，收入分配越是趋向不平等。在做大蛋糕的同时，更注重分好蛋糕，让中低收入群体得到实惠，这正是我们发展所追求的目的。

政府首次公布基尼系数，体现了国家对收入分配问题的高度关注。

居民消费结构得到优化。消费结构优化表现在用于饮食以外的其他生活开支不断增加，包括住房、交通、通信、家电、文化、旅游消费等等。住房方面，1978-2012 年，城市居民人均住房建筑面积由 6.7 平方米增加到 32.9 平方米，农村居民人均住房面积由 8.1 平方米增加到 37.1 平方米。耐用消费品方面，改革开放初期很少家庭有电冰箱、空调机和汽车，所有家庭没有移动电话和家用电脑。2011 年，农村居民每百户拥有电冰箱 61.5 台、空调机 22.6 台、移动电话 179.7 部；城镇居民每百户拥有移动电话 205.3 部、家用电脑 81.9 台、家用汽车 18.6 辆（2012 年为 21.5 辆）。文化消费方面，2011 年城乡居民人均分别为 1102 元和 165 元，比 2002 年增长 170.7% 和 253.8%，年均增长 11.7% 和 15.1%，快于人均消费支出 0.9 和 2.7 个百分点；占消费支出的比重分别为 7.3% 和 3.2%，比 2002 年分别提高 0.6 和 0.7 个百分点。城乡居民文化消费差距，由 2002 年的 8.7：1 缩小至 2011 年的 6.7：1。休闲旅游，以前对多数中国人来说可望而不可及，今天成为很多人的常事。2012 年，国内出游 29.6 亿人次，旅游收入 22706 亿元。如果用恩格尔系数来反映 1978-2012 年居民消费结构的变化，城镇居民家庭由 57.5 降至 36.2，农村家庭居民由 67.7% 降至 39.3%。恩格尔系数，指食物消费支出占消费总支出的比重，被联合国粮农组织作为重要评价指标：一个国家或地区，60% 以上为绝对贫困，50-59% 为勉强度日，40-49% 为小康水平，30-39% 为相对富裕，29% 以下为最富裕。按照这个标准，中国城镇实现了从接近绝对贫困到迈入富裕门槛的跨越，中国农村实现了从绝对贫困到进入小康水平的跨越。

城市化率快速提升。这个数字，1978 年是 17.9%，2013 年为 53.73%。年均 1% 的城市化率，意味着每年有 1 千多万人移入城市。仅 2008 年以来的六年间，就转移农村人口 1 亿多人。有专家测算，从 10% 到 75% 的城镇化率，美国用了 100 年，其他发达国家用了 140-200 年，预计中国只需要 40 年。诺贝尔经济学奖得主、美国经济学家斯蒂格利茨断言，21 世纪初期，影响世界最大的两件事是新技术革命和中国的城镇化。

从反映国民健康状况的重要指标看，中国居民的健康水平已处于发展中国家前列。人均期望寿命，1949年为35岁，1978年为68岁，2012年达到75岁。2011年，孕产妇死亡率降到26.1／10万，婴儿死亡率降到12.1/1000，5岁以下儿童死亡率降到15.6/1千，提前实现联合国千年发展目标。

中国发展的世界影响

中国特色社会主义道路，在国际社会追求和平发展、合作发展和共同发展。和平发展，就是既通过维护世界和平发展自己，又通过自身发展维护世界和平，始终做维护世界和地区和平稳定的坚定力量；合作发展，就是与其他国家寻找合作机会、扩大合作领域、拓展共同利益，以合作促发展，在良性竞争中取长补短；共同发展，就是奉行互利共赢的开放战略，坚持自身利益与人类共同利益的一致性，在追求自身发展的同时努力实现与他国发展的良性互动，促进世界各国共同发展。坚持中国特色社会主义道路，我们通过对外开放不仅推动了自身的快速发展，也有力促进了世界的和平与发展，为人类文明进步事业作出了重大贡献。总部设在美国得克萨斯州的全球语言研究所在2011年5月5日公布的一项调查结果显示，进入本世纪以来全球的最大新闻仍然是中国作为经济和政治大国的崛起。

中国发展对世界经济的贡献

中国的对外开放，把我们与世界更加紧密地联系起来，不仅推动了中国的现代化建设，也促进了世界经济的发展繁荣。据国家统计局的报告，中国经济对世界经济增长的贡献率1978年为2.3%，2003-2011年超过20%，超过美国而上升为世界首位。特别是面对金融危机的冲击，中国经济率先回升向好，成为世界经济增长的强大引擎。

中国进口贸易已成为世界经济增长的重要推力，为贸易伙伴提供了越来越多的发展机会。中国加入WTO的十年来，全面履行入世承诺，平均关税从15.3%降至9.8%，开放了100个服务贸易部门，建立起更加稳定和可预见的贸易体制，在WTO舞台上实现了从"新成员"向"参与方"和"推动者"的角色转换。目前，中国是日本、韩国、澳大利亚、东盟、巴西、南非等国家的第一大出口市场，是欧盟的第二大出口市场，是美国和印度的第三大出口市场。中国对最不发达国家的开放市场程度也很高。截至2010年7月，已对36个已建交的这样的国家原产的4700多个税目商品实施进口零关税，约占全部税则税目的60%。中国承诺，继续扩大对已建交的最不发达国家的给惠范围，使实施零关税商品达到全部税则税目的97%。零关税待遇涵盖了最不发达国家绝大多数工业制成品，使中国成为这些国家的第一大出口市场，从而刺激了这些国家工业化的发展。汇丰银行认为，我们正从一个由美国或者欧洲引领的世界走向一个由中国引领的世界。

中国出口贸易为进口地提供了物美价廉的商品，增进了贸易伙伴的国民福利。中国制造业的规模经济优势和加工成本优势，部分消化了上游生产要素的价格上涨，起到了抑制全球通货膨胀、提高贸易伙伴消费者实际购买力的作用。国际舆论评论，"中国制造"成为"全球经济的支点"、"改变世界的杠杆"、"引领全球经济的核心力量"。同时，中国认真遵守有关出口管制的国际公约，严格履行防扩散承诺，为国际和平与地区稳定作出了积极努力。近年来，中国政府广泛采纳国际通行规范和做法，形成了一整套涵盖核、生物、化学和导弹等敏感物项和技术的完备的出口管制体系，为更好地实现防扩散目标提供了法律依据和制度保障。

境外快速增加的中国企业和中国游客，推动了当地经济的发展繁荣。中国加入世贸组织以来，企业"走出去"的态势前所未有。非金融类对外直接投资，1991-2002年长期徘徊在10-40亿美元，2002年起实现了快速增长，2012年达到772.2亿美元，存量超过5000亿美元。目前，中国有境外企业2万多家，分布于177个国家和地区，资产总额超过2万亿美元。来自中国商务部的消息，2011年，境外企业雇用外方员工88.8万人，员工本地化率达到73%，境外纳税超过220亿美元。对外投资，深化了中国与世界各地的互利合作，带动了当地的生产和就业，促进了当地经济增长。世界旅游组织统计显示，中国是出境游增长最快的国家。2012年，国内居民出境人数

8318 万人次，其中因私出境 7706 万人次，消费总额近千亿美元。智利《第三版时报》刊文指出："中国内地数以百万计的游客出境旅游，他们的口袋里装满了钱，近几年成为世界旅游业增长的动力。在萧条和经济危机的大背景下，对那些希望从中国人每年在境外的数十亿美元消费中分一杯羹的地区和国家而言，这一地球上最慷慨的消费群体意义非凡。"中国旅游研究院院长戴斌表示，如果中国中产阶级购买力保持当前的增长速度，到 2020 年出境旅游的中国人数将达 2 亿人。届时，将有更多的国家从中国强劲的经济势头中获利。

中国不附带任何政治条件的对外援助，使受援国增强了自主发展的能力。中国的对外援助，始自新中国成立不久。实行改革开放后，随着经济实力的增强加大了援助力度，由单纯提供援助发展为多种形式的互利合作，调整了援助的规模、布局、结构和领域，加强对低收入发展中国家的援助，援助领域重点放在受援国的农业、工业、经济基础设施、公共设施、教育、医疗卫生等民生项目，更加注重提高援助项目的经济效益和长远效果，援助方式更为灵活。为巩固已建成生产性援助项目成果，同部分受援国开展了代管经营、租赁经营和合资经营等形式的技术和管理合作。经过调整巩固，中国对外援助走上了更加适合中国国情和受援国实际需求的发展道路。据《中国对外贸易白皮书》提供的数据，对外援助金额（人民币），到 2009 年累计 2562.9 亿元，其中无偿援助 1062 亿元，无息贷款 765.4 亿元，优惠贷款 735.5 亿元。对外援助主要有 8 种方式：成套项目，一般物资，技术合作，人力资源开发合作，援外医疗队，紧急人道主义援助，援外志愿者和债务减免。截至 2009 年底，帮助发展中国家建成 2000 多个与当地民众生产和生活息息相关的各类成套项目，涉及工业、农业、文教、卫生、通讯、电力、能源、交通等领域；为发展中国家在华举办各类培训班 4000 多期，培训人员 12 万人次，包括实习生、管理和技术人员以及官员，培训内容涵盖经济、外交、农业、医疗卫生和环保等 20 多个领域，同时还通过技术合作等方式为受援国就地培训了大量管理和技术人员；累计派遣 21000 多名援外医疗队员，诊治的受援国患者达 2.6 亿人次；与 50 个国家签署免债议定书，免除到期债务 380 笔，金额达 255.8 亿元人民币。2004 年 12 月印度洋海啸发生后，我们开展了中国对外援助史上规模最大的紧急救援行动，向受灾国提供各种援助 7 亿多元人民币。此后的 5 年间，累计开展紧急援助近 200 次。另外，还向一些国家派遣了援外青年志愿者，服务范围涉及汉语教学、中医治疗、农业科技推广、体育训练、计算机培训、国际救援等领域。中国的对外援助，巩固并发展了与广大发展中国家的友好关系和经贸合作，推动了南南合作，为人类社会共同发展做出了积极贡献。

中国的扶贫开发伴随整个改革开放过程，为全球减贫事业做出了重大贡献。世界银行中国局局长罗兰德在接受《今日中国》专访时表示："中国在减贫方面所取得的成就超过了其他任何国家，从 1981 年到 2012 年，中国总共有 6 亿人口摆脱了贫困。从历史的角度来讲，这是史无前例的成就。"2000 年，联合国千年首脑会议提出了"联合国千年发展目标"，其中第一项目标就是国际社会到 2015 年要消除极端贫困和饥饿。然而，这一目标在全球的落实情况不容乐观。联合国《千年发展目标 2012 年报告》评估，仅剩 3 年时间，很多目标还远未实现，落实情况在不同国家和地区间也很不平衡，相比之下，中国交出了一份漂亮的成绩单，顺利实现贫困人口减半、普及初等教育、降低婴幼儿死亡率等目标，其他目标也有望在 2015 年如期实现。中国提前实现贫困人口减半的联合国千年发展目标，无疑是为全球减贫事业做出的重大贡献。

对于中国发展的国际贡献，许多国际人士给予了肯定。2012 年 12 月，巴西托坎廷斯州参议员卡蒂娅 阿夫雷乌在美国《赫芬顿邮报》网站以"解码中国"为题发表文章。文章说，在最近几十年间，中国增长的速度和规模是当今最令人瞩目的历史现象，带来了真正的成果；我们目睹了世界权力轴心通过和平手段发生急剧的变化，在短短一代人时间里，中国成为世界上第二大经济体，成为平衡全球经济的驱动力量。美国麻省理工学院教授爱德华斯坦菲尔德认为，一个强劲增长的中国不仅有利于中国的利益，也有利于他们的利益，正是中国所推动的全球分工使世界上最富有的国家特别是美国得以发展技术革新和商业创意。中欧国际工商学院教授戴维　戈塞特看来，中国复兴不仅是全球化的催化剂，而且通过开启新的经济、政治、外交、知识和艺术视野扩展了地球村，也扩大了在一定程度上收缩了5个世纪的世界体系，中国的复兴并不意味着西方的衰落，而是一种机遇。中共十八大召开之际，阿联酋联邦国民议会前议员娜杰拉　阿瓦迪在《海湾新闻报》上发表了题为《阿拉伯世界应该向中国学习些什么》的文章。文章认为，在将近200年的时间里，衡量一个国家进步的标准就是其西方化的能力，今天，中国在很大程度上改变了这种观念。

世界金融危机中的中国表现

2008年9月发生于美国的次贷危机，使这一年成为世界经济发展的分野。此前，世界经济增长速度较快，2004-2007年分别为4.9%、4.6%、5.3%、5.4%。在这样的外部环境下，中国GDP年均增长接近11%，对外贸易也实现了高速发展。美国次贷危机导致的世界金融危机，使全球经济进入一个低速增长期，2008-2012年分别为2.8%、-0.6%、5.1%、3.8%和3.2%。西方国家为使本国走出国际金融危机谷底，普遍采取以增发货币为实质的"量化宽松"政策，给全球市场带来了风险与波动。世界金融危机深刻改变了中国经济发展的外部环境。

面对严峻的国际经济环境，中国政府科学判断形势，果断决策并推出一系列重大举措，形成了应对危机的一揽子计划，特别是及时调整宏观调控着力点，增强宏观政策的前瞻性、科学性、有效性，造就了今天这样增速企稳、结构优化、物价稳定、民生改善的经济形势。在国际金融危机冲击最严重时，我们果断实施积极的财政政策和适度宽松的货币政策，综合运用多种财政政策工具，增加政府支出，实行结构性减税；有效运用存款准备金率、利率等货币政策工具，保持货币信贷合理增长。根据宏观经济走势的变化，及时调整政策力度，适时退出刺激政策，实施积极的财政政策和稳健的货币政策。在财政政策运用上，坚持统筹兼顾，注重综合平衡。财政赤字占国内生产总值的比重从 2009 年的 2.8% 降到 2012 年的 1.5% 左右，赤字率和债务负担率保持在安全水平。加强地方政府性债务全面审计和地方政府融资平台管理，有效控制经济运行中的风险隐患。在货币政策运用上，始终注意把握稳增长、控物价和防风险之间的平衡。金融体系运行稳健，银行业风险抵御能力持续增强，2007 年底至 2012 年底，资本充足率从 8.4% 提升到 13.3%，不良贷款率由 6.1% 下降到 0.95%。坚持搞好房地产市场调控不动摇，遏制了房价过快上涨势头。通过实施扩大内需战略，中国社会消费品零售总额年均增速保持了两位数，有的年份甚至超过了 20%，最终消费对 GDP 的贡献率超过 50%，经常项目顺差占国内生产总值的比重也从 10.1% 下降到 2.6%。世界金融危机爆发以来，中国宏观经济总体上保持了增速平稳较快、物价相对稳定、就业持续增加、国际收支趋于平衡的良好态势。

中国对外贸易在国际金融危机中率先趋稳，促进了全球经济复苏。2008 年国际金融危机席卷全球时，"中国制造"出口主要目的地美欧市场需求骤减，中国对外贸易一度出现了两位数的降幅。中国政府审时度势，迅速出台了一系列保持外贸稳定发展的政策措施：提高出口退税率，降低出口信保费率，调整加工贸易禁止类目录，保持人民币汇率基本稳定，等等。2009 年第四季度开始，中国外贸逐步扭转了持续下滑的颓势，并在逆境中实现了新的发展。2009 年，世界货物贸易进口量下降 12.8%，中国进口量却增长 2.9%，是世界主要经济体中唯一保持增长的国家。2012 年，全球贸易增速只有 2.5%，而中国实现了 6.2% 的增速。中国因素支撑了许多受危机冲击国家的出口，刺激了全球大宗商品市场需求，提振了人们的信心，对世界经济复苏和增长起到巨大拉动作用。世界贸易组织在对中国进行第三次贸易政策审议时指出，应对金融危机期间，中国在刺激全球需求方面发挥了建设性作用，为世界经济稳定作出了重要贡献。

国际金融危机不仅造成了全球需求萎缩，而且抑制了资本流动。2008 年 10 月起，中国吸收外资一度下滑。在这种情况下，我们努力改善投资环境，进一步简化外资审批程序，下放审批权限，积极帮助企业解决实际困难，不仅遏制住下滑的局面，而且实现较快回升。2008-2012年，累计使用外资5000多亿美元，年均增速接近9%。联合国贸易和发展会议发布的《2012年世界投资报告》显示，在由跨国公司评选出来的最受欢迎的东道国排名中，中国位居第一，仍然是全球外国直接投资最具吸引力的经济体。对外投资方面，中国企业热切寻找"走出去"的机会。2008-2012年，非金融类对外直接投资由559亿美元增至772亿美元，对外直接投资存量由1840亿美元增至接近5000亿美元。期间，中国政府有关部门推出《对外贸易发展"十二五"规划》、《关于加快转变外贸发展方式的指导意见》等文件，着力转变外贸发展方式，加快实现资本进出的基本平衡，实现从贸易大国到贸易强国的转变。

中国在世界金融危机中的表现引起了国际人士的关注。2011年1月20日托尼·卡伦在美国《时代》周刊网站发表的一篇文章中指出，当西方民主国家步履蹒跚之际，中国的经济却以稳定的步伐呼啸前进。在过去30年让大约5亿人民脱离贫困，创造了世界上最多的中产阶级，为国内长期消费需求提供了动力。始于2008年的全球经济衰退暴露出的一个最大讽刺，就是共产党统治的中国在处理资本主义危机时表现得可能要比民主选举出的美国政府更好。他说，当然，中国也存在大量社会不平等现象，但资本主义制度始终都是这样。2012年7月13日英国《卫报》网站刊登的一篇题为《中国的经济成功为世界树立应该学习的榜样》的文章认为，随着全球金融危机的发展，没有什么比中国与美欧间的对比更鲜明的了。欧洲采取宽松的货币政策，却几乎没出台刺激经济的措施，结果是4年来经济萎缩2%。美国采取宽松的货币政策以及通过预算赤字推行消费刺激措施相结合的方式，结果4年中经济只增长1.2%。而中国采取扩张性货币政策与投资为主导的刺激措施相结合的方式，在金融危机的4年中，年均增长率超过9%。文章指出，面对中国的经济表现，有些著作声称中国经济即将因发展过急而出现问题，而且会遭遇深度经济危机。对这种论点而言，遗憾的是中国在整个全球金融危机期间的表现延续了其长期经济趋势。中国的家庭消费和总消费在全世界都是增长最快的。面对如此高速的经济增长和生活条件如此巨大的改善，合理的反应应当是进行大量研究，以找出能从这样的成功中学到些什么。

当今中国的国际地位

快速发展的中国取得了世界公认的新兴大国地位和国际影响力。中共十八大召开期间，2700 多名记者齐聚北京，其中外媒记者 1700 多名。菲律宾《马尼拉公报》记者罗伊·马巴萨在发自北京的稿件中说，这不仅体现出此次大会的重要性，也表明一个发生迅速变革的中国正在吸引外界越来越多的关注。在刚果《布拉柴维尔快讯》主编冈加玛看来，这次大会全球瞩目、意义非凡，随着中国越来越向世界开放，没有人能对中国模式无动于衷，随着多年的持续增长，中国经济在全球形成了巨大的影响力。

改革开放以来的中国，经济水平与发达国家的差距加快缩小，在全球经济格局中的地位大幅上升。中国的经济总量，1978 年位居世界第十位，2002 年超越意大利，2004 年超越法国，2005 年超越英国，2008 年超越德国，2010 年超越日本，位居世界第二。1978-2012 年，中国经济占世界经济的份额由 1.8% 提高至 10.4%。同一时期，中国贸易进出口额占世界贸易总额的比重由 0.8% 提高到 12%，世界排名由第 29 位跃升到第 2 位。目前的中国，500 种主要工业产品中有 220 种的产量位居世界第一，国际标准行业分配的 22 个行业的产值均居世界第一或者第二，钢铁、水泥、原煤、电解铝、造船产量均占世界份额的 45% 以上，制造业主营业务收入超过全球的五分之一。美国国家情报委员会在 2012 年 12 月 12 日公布了一份名为《2030 年全球趋势：不一样的世界》的报告，称西方两个多世纪以来在全球的主导地位将被颠覆，美国和欧洲国家将不再享有霸权地位，而是可能和充满活力的新兴经济体分享这种地位；在不到 20 年的时间里，中国有可能超过美国成为全球最大的经济体。在世界经济的天平上，中国的砝码从未像今天这样重要。

中国的快速发展，国家对科学研究的重视，使中国作为学习、工作和生活地的吸引力排名正在迅速提升。统计显示，来华工作的外国专家，1980 年为 468 人，2011 年达到 52.9 万人次。他们都是各领域的世界一流人才，注解着中国的国际地位；他们参与了中国改革开放和现代化建设事业，见证了中国的发展奇迹；他们的人生，也因与中国相遇绽放出别样的绚丽光彩。同时，在华留学生规模也不断扩大，2001-2011 年由 6.2 万增至 29 万。2009 年 11 月，美国总统奥巴马访华时宣布，未来 4 年派 10 万美国人到中国学习。接着，美国启动了"十万美国人留学中国"的计划，并成立了旨在推动这一计划实施的"十万人留学中国"基金会。2013 年 1 月，国务卿希拉里　克林顿在国务院新闻发布会上致辞说，这一基金会的成立，不仅是为了实现到 2014 年 10 万名美国学生赴华留学的目标，更是为了长远加强学生交流；美中两国关系尤为重要，且面临着"最为紧迫的挑战"和"最激动人心的机遇"；两国人民之间的交流有益于两国关系的发展，而人文交流的未来就在年轻人手中。英国 YouGov 市场调研组织的问卷调查结果显示，中国作为生活和工作地的吸引力排名正在迅速提升，2012 年在 30 个国家和地区中一举升至第 7 名。

伴随经济实力的增强，中国正走向世界舞台的中心，在国际事务中发挥越来越重要的作用。中国坚持独立自主的和平外交政策，实行互利共赢的开放战略，坚定维护国家主权、安全和发展利益，积极参与国际宏观经济政策协调，努力促进经济全球化和区域经济一体化，促进国际经济秩序朝着公正、合理、共赢的方向发展，加强南北对话和南南合作，加大对外援助力度，维护了发展中国家的共同权益。中国坚持维护联合国及安理会权威，积极承担应尽的国际责任，参与多边机制建设和改革进程，在一系列全球性问题上成为国际协调与合作的重要一方，在国际和地区热点问题上发挥了独特的建设性作用。从能源资源、粮食安全，到防核扩散、气候变化，到国际维和、国际救援，到反恐、反海盗，几乎所有重大事务都离不开中国的参与，越来越多的中国人在国际机构和国际组织中担当重任。2012 年 6 月，联合国可持续发展大会在巴西里约热内卢举行。温家宝总理在大会开幕式后首先发表讲话，集中表达了中国愿与国际社会一道推进人类可持续发展事业的意愿和决心，全面阐述了中方对推进全球可持续发展的立场和主张，彰显了中国负责任、有担当的发展中大国形象，受到与会代表的普遍欢迎和赞赏。在大会筹备的一年半中，中方一直以积极和建设性姿态参与大会进程，全面、深入参与有关讨论和文件磋商，为大会成功贡献了智慧和力量，特别是在大会成果文件的最后磋商中，中国代表团为努力推动各方求同存异、弥合分歧，为谈判尽早达成共识作出了重要贡献。中国坚持走和平发展道路、建设和谐世界的主张，打破了"国强必霸"的大国崛起传统模式，正在深刻影响着中国和世界。

对外文化交流加快步伐，全方位、多层次、宽领域的文化走出去格局正在形成，中华文化的国际竞争力和影响力大大增强。2010年，中央电视台在海外建成五大中心记者站和16个区域站点，初步建立覆盖全球的新闻采编播发网络，中国国际广播电台新建16个整频率电台，新增2个语种。各类新闻出版企业通过多种方式在国外设立机构300多家，报刊发行覆盖80多个国家和地区，图书和期刊等出版物进入193个国家和地区。中国国际新闻报道在传播技术、落地入户、有效覆盖等方面都取得重要进展，公信力、传播力、亲和力、吸引力、感染力进一步提升，为表达国家立场、维护国家利益、展示国家形象做出了积极贡献。越来越多的文化企业进入国际市场，文化产品和服务进出口逆差逐步减少。图书版权进出口比例，2003-2010年由9∶1降为3∶1。文化产品出口额，2012年为217.3亿美元，同比增长16.3%。海外的中国文化中心，目前有10多个，到2020年将发展至50个。孔子学院自2004年开办第一家至2012年6月，已在105个国家和地区开设了358所学院和500多个课堂。目前，全世界学习汉语的人数超过3000万。

2012年11月，中共中央总书记习近平参观大型展览《复兴之路》阐述实现中华民族复兴的中国梦后，国际舆论立刻给予热烈评论。德国《南德意志报》以"上升和下降的两个世界大国"为题评论道，20年前，还没有中国和美国的比较；在邓小平的改革政策下，20年后中国已经是与美国并行的世界大国。高速列车奔驰在广阔大地，高楼大厦拔地而起，数以百万计的人摆脱贫困，中国正在经历繁荣时代。德国《明镜》周刊以"中国梦"为题称，1949年中国结束了百年屈辱的历史，近30年来中国上演了一出梦幻般的戏剧。中国的现代化已走过一半的路程，13亿中国人还在追求更富裕的生活，在国际大舞台上，中国也在显示他的"肌肉"，经济力量转化为政治优势。日本时事政治网站也刊文说，中国经济总量和国际影响力扩大是近十年来国际社会上最为显著的大趋势。一个强大且增长潜能依然深厚的大国崛起究竟对国际格局产生怎样的化学反应，这成为诸多兴趣、赞赏、忧虑乃至敌意被引发的主要背景。日本作家麻生晴一郎在接受《环球时报》记者采访时表示，对于日本来说，中国国土广阔，也很强大，复兴后让人担心会根本不把日本放在眼里，不当成对手，所以与其说日本担心被中国欺负，还不如说我们更担心被中国无视。

世界热议"中国模式"

历史上的大国崛起，几乎都伴随对外战争、扩张和掠夺，而中国却走出了一条和平发展的道路。苏联解体、东欧剧变，世界社会主义陷入低潮，而中国却一枝独秀。一个时期以来，"北京共识"、"中国经验"、"中国模式"成为世界一些重要机构和学者研究讨论的热点话题。世界金融危机考验了中国模式，也进一步扩大了中国模式的国际影响。由于立场和角度不同，观点可谓形形色色。从一个角度分，有西方解读和非西方解读大类。前者不乏曲解和误读，也有不少明智的人士讲了一些公道话；后者多来自发展中国家，希望从中找到快速发展自己的途径。不论何种观点，都折射出中国发展的国际影响。其中一些观点，试图揭示中国发展与中国政治的关系。

美国右翼智库企业研究所在2007年底出版的《美国人》双月刊发表署名文章，认为"中国模式"有两个组成部分。"第一部分是效仿自由经济政策的成功要素，通过使本国经济的很大部分对国内外的投资开放，又允许实现劳动方面的灵活性，减轻税收和监管方面的负担，并把私营部门和国家的开支相结合，从而创建一流的基础设施。第二部分就是允许执政党保持对政府、法院、军队、国内安全机构以及信息自由流动的牢牢控制。描述这一模式的一个较为简捷的方式是：经济自由加上政治压制。"这一观点可以说是西方对"中国模式"的典型认识。西方一些人不否认中国经济的长足发展，但同时强调"政治压制"，甚至干脆说中国"专制"、"独裁"。这显然是以西方价值观为标准，居高临下地蔑视中国，有几分敌意和不屑，也有几分不安甚至恐惧。

对于一些西方国家的诅咒和漫骂，中国学者张维为表达了这样的观点：
"中国模式的相对成功带来的不仅是中国的崛起，而且是一种新的思维和新的话语，一种现有的西方理论和话语还无法诠释的新认知。有人说，中国已经解决了'挨打'的问题，现在要解决'挨骂'的问题。其实，西方对中国的'骂'，背后透露出的是对中国政治软实力崛起的担忧，因为中国话语有可能成为终结西方话语的重要力量。如果说世界已进入了'后美国时代'，那么世界实际上也已进入了'后美国话语时代'，在这个时代里，中国话语的分量举足轻重，好戏还在后头。"另外的学者表达了同样的观点，认为在一些西方人的眼里，中国的成功是一个"颠覆性的案例"，对他们的价值观与民主制度提出了挑战。因为，如果中国成功了，那么西方自认的唯一真理岂不失去了神圣性？如果别人效仿中国，岂非构成了对西方的威胁？这种担心并非多余。中国的发展促使一些人思考一个严肃的问题：衡量一个社会进步的标准到底是什么？

西方也有另一种声音，不少出自资深的政治家和有影响的学者之口。德国前总理赫尔穆特　施密特在 2005 年 5 月出版的一本题为《未来列强——明日世界的赢家与输家》的书中写道："如果西方的一些政治家和知识分子，觉得自己在道义上有权就如何处理民主和人权问题指责中国人，那么，大多是因为对中国在三千年历史进程中发展起来的文化缺乏知识和尊重。中国的市场经济将进一步发展，其政治文明也会进一步发展。谁只要大体上了解这个国家的历史，他就会明白：中国不需要任何监护。而我们的美国朋友尤其应当理解这点，对中国进行任何方式的'监护'都是不现实的。"他反对在德国实行中国的政治制度，但他同时认为，中国现行体制所保障的政治稳定是必要的，对中国人民及其邻国来说都是有益的。布鲁塞尔当代中国研究所高级研究员史丹利　克劳希克在与中国学者探讨时表示，中国拥有自己的模式，只是很难将这种模式归类。他认为，在政治层面，西方舆论往往把中国模式与民主对立起来，这样的理解直接导致一些妖魔化中国模式的言论出现；割裂地看待中国的经济和政治发展，决定了西方对中国模式认识的局限性。

法国地缘政治学博士、中国问题专家皮卡尔认为，中国有着五千年的文化传统，与欧洲和美国相比要长得多，中国将给世界带来一种全新的发展模式，更加和谐，更加和平，中国的哲学思想能够让世界各国关系更加平衡，中国文化还能给世界提供一种不同的视角，这和西方认为的一个超级强权将通过军事力量来进行统治不同，中国将创建一种合作的模式。未来的世界为了保持均势，需要有着不同的观点、不同的政治，中国将为未来世界提供自己的模式，对国际关系提出新的解决办法，制定规则，寻求共识。

英国伦敦经济政治学院亚洲研究中心访问学者马丁　雅克不久前发表了《当中国统治世界时：中国的崛起与西方世界的终结》一书，引起了西方媒体的热议。作者及议论者认为，共产党是一个很好的统治力量，它引领中国走向惊人的繁荣，同时避免了重蹈苏联的覆辙；近 20 年来，我们了解到，可以通过许多方式让国家变得现代化，西方的自由民主不过是其中的一种方式；中国将被越来越多地作为一个替代发展模式的范例，这可能导致西方在经济、政治和文化等领域主导的终结；中国这样发展下去，会成为决定本世纪走向的力量之一；时间不会使中国更西方化，相反会使西方或整个世界更中国化。

美国《外交》双月刊 2013 年 1-2 月号刊登了一篇名为《中共的生命力——后民主时代在中国开启》的文章。文章认为，许多发展中国家已经明白，民主并不能解决它们所有的问题。对于它们来说，中国的例子是重要的。诚然，中国的政治模式不可能取代西方选举式民主，因为和后者不一样的是中国模式从不自命为是普适性的，它不会输出给他国。但中国模式的成功确实表明，只要符合一国的文化和历史，许多政治治理模式都可以成功。中国成功的意义，不在于向世界提供一种替代模式，而在于展示其他的成功模式是存在的。文章指出，政治学家弗朗西斯　福山在 24 年前预言所有国家最终将接受自由民主的制度，因此慨叹世界将变成一个乏味的地方；放心吧，一个更加精彩的时代可能正向我们走来。

中国模式也吸引了诸多西方世界以外的学者。俄罗斯科学院远东研究所

所长米哈伊尔 季塔连科认为,中国改革开放留下"三大经验":第一条经验是,中国领导人在改革开放之前进行了意识形态领域的准备工作, "实践是检验真理的唯一标准"讨论, 起到了解放思想、为改革培育土壤的作用;第二条经验是, 所有改革开放政策的制定都以中国特殊国情为基础, 是中国土生土长的改革, 不像俄罗斯照搬西方经济教条;第三条经验是, 政府推广政策时采取"循序渐进"的做法, 正是这种渐进性改革保证了理论上的全面性和实践的实验性能够结合在一起。季塔连科特别强调, 中国共产党的有力领导保证了改革开放的顺利进行。实践证明, 强有力的政权能够解决与社会利益密切相关的问题。他还认为, 创新是中国党和政府最重要的特征, 创新能力和决心使党和政府能够在社会生活的所有领域进行连续的深入的变革。

新加坡国立大学东亚研究所所长郑永年教授,是中国时局的长期观察者。他认为, 中国毫无疑问拥有自己的模式。"一座房子不管盖得好与坏, 都有自己的模式, 模式不一定意味着完美, 模式是可以不断更新与演化的。"他认为, 任何一个国家的经济发展, 基本前提都包括稳定的政治社会秩序, 对产权保护的尊重, 以及协调好经济发展与政治改革之间的关系。中国的政治模式在这三个方面表现突出, 理解中国模式的秘诀在于理解中国的政治模式。他进一步解释, 中国政治模式具有两个核心因素: 开放的执政党制和"挑选与选举结合"的领导人产生制度。这两点与西方政治不同, 西方政治的核心是多党制与普选制。在郑永年看来, "选拔加选举"的领导人产生制度, 是在贤人政治的基础上与民主结合起来, 这样的方式要大大优于为了民主而民主的选举制度。

国际舆论热议"中国模式", 无论视角如何, 甚至是我们不赞同的观点, 对中国都有参考意义。通过新中国成立以来60多年的探索, 特别是改革开放以来30多年的探索, 我们走出了一条中国特色社会主义道路, 形成了比较好的发展思路和体制机制。但是, 探索的任务并没有完成, 我们的体制也没有完全定型, 何况我们的发展还存在一些问题, 需要我们不断总结实践经验, 也需要我们认真对待各种声音, 不断完善我们的发展方式和体制机制,不断发展这条给中国人民带来希望的发展道路。

中国发展的政治因素

是什么原因使中国社会面貌、中国人民面貌、社会主义中国的面貌发生这样历史性的变化呢？我们的回答是，这是多种因素合力作用的结果，但根本原因在于开辟了中国特色社会主义道路，形成了中国特色社会主义理论，确立了中国特色社会主义制度。在这个根本原因中，中国政治改革发展的地位和作用非常重要。中国特色社会主义道路在政治领域的体现就是中国特色社会主义政治发展道路，或者说后者是中国政治改革发展过程中所坚持的中国特色社会主义道路。中国特色社会主义理论是由各方面理论组成的体系，其中一个方面的重要内容就是关于政治体制改革和民主政治建设的理论。中国特色社会主义制度也是由各方面制度组成的体系，政治制度在其中占有极其重要的地位。发展社会主义民主政治，既是中国现代化建设的重要内容，也是中国现代化建设的重要目标。我们为实现这个目标所进行的努力，有力地推动了中国的整个现代化事业。这一客观事实为国内外许多有识之士所认同。然而，也有不同的认识。有的学者概括中国模式，仅限于经济方面，似乎是单纯的经济模式造就了中国经济社会的进步。有的人认为，中国的改革主要是经济体制改革，甚至至今未进行政治体制改革。有的人认为，中国的杰出表现仅限于经济方面，由于这个杰出表现，中国政府有效阻止了政治改革。这些认识不符合历史事实。在中国 30 多年的改革开放中，随着经济体制的根本性变化，政治体制也在经历着深刻改革；随着政治体制改革的推进，经济体制改革也在不断深化。这是中国改革发展的内在逻辑，也是中国改革发展的基本经验。

政治改革发展的重大决策

政治改革发展的实践及成果，肇始于政治改革发展的决策。中国共产党是中国特色社会主义事业的领导核心，它的最高领导机关是党的全国代表大会及其产生的中央委员会。改革开放以来，中国共产党的每次全国代表大会，无一例外地把政治改革发展作为重要内容。

1978 年底召开的中共十一届三中全会，实现了新中国成立以来具有深远意义的伟大转折，开启了改革开放的新时期。全会认为，为了保障人民民主，必须加强社会主义法制，使民主制度化、法律化，使这种制度和法律具有稳定性、连续性和极大的权威，做到有法可依，有法必依，执法必严，违法必究。全会强调，在人民内部的思想政治生活中，只能实行民主方法，不能采取压制、打击手段。各级领导要善于集中人民群众的正确意见，对不正确的意见进行适当的解释说服。宪法规定的公民权利，必须坚决保障，任何人不得侵犯。要多方面地改变同生产力发展不适应的生产关系和上层建筑，把立法工作摆到全国人民代表大会及其常务委员会的重要议程上来。1980 年 8 月，中国改革开放的总设计师邓小平在中共中央政治局扩大会议上所作的《党和国家领导制度的改革》的讲话，深刻阐明了党和国家领导制度改革的迫切性、目的、基本内容和根本举措，被誉为开启当代中国政治体制改革的伟大文献。邓小平在一次谈话中明确指出，我们提出改革时，就包括政治体制改革，不改革政治体制，就不能保障经济体制改革的成果，不能使经济体制改革继续前进，就会阻碍生产力的发展，阻碍四个现代化的实现。

在各条战线取得拨乱反正重大胜利、实现历史性伟大转变的基础上，中共于 1982 年 9 月召开了十二大。大会提出，中国共产党在新的历史时期的总任务是：团结全国各族人民，自力更生，艰苦奋斗，逐步实现工业、农业、国防和科学技术现代化，把中国建设成为高度文明、高度民主的社会主义国家。大会报告在"努力建设高度的社会主义民主"的专题中指出，社会主义的物质文明和精神文明建设，都要靠继续发展社会主义民主来保证和支持；建设高度的社会主义民主，是我们的根本目标和根本任务之一；党和国家领导体制、领导机构的改革，主要是消除权力过分集中、兼职副职过多、机构重叠、职责不明、人浮于事、党政不分等种种弊端，克服官僚主义，提高工作效率。同年召开的全国人大五届五次会议通过的现行宪法规定：全国各族人民、一切国家机关和武装力量、各政党和各社会团体、各企业事业组织，都必须以宪法为根本的活动准则，并负有维护宪法尊严、保证宪法实施的职责；国家机构实行民主集中制的原则，在中央的统一领导下，加强地力政权的建设，改变农村人民公社的政社合一的体制，设立乡政权。1986年9月召开的中共十二届六中全会提出了中国社会主义现代化建设的总体布局：以经济建设为中心，坚定不移地进行经济体制改革，坚定不移地进行政治体制改革，坚定不移地加强精神文明建设，并且使这几个方面互相配合，互相促进。

经济体制改革的展开和深入，要求加大政治体制改革的力度。1987年10月召开的中共十三大，在政治报告中专题阐述了政治体制改革问题。发展社会主义商品经济的过程，应该是建设社会主义民主政治的过程。不进行政治体制改革，经济体制改革不可能最终取得成功。党中央认为，把政治体制改革提上全党日程的时机已经成熟。改革的长远目标，是建立高度民主、法制完备、富有效率、充满活力的社会主义政治体制。改革的近期目标，是建立有利于提高效率、增强活力和调动各方面积极性的领导体制。改革措施是紧紧围绕这个目标，从解决业已成熟的问题着手，实行党政分开，进一步下放权力，改革政府工作机构，改革干部人事制度，建立社会协商对话制度，完善社会主义民主政治的若干制度，加强社会主义法制建设。中共十三大报告关于政治体制改革的阐述，把政治体制改革提到了更加突出的战略位置。

在改革开放和现代化建设加快推进的新形势下，中共于1992年10月召开了十四大。大会报告指出，同经济体制改革和经济发展相适应，必须按照民主化和法制化紧密结合的要求，积极推进政治体制改革；我们的政治体制改革，目标是建设有中国特色的社会主义民主政治，绝不是搞西方的多党制和议会制；人民民主是社会主义的本质要求和内在属性，没有民主和法制就没有社会主义，就没有社会主义的现代化；我们应当在发展社会主义民主、健全社会主义法制方面取得明显进展，以巩固和发展稳定的社会政治环境，保证经济建设和改革开放的顺利进行；机构改革，精兵简政，是政治体制改革的紧迫任务，也是深化经济改革、建立市场经济体制和加快现代化建设的重要条件，必须统一认识，按照政企分开和精简、统一、效能的原则，下决心对行政管理体制和党政机构进行改革，切实做到转变职能、理顺关系、精兵简政、提高效率。

20 世纪即将过去之际，中共于 1997 年 9 月召开了十五大，提出了党在社会主义初级阶段的基本纲领，明确了建设有中国特色社会主义的经济、政治、文化的基本目标和基本政策。建设有中国特色社会主义的政治，就是在中国共产党领导下，在人民当家做主的基础上，依法治国，发展社会主义民主政治。大会报告列专题阐述了政治体制改革和民主法制建设。发展民主必须同健全法制紧密结合，实行依法治国。依法治国，是党领导人民治理国家的基本方略。推进政治体制改革，必须有利于增强党和国家的活力，保持和发挥社会主义制度的特点和优势，维护国家统一、民族团结和社会稳定，充分发挥人民群众的积极性，促进生产力发展和社会进步。报告从发展民主、加强法制、政企分开和精简机构、完善民主监督制度、维护安定团结这样五个方面部署了当前和今后一段时间政治体制改革的主要任务。

进入 21 世纪之际，中共十六大于 2002 年 11 月召开，提出了全面建设小康社会的奋斗目标，并在报告中以专题的形式部署了政治建设和政治体制改革。发展社会主义民主政治，建设社会主义政治文明，是全面建设小康社会的重要目标。这个目标是：社会主义民主更加完善，社会主义法制更加完备，依法治国基本方略得到全面落实，人民的政治、经济和文化权益得到切实尊重和保障；基层民主更加健全，社会秩序良好，人民安居乐业。为了实现这个目标，报告从坚持和完善社会主义民主制度、加强社会主义法制建设、改革和完善共产党领导方式和执政方式、改革和完善决策机制、深化行政管理体制改革、推进司法体制改革、深化干部人事制度改革、加强对权力的制约和监督、维护社会稳定这样九个方面提出了政治改革发展的具体要求和措施。

2007 年 10 月召开的中共十七大，在十六大确立的全面建设小康社会奋斗目标的基础上明确了政治改革发展的新的更高要求：扩大社会主义民主，更好保障人民权益和社会公平正义。具体说来就是：公民政治参与有序扩大；依法治国基本方略深入落实，全社会法制观念进一步增强，法治政府建设取得新成效；基层民主制度更加完善；政府提供基本公共服务能力显著增强。

报告就"坚定不移发展社会主义民主政治"作了专题阐述，要求坚持中国特色社会主义政治发展道路，坚持共产党领导、人民当家做主、依法治国有机统一，坚持和完善人民代表大会制度、中国共产党领导的多党合作和政治协商制度、民族区域自治制度以及基层群众自治制度，不断推进社会主义政治制度自我完善和发展；深化政治体制改革，必须坚持正确政治方向，以保证人民当家做主为根本，以增强党和国家活力、调动人民积极性为目标，扩大社会主义民主，建设社会主义法治国家，发展社会主义政治文明。报告从以下方面作出了具体部署：扩大人民民主，保证人民当家做主；发展基层民主，保障人民享有更多更切实的民主权利；全面落实依法治国基本方略，加快建设社会主义法治国家；壮大爱国统一战线，团结一切可以团结的力量；加快行政管理体制改革，建设服务型政府；完善制约和监督机制，保证人民赋予的权力始终用来为人民谋利益。

在中国进入全面建成小康社会的决定性阶段，2012年11月召开了中共十八大。大会根据中国经济社会发展实际，要求在十六大、十七大确立的全面建设小康社会目标的基础上努力实现新的要求。大会报告以专题形式阐述了"坚持走中国特色社会主义政治发展道路和推进政治体制改革"，要求继续积极稳妥推进政治体制改革，发展更加广泛、更加充分、更加健全的人民民主；把制度建设摆在突出位置，充分发挥中国社会主义政治制度优越性，积极借鉴人类政治文明有益成果，绝不照搬西方政治制度模式。报告从七个方面阐述了政治改革发展的要求和措施：支持和保证人民通过人民代表大会行使国家权力，健全社会主义协商民主制度，完善基层民主制度，全面推进依法治国，深化行政体制改革，健全权力运行制约和监督体系，巩固和发展最广泛的爱国统一战线。为贯彻落实十八大精神，2013年11月举行了党的十八届三中全会，通过了《中共中央关于全面深化改革若干重大问题的决定》。《决定》的一个突出亮点，就是强调改革的系统性、整体性和协同性，把政治体制改革纳入全面深化改革总体布局，以18%的篇幅部署了民主政治制度和法治中国建设等问题。

综上可见，改革开放以来，中国共产党始终高扬人民民主的光辉旗帜，始终坚定不移地推进政治体制改革。中国共产党的决策，为政治改革发展指明了方向，推动着政治改革发展不断深入。在中国特色社会主义政治发展道路上，以保证人民当家做主为根本，以增强党和国家活力、调动人民积极性为目标，中国政治体制改革的步伐从未停歇。

政治改革发展的主要特点

政治改革发展反映的是生产力以及经济基础对上层建筑的必然要求，在学科归属上当属于政治学。古希腊思想家亚里士多德告诉我们，政治学是人类一切学问中最复杂最难的学问。在整个中国特色社会主义事业中，政治改革发展这个组成部分非同一般，不仅本身错综复杂，而且极大地影响其他。特别是政治体制改革，可谓牵一发而动全身，堪称改革发展全局的关键。中国的政治改革发展，立足于我们的现实基本国情，遵循政治改革发展的内在要求，在实践中体现了诸多鲜明特点。

把积极的态度与稳妥的步骤结合起来，循序渐进、扎实有效地推进政治体制改革。人民的政治参与是民主政治的核心，也是实现民主的根本途径。一般而言，广泛而有序的政治参与有利于社会稳定。但是，如果操之过急也会引发相反的结果。法国政治学家托克维尔有一句名言，有两种人最能伤害民主，一种是反民主的人，一种是民主激进论者。中国的社会主义民主政治建设，是在超过13亿人口的发展中大国所进行的建设，是人民当家做主实现程度逐步提高的历史过程，要求采取积极而稳妥的方针推进政治体制改革。所谓积极，就是按照人民当家做主的要求，适应经济体制改革的要求，坚定不移地发展社会主义民主政治，坚持不懈地推进政治体制改革，解放思想，大胆突破；所谓稳妥，就是从中国实际出发，与中国历史条件、经济发展和文化教育水平相适应，以渐进策略逐步推进改革，把改革造成的震动控制在社会可以承受的限度以内。这种渐进策略，或者从一个区域试点开始，继而在更大的范围推广，直至全国铺开；或者从下层试点开始，往上一层一层地推进。不论是由局部到整体逐步铺开，还是由下而上层层推进，都离不开发韧之初的"点"。中国改革实践证明，试点先行的策略合理而且可行。中国的政治学者俞可平认为，中国的政治改革不是一种休克疗法，而是渐进的增量改革。增量改革的实质，是在不损害或剥夺人们已有利益的前提下，最大限度地增加新的利益总量，使人们在改革中获得更多的好处。这种改革方式，既强调创新与变革，又注意发扬传统政治优势，而不是简单地割裂传统。它强调改革过程的渐进性，但并不是没有突破性变革。西班牙前驻华使馆商务参赞恩里克　凡胡尔认为，与苏联和其他东欧共产主义国家不同，中国的民主之路并不带有特别鲜明的断裂时期，而是一个有着自身特色的逐步、缓慢的变化过程。

把政治体制改革与经济体制改革结合起来，力求二者协调发展。在人类社会生活中，政治与经济这两大领域既相对独立、又难以分离，形成了经济基础与上层建筑相统一的社会形态。在这个统一体中，经济是基础，对社会发展起最终决定作用；政治作为经济的集中体现，并非仅消极地反映社会存在，而是具有能动作用，影响甚至决定经济运动过程的方向与程度。政治只有正确反映了经济的要求，才能起到为经济服务的积极作用。当代中国，发展社会主义市场经济要求建设社会主义民主法制，深化经济体制改革呼唤推进政治体制改革。只有推进政治体制改革，才能从制度上更好地发挥市场在资源配置中的基础性作用，形成有利于科学发展的宏观调控体系，为扩大对外开放创造良好的体制制度环境。因此，中国的政治改革发展始终被放在改革发展全局的重要位置，在与经济改革发展的紧密结合中不断推进，很多措施也是经济改革发展的措施。从政治改革发展的历史进程来看，开始时它主要为经济体制改革创造条件、扫清障碍，随着经济体制等方面体制改革的深化，社会问题和矛盾逐步增多，它主要为社会经济发展提供一个稳定的环境。实践证明，经济改革发展的新突破往往造成政治改革发展的新机遇，政治改革发展的新举措又带来经济社会发展的新局面。香港《南华早报》网站发表的一篇文章评论道："自1978年以来，中国的政治制度经历了大量经济权力从政府转移到人民手中的过程。其结果就是，中国人可以经营家庭农场，拥有住房和企业，自己决定受教育的方式，为自己的发明创造申请专利，并积累起财富。正是这些个人权利的行使，为中国正在出现的经济转型奠定了基础。"可以说，从计划经济体制到市场经济体制转变的过程，正是政治改革发展逐步迈进的过程，两个过程互相促进、不可分离。不仅经济体制改革是如此，科技体制、文化体制、社会体制等方面改革也是如此，都与政治体制改革相互交织，难以截然分开。任何一方面改革，往往一体两面，甚至一体多面。

把人民通过人民代表大会制度行使国家权力与通过基层群众自治制度行使自治权力结合起来，保障人民当家做主的地位。人民当家做主，是社会主义民主政治的本质要求，是中国民主政治建设的根本出发点，表现为亿万群众通过各种途径和形式管理国家和社会事务、管理经济和文化事业，通过民主选举、民主决策、民主管理、民主监督实现自己的民主权利，因而具有多层次的丰富内涵。实现人民当家做主，必须有相应的制度安排，既要在国家政治生活中坚持人民主权原则，保证国家的一切权力属于人民，又要在社会各个领域贯彻人民民主原则，保证人民直接参与和自主管理的权利。当代中国，着力从两个方面努力实现人民当家做主的权利：一是坚持人民代表大会制度，保证人民通过民主选举产生各级国家权力机关，再通过各级国家权力机关产生各级国家执行机关，从而把国家和民族的前途命运掌握在自己手里；二是坚持基层群众自治制度，保证人民群众实现全面的、广泛的、直接的民主参与和群众自治，从而实现自己的民主权利。对于人民当家做主的权利的实现，二者虽然不是全部途径，但却是最有效的途径。

把执政党依法执政与参政党依法参政结合起来，完善中国特色的政党政治。《中华人民共和国宪法》指出，中国在长期的革命和建设过程中，已经结成由中国共产党领导的，有各民主党派和各人民团体参加的，包括全体社会主义劳动者、社会主义事业的建设者、拥护社会主义的爱国者和拥护祖国统一的爱国者的广泛的爱国统一战线。宪法还规定，包括共产党在内的各政党都必须以宪法为根本的活动准则，任何组织或者个人都不得有超越宪法和法律的特权，一切违反宪法和法律的行为必须予以追究。执政党依法执政与参政党依法参政相结合，是中国特色社会主义政党制度。参政党通过多种途径参与国家政治生活：参加国家政权，包括担任国家和政府的领导职务，担任检察、审判机关的领导职务；参加国家方针、政策、法律、法规的协商、制定和执行；参加国家领导人选的协商；参加国家事务的管理。中共十八大召开前夕，全国担任县处级以上职务的党外干部有3.3万人，其中地方政府和部门及司法机关领导班子中配备党外干部3500人，中央国家机关和最高法院、最高检察院领导班子中有党外干部20人。在执政党的支持下，参政党在国家政治生活中发挥着不可或缺的作用。

把保障人权与扩大自由结合起来，尊重和维护人的尊严。享有充分的民主、自由、人权，是长期以来人类的价值追求。当年，马克思、恩格斯揭露和批判的是这些价值在资本主义社会里的残缺性和表面性，而不是这些价值本身，他们关于人的解放学说就包含着自由、民主、平等、人权这些价值取向。《中华人民共和国宪法》规定，国家尊重和保障人权。宪法还对自由作了充分规定，公民不仅有人身自由、通信自由、婚姻自由，有进行科学研究、文学艺术创作和其他文化活动的自由，而且有言论、出版、集会、结社、游行、示威的自由，有宗教信仰自由，各民族都有使用和发展自己的语言文字的自由，都有保持或者改革自己的风俗习惯的自由。改革开放以来，我们坚决贯彻这些宪法原则，在彻底纠正过去历次政治运动中发生的践踏人权现象、大规模平反冤假错案的基础上，制定了一批保护公民基本权利的法律，发布实施了两期《国家人权行动计划》，签署了一批保护公民权利的国际公约，加强了对中国公民人权的全面保护；通过发展经济努力保障公民的生存权和发展权，允许和支持公民创办多种形式的非公有制经济，确定了新的社会阶层的政治身份是"中国特色社会主义事业建设者"；实行身份证制度，允许公民自由择业包括异地择业，允许公民在城乡之间自由流动，允许公民出国留学和出境旅游；修改刑事诉讼法，正确处理惩治犯罪与保障人权的关系，从证据制度、辩护制度、强制措施、审判程序、执行程序等方面对现行刑事诉讼制度作了重要补充和完善；修改民事诉讼法，进一步保障民事案件当事人诉讼权利，健全举证制度，完善调解与诉讼衔接机制，强化民事诉讼法律监督；为落实宽严相济的刑事政策，修改后的人民法院组织法将死刑案件核准权统一收归最高人民法院,刑法修正案(八)取消13个经济性非暴力犯罪死刑罪名;在制定行政强制法和修改国家赔偿法的过程中,坚持正确处理权力与权利、权力与责任的关系,既赋予国家行政机关、审判机关、检察机关必要的权力,又对权力的行使进行规范、制约和监督,避免和防止权力滥用,切实维护公民、法人和其他组织的合法权益。公民的言论自由也有了明显发展,尤其在非正式场合,更是畅所欲言、毫无拘束。我们还通过健全民主制度、丰富民主形式、拓宽民主渠道,努力保障公民的知情权、参与权、表达权、监督权。这些变革,既保障了公民人权、扩大了公民自由,又激发了中国社会内在的生机和活力。由于发展不足和发展不平衡,中国的人权和自由状况还存在一些不尽如人意的地方。党和国家正在采取有力措施推动科学发展、促进社会和谐,为人民生活更有尊严、更加幸福而努力。

把扩大人民民主与发展中共党内民主结合起来,以党内民主带动人民民主。中国共产党是一个有八千多万党员的执政党。这样一个大党,要保持自身先进性并在引领整个政治改革发展中体现先进性,必须大力推进党内民主。适应这一要求,中国共产党在发展党内民主方面又取得了新进展:《党员权利保障条例》在党章规定的党员权利义务的基础上,完善了党员民主权利行使的程序,使党员民主权利的行使更为制度化规范化;在县以上各级党组织设立党的代表大会制度,进行了党代表大会常任制的试点工作,以更好地发挥党的各级代表大会的作用;建立了党的代表大会代表提案制度,积极探索在党代表大会闭会期间发挥代表作用的途径和形式;按照集体领导、民主集中、个别酝酿、会议决定的原则,努力健全完善党委内部的议事和决策机制,重点加强各级党委全体会议的作用;完善党内选举候选人提名方式,把组织提名与党员提名结合起来,适当扩大差额选举比例,不断扩大基层党组织领导班子成员直接选举的范围;《中国共产党党内监督条例》和《中国共产党纪律处分条例》等党内法规,全面规定了党内监督重点、途径和办法等重大事项,明确提出党内监督的重点对象是各级领导机关、领导干部,特别是各级领导班子的主要负责人,具体规定了对党员各种违纪行为的处理。中共中央发挥表率作用,政治局向中央委员会报告工作,重大决策在日趋广泛的范围征求意见。党内民主的完善和发展，不仅促进了中共民主执政，也提供了发展人民民主的经验。

把票决民主与协商民主结合起来，拓展人民民主的形式和渠道。人民通过选举、投票行使权利，人民内部各方面在重大决策之前通过充分协商尽可能就共同性问题取得一致意见，是中国社会主义民主的两种重要形式。中国自改革开放以来，有关选举制度、投票制度日益完善，公民的选举权和被选举权不断扩大，不仅在公民自治组织内实行了直接选举，而且在其他间接选举中扩大了差额选举，完善了候选人提名方式。特别是在发展党内民主方面，扩大了基层党组织领导班子成员直接选举和中央、地方党委成员差额选举的范围，实行了候选人无记名投票推荐等民主形式。与此同时，协商民主也在不断完善发展。这种民主是一种以公共利益为目标、以公民参与为主体、以公共协商为核心、以平等理性为保障，通过对话、讨论、辩论、妥协、审议与交流等途径，形成合法决策的民主形式。协商民主的主体，涵盖各党派、各团体、各民族、各阶层、各界别和各方面人士，能够围绕国计民生的重大问题以及群众生活中的热点难点问题，广开言路、广求良策、广谋善举，使个别而分散的意见和诉求通过协商渠道得到系统、综合反映，有利于实现广大群众的政治参与，从而体现广泛性。协商民主坚持求同存异、体谅包容的原则，承载着合作、参与、协商的精神，既反映多数人的普遍愿望，又吸纳少数人的合理主张，既听取支持的、一致的意见，又听取批评的、不同的声音，有利于最大限度地包容和吸纳各种诉求，从而体现包容性。协商民主是一种参与决策的民主形式，既有制度化的渠道，也有非制度化的渠道，如网上论坛、民意调查，关注民主选举、民主监督之外的民主决策、民主管理，郑重、灵活、真实、有效，有利于更好地实现人民当家做主，从而体现真实性。政治协商会议作为协商民主的制度载体，推动和组织各党派、各界别、各民族的政协委员，在党和政府重大决策之前和决策执行过程中，积极参与民主协商、民主监督和参政议政。全国人大坚持民主立法，充分听取社会各方面意见，"开门立法"从尝试逐渐走向制度化。各级政府积极顺应公民对协商民主的要求，建立政务公开制度，建立旁听制度、信访制度、信息公开制度，建立专家咨询和论证评估制度，就一些重大决策广泛听取和吸纳专家和民众意见。从协商民主参与渠道看，除了传统的面对面、电话等交流沟通方式外，电视、网络、手机等载体被日益广泛应用。据国家行政学院电子政务研究中心发布的中国政务微博客评估报告，截至 2012 年底，全国政务微博账号数量已超过 17 万个。国家主席、国务院总理与网民在线交流，各级领导重视网络舆情，纷邀网民"灌水拍砖"，网络民主正成为中国政治文明的新鲜符号。2011 年春，温家宝在新华网在线交流时，收到网民来贴 40 多万条，手机信息 11 万多条，页面访问量近 3 亿人次。他说；"同这些普通民众的交流，是心对心的交流，可以直接体察人民的喜怒哀乐和对政府的诉求，有利于改进政府工作。"把选举民主与协商民主结合起来，在保障人民行使投票权利的同时，坚持求同存异，追求和谐相处，经过充分协商，既能尊重多数人的意愿，又可照顾少数人的合理要求，这无疑是对人民民主的极大推进。

把公众监督与其他监督结合起来，保障人民的权力用于人民。经过多年的努力，我们已建立了比较完善的监督体系。从监督主体来看，这个体系主要由五部分构成：中共内部监督，主体包括纪律检查委员会、监察委员会、各级党委会及其基层组织、普通党员；中共外部监督，主体包括民主党派和各级政协；法律监督，主体包括人大及法院、检察院等司法部门；媒体监督，主体包括报纸杂志、广播电台、电视台等新闻组织；公众监督，主体包括人民团体或社团组织及人民群众。对于保障人民的权力用于人民，各种监督都有自己独特的地位和作用。其中的公众监督，虽是一种非权力形式的民主监督，但是一种主体最为广泛的监督。它具有双重意义：作为一种监督形式，它与其他形式监督相配合，促使监督对象依法行使权力；作为一种政治参与，它直接体现人民群众当家做主的地位，是民主政治的社会基础。在推进监督体系建设中，我们与其他监督结合起来加强公众监督，不断完善群众举报和信访制度，既加强了对权力的监督，又实现了公民的民主权利。

把发展民主和健全法制结合起来，实现民主法制化和法制民主化。民主是法制的前提和基础，法制是民主的体现和保障。在社会主义条件下，民主是法制的内容和价值取向，法制是民主的规则和基础。民主必须服从法律的权威，按照法律规则运行，在法制轨道上发展。法制必须体现人民的意志，反映民主发展的要求，凝聚和引导民主力量，规范和推进民主生活。当代中国，民主与法制的关系立足于坚持共产党领导、人民当家做主和依法治国的有机统一，法律是共产党主张和人民意志相统一的体现。政治改革发展坚持以人为本，把发展民主和健全法制结合起来，不仅努力实现法制的民主化，而且努力实现民主的法制化。我们坚持立法为民，初步建立起作为人民利益体现的中国特色社会主义法律体系。我们坚持司法公正，进行了以保证审判机关、检察机关依法独立行使审判权、检察权为目标的司法制度改革。我们坚持民主立法，不断扩大人民参与立法的范围和途径，努力使立法体现人民的意志。经过 18 年亮相的《中华人民共和国合同法》，历经 20 年出台的《中华人民共和国各级人民代表大会常务委员会监督法》，经历 14 年通过的《中华人民共和国物权法》……才有了一部部反映人民利益、符合实际需要的法律。

以上所述，不是中国政治改革发展的全部特点，不意味着中国政治改革发展十全十美，但表明中国政治改革发展确实有自己的做法。这些做法，造就了中国政治改革发展的累累硕果，使中国几千年形成的专制社会和人治社会正在向民主社会和法治社会转变。

政治改革发展的直接成果

中国的政治改革发展走过了 30 多年的历程，直接成果就是使中国的政治面貌发生了历史性变化。所谓直接成果，是指政治改革发展在政治领域所实现的进步，而不是泛指它在一切社会领域所实现的进步。

形成并完善了中国特色社会主义政治制度。人民代表大会制度方面，我们把直接选举人大代表的范围扩大到县，实行普遍的差额选举制度；完善全国人大常委会的职权，规定全国人大及其常委会共同行使国家立法权，共同监督宪法实施；加强全国人大常委会的组织建设，在县级以上地方各级人大设立常委会，赋予省级人大及其常委会、较大市的人大及其常委会制定地方性法规的职权，加强人大对行政、财经、司法工作的监督力度；建立人大代表与选民联系制度；城乡按相同人口比例选举人大代表，进一步体现了人人平等、地区平等、民族平等。这些改革发展，促进了人民群众当家做主的实现，提高了人大的声望和权威。共产党领导的多党合作和政治协商制度方面，共产党和各民主党派之间的合作与协商不断加强：中共中央领导人邀请各民主党派主要领导人和无党派代表人士举行民主协商会，就国家的大政方针问题进行协商；民主党派和无党派人士依照选举法和有关法律，当选人民代表大会及其常委会、专门委员会组成人员，并占有相对较大的比例；推荐民主党派、无党派人士在各级政府和司法机关担任领导职务；人民政协的各项制度不断健全和完善。基层群众自治制度方面，我们由点到面、由浅入深，从广大人民群众最关心的事情入手，由单领域向多领域逐步推进，基层群众自治的法律、法规、制度逐步健全，城乡基层民主不断扩大，公民参与渠道不断拓展，民主实现形式不断丰富。目前，中国已建立起以农村村民委员会、城市居民委员会和企业职工代表大会为主要内容的基层民主自治体系。广大人民在城乡基层群众性自治组织中，依法直接行使民主选举、民主决策、民主管理和民主监督的权利，对所在基层组织的公共事务和公益事业实行民主自治，已经成为当代中国最直接、最广泛的民主实践。越来越多的普通公民通过各种合法途径影响公共决策与公共管理，表达民主诉求，主张民主权利。基层群众自治实践，围绕人民群众最关心、最直接、最现实的利益问题展开，既锻炼了群众的参政议政能力，又维护了群众的各方面利益，展示了中国民主政治的魅力。民族区域自治制度方面，有关法制建设更加完善，保障了民族区域地方自治，促进了民族自治区域的经济社会发展。今天，在中国社会生活的每一个细节，人们都能切身感受到民主形式的丰富，体会到公民合法权益的保障措施。

　　完善了党和国家领导体制。第一，加强了中共总揽全局、协调各方的核心领导作用。健全了党的工作机构和工作机制，撤销、合并了与政府机构重叠对口的部门。规范了党委与人大、政府、政协以及人民团体的关系，党委在同级各种组织中发挥核心领导作用，实现政治、思想和组织领导。建立了深入了解民情、充分反映民意、广泛集中民智、切实珍惜民力的决策机制，保证决策符合人民利益和愿望。第二，理顺了中央与地方的关系。下放经济管理权力方面，中央放松对企业的控制，把直接管理的企业交给地方、交给市场；打破统收统支的财政体制，代之以国税和地税的分税制；实行经济特区、沿海城市和计划单列市的特殊政策，加快不同地区的发展速度。下放政治管理权限方面，改革中央高度集权式的立法体制，变一级立法体制为中央和地方二级立法体制；颁布《中华人民共和国民族区域自治法》，规定民族自治地方的自治机关可根据当地实际情况贯彻国家政策，并在政治、经济、文化和社会事务方面享有较一般地区更为充分的自治权。第三，完善了地方领导体制。废除了政社合一的人民公社体制，建立乡政府和乡党委，并根据生产需要和群众意愿建立经济组织。第四，提高了决策的科学化民主化水平。坚持并改进民主集中制，各级党委实行集体领导，建立议事规则和工作制度，健全公众参与、专家论证、风险评估、合法性审查和集体讨论决定等程序，科学决策、民主决策、依法决策的水平不断提高。第五，完善了干部制度。实行了领导干部的任期制、退休制、问责制、辞职制、审计制，建立了重大事项的报告制、质询制、听证制。建立了国家公务员制度，公务员从进入队伍到职务晋升，普遍采用公开选拔、竞争上岗等竞争性选拔方式。第六，完善了行政管理体制。政府工作坚持依法行政，规范权力运行，推进政务公开，健全监督制度，加强廉政建设，建设服务政府、责任政府、法治政府和廉洁政府不断迈出新步伐；深化行政审批制度改革，2011年以来国务院各部门取消和调整的审批项目2500多项，占原有审批项目的70%以上。通过政府机构改革，国务院初步建立起职能统一的大部门体制框架，各级政府减少了层次、精简了机构、精干了队伍、提高了效率，大大增强了社会管理和公共服务职能。第七，健全了干部人事制度。针对党政机关、事业单位和国有企业的不同特点实行分类管理，逐步形成广纳群贤、人尽其才、能上能下、公平公正、充满活力的选人用人机制，为各方面优秀人才建功立业开辟了广阔渠道。在干部选拔任用、考核评价、管理监督等环节充分发扬民主，民主推荐成为干部选拔任用的必经程序，民意调查、民主测评得到广泛运用。总之，政治改革发展促成了党总揽全局、协调各方，各级人大、政府、法院、检察院各司其职的政权运行机制。

政治改革发展的成果集中体现为公民权利得到更有力的保障。新中国成立以来，各族人民在中国共产党的领导下，以国家主人的姿态，为消灭贫穷落后、建设社会主义现代化国家、实现享有充分人权的崇高理想，进行了长期探索和不懈奋斗，极大地改进了中国的人权状况。改革开放以来，我们认真总结历史经验教训，找到了一条更符合中国国情的促进和发展人权的道路，这就是将生存权、发展权放在首位，以经济建设为中心推动社会各领域进步，全面促进全国人民人权的发展。我们形成了一整套比较完备的保障公民权利的政治制度和法律体系，人权建设在制度化、法律化的轨道上得到长足进展；人民生活实现了从贫困到温饱、再从温饱到小康的两次历史性飞跃，更好地保障了公民的生存权和发展权；不断健全的信息公开等有关制度，更好地保障了公民的知情权、监督权和参与公共事务管理等权利；不断加大的对就业、教育、科技、文化、卫生、住房等社会事业的国家支持力度，更好地保障了公民的各项社会权利；不断创新的对妇女、老年人、未成年人等特殊群体和残疾人的保障措施，更好地保障了这些群体的合法权利；不断完善的民族区域自治制度及相关政策措施，更好地保障了少数民族的权利。同时，中国宪法和法律规定的公民自由也成为活生生的社会实践。特别是互联网的发展以及中国的互联网政策，极大地扩大了公民的言论空间。互联网为中国公众与政府之间架起了直接沟通的桥梁，公众可以向政府表达自己的意见和诉求，可以对政府决策和政府行为进行评论。西班牙前驻华使馆商务参赞恩里克凡胡尔认为，中国人民在自由状况方面经历的巨大变化，今天中国人享受的自由程度，与二三十年前相比不可同日而语，他们可以自由旅行、改变住处、换工作，言论自由、批评的权利也得到了扩展，这是改革开始之前无法想象的一种生活方式。

政治改革发展的深远意义

中国政治改革发展的意义深远，不仅使中国人民在国家和社会生活中更好地当家做主，享有广泛的民主权利，从而对人类政治文明作出了重要贡献，而且保证了中国人民以国家和社会主人的身份充分发挥建设国家管理国家的积极性、主动性和创造性，有力地推动着中国的经济发展和社会进步，从而对整个人类文明进步事业作出了重大贡献。

分析中国经济快速发展和社会全面进步的成因，我们可以列出很多，但归根到底来自于亿万人民群众的积极性、主动性和创造性。人民群众的积极性、主动性和创造性又来自哪里？从根本上来讲，来自于政治改革发展。如果说经济体制改革通过解放人进而解放了生产力，那么政治体制改革则不仅为市场经济体制的建立扫清了障碍，推动了经济体制改革，而且推动了科技体制、教育体制、文化体制等方面体制的改革，从而推动了社会全面进步。不仅如此，政治改革发展对于解放人、解放生产力也有直接作用。如改革开放之初，若没有公社体制的改变，便没有农民的自主权，农民的生产积极性就不可能调动起来，农村经济体制改革也就不可能成功。再如建立社会主义市场经济体制，核心是正确处理政府和市场的关系，要求加快转变政府职能，强化政府提供公共服务、主导社会管理的作用，充分发挥市场在资源配置中的基础性作用，保证各种所有制主体都能公平参与市场竞争。若离开政治体制改革特别是行政管理体制改革，社会主义市场经济体制的建立就不可想象。法治建设对经济发展的促进作用也很明显。以中国现行宪法为例，它是经过全民讨论后由全国人民代表大会于1982年通过，后又根据经济社会发展的需求经过了四次修改。1988年的宪法修正案规定，国家允许私营经济在法律规定的范围内存在和发展，土地的使用权可以依照法律的规定转让。1993年的宪法修正案规定，国家实行社会主义市场经济，国家加强经济立法，完善宏观调控。1999年的宪法修正案规定，国家在社会主义初级阶段，坚持公有制为主体、多种所有制经济共同发展的基本经济制度，坚持按劳分配为主体、多种分配方式并存的分配制度。2004年的宪法修正案规定，国家鼓励、支持和引导非公有制经济的发展，并对非公有制经济依法实行监督和管理；公民的合法的私有财产不受侵犯，国家依照法律规定保护公民的私有财产权和继承权等。这些与经济改革发展密切相关的规定，不仅使宪法在保持稳定性和权威性的基础上紧跟时代前进步伐，更重要的是为经济改革发展提供了宪法保障，从而推动了经济改革发展。可以说，政治改革发展的最深刻意义，就在于释放和保护了全国各族人民的创造性、积极性和主动性，激发和保持了党和国家的活力，从而有力推动了经济社会的全面发展。

国际问题专家、时事评论员宋鲁郑认为，中国模式的优异表现必然引发全球对其成功原因的研究，目前也算是百家争鸣，呈一时之盛。他列举了一些学者看问题的角度：持国民性角度的人认为，中国人勤劳、节俭，储蓄率高，从而为投资积累提供了巨大资本；持全球化角度的人认为，中国具有庞大的廉价劳动力，是人口红利效应，因此出口导向的发展战略得以成功实施，并成为全球化最大的赢家；持国际关系角度的人认为，中美关系在 1970 年代的改善，导致中国打开国门，抓住西方产业转移的机会，吸引了大量的国外投资，成为拉动中国经济成长的重要力量；持比较经济角度的人认为，中国放弃计划经济实行市场经济，是中国成功的关键；还有人更细致地从具体的经济、社会措施看问题，如认为国有土地有偿出让是中国奇迹的根源。宋鲁郑认为，这些研究都一定程度地说明了中国成功的原因，但都有一个共同的缺陷：回避了政治制度因素。从根本上讲，中国奇迹的成因是中国政治体制在符合国情基础上进行的不断改革和调整。

中共中央党校教授周天勇认为，中国经济发展取得的巨大成就，不能忽视中国的政治体制，特别是中国共产党与政府的相互关系。随着社会主义市场经济体制的发育和政治体制改革的深化，中国共产党强化了自身的宏观决策地位，在提供发展战略方面发挥着关键性作用，始终掌握着经济工作的主动权。他分析指出：第一，中国共产党和政府从"以阶级斗争为纲"到"以经济建设为中心"的转变，为中国经济快速发展创造了政治前提；第二，中国共产党领导下的政治体制和社会环境的稳定，是经济持续快速增长的必要条件；第三，中国共产党确立的政治适度集中的体制，使党领导下的中国政府成为一个强势、高效的政府；第四，在中国向市场经济转轨的过程中，共产党和政府主导经济发展的体制模式有着推动经济快速发展的巨大优势。"长期以来，国际社会盛行着这样一种观点，即认为经济的快速发展需要经济上的市场化与政治上的较快民主化，政治集中和政府强力推动经济发展的体制模式，对于经济增长是有害的。然而，回顾新中国成立以来60年的历史，我们却可以得到相反的结论：正是中国共产党领导下的政治上适度集中和政府强有力主导经济发展的体制模式，带动了中国经济腾飞，促成了'中国奇迹'。"

中共重庆市委常委、统战部部长翁杰明认为，近代社会以来，以西方国家为主探索的现代化模式，曾经大大促进经济社会发展，但也出现了许多需要思考与应对的问题。在当今社会，如何科学处理民主与效率、政党竞争与保障各方民众利益、民主形式单一性与多样性、保持民族特性与顺应人类发展潮流、依法办事与解决实际问题、间接民主与直接民主等方面的关系，成为许多国家需要不断思考、寻求答案的重大问题。在改革开放中与时俱进的中国政治模式，尽管依然存在需要不断完善的地方，有些良好的功能还有一个逐步显现的过程，但确实对不少问题提供了科学的答案，有力促进了人类政治文明建设。这种实践至少体现在以下方面：广泛吸收民意与注重集中落实相结合的组织原则，执政党与参政党相互合作、相互监督、相互统一的政党制度，投票式民主和协商式民主相结合的民主形式，总揽全局与各司其职相结合的政权运行体制，社会力量求同存异与团结联合相统一的社会整合模式，自主自治与多元一体相结合的多民族共处共促体制，司法审判与人民信访、人民调解有机结合的矛盾纠纷处理机制，鼓励直接表达意愿与注意保证根本利益、长远利益相统一的直接民主渠道构建。中国政治模式不仅给中国带来深刻变化，而且从许多方面体现了世界政治发展的根本规律与趋势，展示了人类社会解决重大政治问题的智慧。

现任尼古拉　贝格吕昂研究所高级顾问、美国《新观察季刊》主编的内森　加德尔斯，是长期关注中国发展的国际著名专栏作家、中国问题专家。自1980年代以来，他不仅频繁地走访中国各地，采访了包括国家领导人、专家学者在内的各界人士，而且先后在中国社会科学院和外交学院从事研究与教学工作，可谓见证了中国改革开放的全过程。他对中国、美国、新加坡、欧洲国家的不同政体进行了对比分析，认为中国的持续快速发展主要得益于着眼长远、集体主义、为公共利益服务、官员竞争上岗等一系列行之有效的做法，而远在大洋彼岸的美国和其他一些西方国家，所谓的民主制的弊端日益显露，令它们的政治陷入僵局和瘫痪，进而对这些国家的财政、经济、贸易发展等产生了负面影响。"我们想对中美两个国家乃至整个东西方的政治体制进行研究，原本落后的中国在这 30 年中取得了巨大成功，而历来强势的美国却频频滑坡，原因究竟何在？"加德尔斯进而认为，正是得益于政治体制的优势，中国才在 30 年内令如此之多的人口摆脱了贫困，经济总量跻身于世界前列。他还认为，随着世界进入"后冷战时代"，多元主体相互依存，信息技术发展迅猛，社会变得更加复杂多样，东西方应该借鉴对方政治制度的精华，更好地应对新的挑战。

对于中国时局有着长期而细致观察的新加坡国立大学东亚研究所所长郑永年教授认为，政治模式是中国模式的核心。他进一步解释，中国政治模式有两个核心因素：一是开放的执政党，二是"挑选与选举"相结合的领导人产生制度。这两点与西方政治不同。西方政治的核心是多党制与普选制。"选拔加选举"的领导人产生制度，是在贤人政治的基础上，再跟民主结合起来。这样的方式大大优于为了民主而民主的选举制度。

德国柏林社会科学中心跨国冲突和国际制度系主任米夏埃尔·曲恩 2011 年 5 月在《每日镜报》上发表文章指出：最迟从金融危机以来，面对来自西方的自由民主，一个竞争者——以中国为代表的政治制度成长起来。它有两个特点：一是大不相同，二是卓有成效。符合民意、适合国情、卓有成效，这就是中国特色社会主义政治制度的特性。

美国著名未来学家约翰·奈斯比特是《中国大趋势》的作者，他在该书中总结出中国发展的大趋势：中国在创造一个崭新的社会、经济和政治体制，它的新型经济模式已经把中国提升到了世界经济的领导地位，而它的政治模式也许可以证明资本主义这一所谓的"历史之终结"不过是人类历史道路的一个阶段而已。中国式民主，那种从上而下的管理和从下而上的活力，最终能够使得政府信任人民，人民也信任政府。中国没有使自己陷入政党争斗局面，而是以一党体制实现现代化，发展出一种独特的纵向民主。在未来几十年中，中国不仅将改变全球经济，也将以其自身模式挑战西方的民主政治。

美国外交学会研究员乔舒亚　柯兰齐克在《退却中的民主》的新著中探讨了为什么近年来"北京共识"和"中国模式"吸引了众多的追随者。他认为，2008年和2009年的全球经济危机重创了几乎每一个主要民主国家的经济，而在经济低迷时期，中国却几乎毫发未损。经济衰退过后，危机使许多西方国家领导人采取试探性的态度，不仅质疑自己的经济制度，而且怀疑自己的政治制度。在以前的回潮中，民主也曾在全球范围停滞不前并发生逆转，但却根本没有像今天这样，中国成为成功的替代性发展样板。苏联声称自己是一个替代性样板，但它从未取得任何接近于今天中国这样的持续经济增长，建成如此成功的、具有全球竞争力的公司。全球经济危机过后，由于许多发展中国家的民众对民主制度不满，亚洲、非洲和拉丁美洲国家的领导人正在更为仔细地学习中国的发展模式——这一模式最终会促成他们国家民主制度的瓦解。

以上观点，虽然表述的准确性值得推敲，有的甚至我们并不认同，但都在很大程度上认识到中国政治改革发展的成就和意义。我们认为，认识中国政治改革发展的深远意义，不仅应看到它推动了中国社会主义民主政治的进步，巩固了劳动人民当家做主的地位，看到它支持了中国在其他方面的改革发展，推动了经济社会的全面进步，而且应看到它丰富了人类文明的多样性，为人类政治文明发展做出了贡献。世界上并不存在唯一的、普遍适用的、绝对的政治模式，这是人类政治文明发展的历史定论，也是中国政治改革发展的现实结论。

中国特色社会主义
政治制度的内涵

政治制度，指一个国家中的统治阶级通过组织政权以实现其政治统治的原则和方式的总和，包括这个国家的阶级本质、国家政权的组织形式及管理形式、国家结构形式和公民在国家中的地位。广义上，它包括基本政治制度和具体政治制度。前者存在一定的层次结构，主要指国体和政体；后者指具体的政治设置，也被称为政治体制。中华人民共和国是工人阶级领导的、以工农联盟为基础的人民民主专政的社会主义国家。由这一国体决定并发展而来的中国特色社会主义政治制度，包括根本政治制度和基本政治制度。前者指人民代表大会制度，它是与我们的国体相适应的政权组织形式，是中国人民当家做主的根本途径和最高形式，规定着其他政治制度的产生和作用；后者包括中国共产党领导的多党合作与政治协商制度、民族区域自治制度、基层群众自治制度，它们反映根本政治制度并对根本政治制度发挥补充作用。根本政治制度和基本政治制度，构成中国特色社会主义政治制度的主要内涵。

人民代表大会制度

"中华人民共和国的一切权力属于人民"，"人民行使国家权力的机关是全国人民代表大会和地方各级人民代表大会"。《中华人民共和国宪法》的这一规定表明，在我们国家，人民，只有人民，才是国家的主人；人民当家做主，最根本、最重要的就是通过人民代表大会制度掌握国家政权、行使国家权力。

人民代表大会制度的内涵

人民代表大会（以下有时简称为"人大"）制度，是按照民主集中制的原则，由人民选举代表组成各级人大，再以人大为基础组建其他国家机构，从而实现人民当家做主的政治制度。这一制度的基本内涵，蕴含于人大与人民的关系、人大与其他国家机关的关系、中央与地方的关系以及人大自身的各项制度。

• 人民代表大会与人民的关系

"全国人民代表大会和地方各级人民代表大会都由民主选举产生，对人民负责，受人民监督。"宪法的这一规定鲜明地表明，人大的权力源于人民，人民是国家权力的主体。人大行使权力必须代表人民的利益和意志。

当今中国从中央到地方各级行政区域设有五级人大。它们是：全国人大，省、直辖市、自治区人大，设区的市、自治州人大，县、自治县、不设区的市、市辖区人大，乡、民族乡、镇人大。全国人大是最高国家权力机关，地方各级人大是地方国家权力机关。

各级人大代表名额由法律规定。人大代表的数量和结构，直接决定人大的议事效率和成效。经过精心设计和实践检验，全国人大代表名额一般不超过三千人。以 2013 年召开的第十二届全国人大为例，代表选举按城乡约每67 万人分配 1 个名额，共产生 2987 名代表。地方各级人大代表名额确定标准，主要为代表名额基数与按人口数增加的代表数之和，同时根据人口数规定一个最高或最低限额。例如，省、自治区每15万人可增加1名代表，直辖市每2.5万人可增加1名代表；人口超过1亿的省，代表总额不得超过1000名。乡、民族乡、镇的代表名额基数为40名，每1500人可增加1名代表；人口9万的乡的代表总名额不得超过100名；人口超过13万的镇的代表名额不得超过130名；人口不足2000的乡、民族乡、镇的代表名额可以少于40名。

民主选举是人民代表大会制度的基础。中国的选举权和被选举权是普遍的。凡年满18周岁的公民，不分民族、种族、性别、职业、家庭出身、宗教信仰、教育程度、财产状况和居住期限，都有选举权和被选举权。按照法律被剥夺政治权利（中国刑法规定的一种附加刑）的人，没有选举权和被选举权。那些受到和正在受到刑事处罚的人，只要没有经法院判决被剥夺政治权利，也享有选举权和被选举权。据统计，在20多年来历次县乡两级人大代表选举中，享有选举权和被选举权的人数，占18周岁公民总数的99%以上，享有选举权的人的参选率在90%左右。2011-2012年，全国完成了新一轮县乡两级人大换届选举工作，31个省、自治区、直辖市的2878个县（市、区）和33281个乡（镇）选举出县乡两级人大代表，召开了新的一届人大会议。参加县级人大代表换届选举登记的选民有9.81亿多人，参加投票选民占登记选民的90.24%，选出县级人大代表597794人。参加乡级人大代表换届选举登记的选民有7.23亿多人，参加投票选民占登记选民的90.55%，选出乡级人大代表1942388人。县乡两级一次选举成功的选区分别占选区总数的99.27%和99.29%。较高的选民参选率和选举成功率，说明人民代表大会制度具有广泛的群众基础。

人大代表选举，通常采取直接选举和间接选举的方式。全国人大代表，省、自治区、直辖市、设区的市、自治州人大代表，由下一级人大间接选举产生。不设区的市、市辖区、县、自治县、乡、民族乡、镇人大代表，由选民直接选举产生。人民解放军选举人大代表有自己的特点，代表不按地区而按职业系统产生，根据所参加的人大的层次，或者实行直接选举，或者实行间接选举。

香港特别行政区和澳门特别行政区的全国人大代表，由两区的中国公民分别依照《中华人民共和国香港特别行政区基本法》、《中华人民共和国澳门特别行政区基本法》和全国人大通过的选举办法选出；台湾的全国人大代表，由在祖国大陆的台湾省籍同胞派代表协商选举产生。目前，中国各级人大代表共计 280 多万。

各级人大代表绝大多数是兼职的，人大举行会议时出席会议，会后返回自己的工作岗位。人大会议期间，代表有权提出议案，选举和决定国家机关组成人员，审议有关议案和报告。代表在人大会议上的发言和表决不受法律追究，任何人不得压制和干预代表个人意志的表达。人大闭会期间，代表通过各种方式，与原选举单位和人民群众保持密切联系，深入了解民情，充分反映民意，广泛汇集民智。人大代表是国家权力机关的组成人员，尊重他们的权利就是尊重人民的权利，保障他们依法履职就是保证人民当家做主。为支持和保障代表依法执行代表职务，国家和社会提供必要的条件。人大会议期间非经大会主席团许可，人大闭会期间非经本级人大常委会许可，代表不受逮捕或者刑事审判。代表不论是出席人大会议，还是参加闭会期间的履职活动，所在单位都按正常出勤对待，享有所在单位的工资和其他待遇。一切组织和个人都必须尊重人大代表的权利，支持他们执行代表职务。为了加强代表联络工作，全国人大在省级人大常委会设有全国人大代表联络处，建立健全了 260 多个全国人大代表小组。

人大是各方面代表组成的国家权力机关，是人民群众表达意愿、实现有序政治参与的渠道。广大群众有权对人大的各项工作进行监督，同时，人大把自己的工作自觉地置于人民群众的监督之下。在审议法律案时，通过各种方式听取各方面、各部门、专家学者和利害关系人的意见。一些与人民群众关系密切的法律草案，向社会公布，征求全民的意见。人大及其常委会会议一般都公开举行，会议主要内容通过新闻媒介公开报道。有条件的地方，普通公民还可旁听人大常委会会议。旁听后，参与有关方面组织的座谈会，表达相关意见和建议。

各级人大及其代表对人民负责、受人民监督。如果代表违反人民的意愿、不反映人民的意见和要求、不按照人民的意志办事，原选举单位和选民有权按照法定程序撤换自己选出的代表。为了便于人民监督自己选举的代表，要求各级人大和代表保持与人民群众的密切联系。首先，各级人大代表应自觉履行宪法和法律赋予自己的权利和义务，经常联系本选区的选民和本选举单位，及时倾听和反映他们的意见和要求；其次，定期向本选区的选民或本选举单位汇报自己的代表工作，通报所在人大及其常委会的工作和活动情况；再次，选民和选举单位通过一定的方式对自己选出的代表的工作进行评议，提出改进意见。

- **人民代表大会与其他国家机构的关系**

在中华人民共和国的国家机构中，除了人民代表大会，还设有人民政府、人民法院、人民检察院；在中央，还设有国家主席、中央军事委员会。这些国家机构，都由人大产生，对人大负责，受人大监督。这种政权组织体系的横向结构，表明了人大与其他国家机构的关系：其他国家机构的权力源于人大，必须对人大负责并受它监督。

法律关系方面，所有国家机关都必须遵守全国人大及其常委会制定的法律、作出的决定。对于有立法权的地方人大及其常委会制定的地方性法规，该级行政区域内的地方国家机关必须遵守。

组织关系方面，行政、审判、检察和军事等国家机关都由人大及其常委会选举、任命产生。根据宪法规定，各级政府的正、副职领导人，各级审判、检察机关的正职领导人，都由本级人大选举产生，上述国家机关其他组成人员由人大或它的常委会决定或任命。由人大及其常委会选举或任命的国家机关领导人，可由人大罢免或撤职。

工作关系方面，其他国家机关向人大及其常委会负责。前者每年定期向人大报告工作，并经常就某方面、某部门的工作向人大常委会报告或向有关专门委员会汇报。人大及其常委会还对执行机关的行为实施全面监督，包括法律、法规的执行情况，人大及其常委会的决议、决定执行情况，各级领导人的履职、廉政情况，还有权对执行机关及其领导人员的违法、滥用职权和失职行为提出质询、调查，直至罢免、撤职。

以上关系表明，中国政权体系按照民主集中制的原则组织并运作，人大统一行使国家权力，在这个前提下划分国家的行政权、审判权、检察权，分别由人大产生的国家行政机关、审判、检察机关去行使。中国的政权体系是一个有机统一的整体，人民代表大会在政权体系中处于基础和核心地位。

• **中央与地方的关系**

当今世界各国的国家结构形式，主要分单一制和复合制。实行单一制的国家，是若干行政区域构成的统一主权国家，各级地方政权行使的职权来源于中央授权，中央既可授予地方权力，亦可收回授予地方的权力。实行复合制的国家，是由若干独立的国家或相当于国家的政治实体（共和国、邦或州）联合组成的国家联盟，按照联合程度不同，可分为联邦制和邦联制。中国是典型的单一制国家，必须确立中央的权威，对于全国人大及其常委会、国务院决定的事，地方国家机关必须在本行政区域内贯彻执行，维护法制和政令的统一；中国地域辽阔、人口众多，各地发展极不平衡，又必须赋予地方国家机关适当的自主权，以利于各地因地制宜地发展本地区的各项事业。中国宪法明确规定："中央和地方的国家机构职权的划分，遵循在中央的统一领导下，充分发挥地方的主动性、积极性的原则。"

全国人大和地方人大都是国家权力机关，依照宪法和法律规定的职权，分别审议决定全国和本行政区的重大问题。从立法方面来看，全国人大及其常委会行使国家立法权，修改宪法，制定和修改法律；省、自治区、直辖市的人大及其常委会根据本行政区域的具体情况和实际需要，在不同宪法、法律、行政法规相抵触的情况下，可以制定地方性法规，报全国人大常委会和国务院备案。国务院批准的较大的市的人大及其常委会可以制定地方性法规，报省、自治区的人大常委会批准后施行，并由省、自治区的人大常委会报全国人大常委会和国务院备案。全国人大常委会有权撤销省、自治区、直辖市的人大及其常委会制定的同宪法、法律和行政法规相抵触的地方性法规和决议。自治区的人大制定的自治条例和单行条例，报全国人大常委会批准后生效。自治州、自治县的人大制定的自治条例和单行条例，报省、自治区或直辖市的人大常委会批准后生效，并报全国人大常委会和国务院备案。全国人大常委会主持全国人大代表的选举，并在地方各级人大换届选举中对各省、自治区、直辖市人大及其常委会向全国人大常委会提出的有关法律实施的问题给予答复。宪法和有关法律的这些规定表明，全国人大和地方各级人大之间的关系是：第一，法律上监督与被监督的关系。全国人大处于监督者的地位，地方各级人大接受全国人大的监督。第二，业务上指导与被指导的关系。全国人大指导地方各级人大准确而有效地执行宪法和法律，总结它们的经验、做法，对它们提出的问题给予理论指导和权威解答。第三，工作上的联系关系。全国人大代表由各省、自治区、直辖市人大和特别行政区、军队选举产生，全国人大及其常委会要加强与他们的联系，需要首先做好与代表选举单位的联系工作。

其他国家机关由于性质不同，内部关系也不尽一样。国务院是最高国家行政机关，统一领导全国地方各级国家行政机关的工作。地方各级人民政府对上一级国家行政机关负责并报告工作，全国地方各级人民政府都是国务院统一领导下的国家行政机关，都服从国务院的领导。最高人民法院是国家的最高审判机关，对地方各级人民法院的关系是法律监督关系。在各级人民法院之间，上级监督下级的审判工作。最高人民检察院是国家最高检察机关，领导地方各级人民检察院的工作。在各级人民检察院之间，上级领导下级的工作。

中央与地方的关系还体现在其他许多方面。财政方面，实行中央和地方分税制，在中央与地方事权划分的基础上，根据事权与财权相结合的原则，将税种划分为中央税、地方税、中央与地方共享税，建立中央与地方两套税收征管制度，并分设中央与地方两套税收机构分别征管，在保障中央财政需要的同时，赋予地方一定的财政自主权；土地方面，国务院土地行政主管部门统一负责全国土地的管理和监督工作，同时在土地所有权和使用权的确认、土地利用审批等事项赋予地方人民政府一定的权限；教育方面，实行分级管理、分工负责的原则，高等教育由国务院和省、自治区、直辖市人民政府管理，中等以下教育在国务院领导下，由地方人民政府管理。诸如此类的中央和地方的关系中所贯彻的中央统一领导、赋予地方适当自主权的原则，有利于充分发挥中央和地方两个积极性。

- **人民代表大会的组织工作制度**

人大及其常委会集体行使职权，按照少数服从多数的原则民主决定问题。全国性重大问题由全国人大及其常委会讨论决定，地方性重大问题由地方人大及其常委会讨论决定。人大及其常委会制定了一系列会议规则和工作制度，以确保人大及其常委会的决策遵循民主和科学的原则。

中国各级人大代表的数量较多，全国一级的接近三千人，省一级的有数百名，多的有近千名。代表数量多，可以提高人大的代表性，但又不便于经常举行会议。因此，县以上各级人大设立常委会，作为本级人大的常设机关，在代表大会闭会期间行使国家权力机关的职责，以保持国家机器正常运转。常委会是代表大会的一部分，不是一个独立的机构，它向代表大会负责，受代表大会监督。它的组成人员由代表大会从代表中选出，实际是人大的"常务代表"。各级人大的工做主要由常委会承担。

遵循民主集中制原则，依照法定程序，通过会议形式，集体行使职权，集体决定问题，是人大及其常委会工作的基本特征。各级人大及其常委会都制定有议事规则和议事程序，规范了会议的举行、组织、形式，规范了议案的提出、列入、审议，规范了选举程序、会议程序、立法程序、表决程序和监督程序，使会议的每一个步骤都井然有序，每一项职权的行使都有章可循。在具体工作中，充分发挥协商民主优势，对于意见分歧较大的法律草案和重要事项，采取积极慎重的态度，需要调研的深入调研，需要协商的耐心协商，需要论证的充分论证，真正做到集思广益。在进行表决时，所有代表都是平等的，一人一票。

综上可见，人大制度是以人大这一机构为核心的国家政权组织形式，不仅包括人大本身的组织、职权，还包括人大与公民、与其他国家机关的关系。作为中国的根本政治制度，它不仅是政治力量的源泉，也是各种国家制度的源泉。

全国人民代表大会的职权

中华人民共和国全国人民代表大会是最高国家权力机关。这一宪法规定表明，全国人大是国家权力机关，在各级国家权力机关中居于最高地位，是最高民意代表机关并代表全国人民行使国家权力。最高国家行政机关、最高审判机关、最高检察机关、国家军事机关，都由全国人大产生，向它负责和报告工作，受它监督。全国人大的性质和地位，与一些实行三权分立的国家的议会有很大的不同。在西方三权分立的体制下，议会只是立法机关，与行政机关、审判机关之间是平衡的相互制约的关系，不是监督与被监督的关系。而全国人大与国家行政机关、审判机关、检察机关不是平衡的相互制约的关系，而是监督与被监督的关系，享有居于行政机关、审判机关、检察机关之上的最高权力和地位。

• 全国人民代表大会的职权

出席全国人大会议，审议和表决各项议案、报告和其他议题，是全国人大代表行使国家权力的主要形式。全国人大有五个方面职权：

修改宪法并监督宪法实施。宪法是国家的根本大法，规定国家的根本政治制度和公民的基本权利。除了全国人大，其他任何机关都无权修改宪法。为了保持宪法的稳定性和权威性，宪法修改需要经过特别严格的程序。宪法修正案，必须由全国人大常委会或者五分之一以上全国人大代表联名提出，并由全体代表以三分之二以上的多数通过。

制定和修改基本法律。全国人大作为最高国家权力机关，也是最高国家立法机关，行使国家立法权，制定或修改基本法律。所谓基本法律，是指在刑事、民事、国家机构的和其他法律门类中起支架性作用的法律，如刑法、民法、物权法、全国人大组织法、国务院组织法、立法法等。

选举、任命和罢免国家机关领导人员。全国人大有权选举国家主席、副主席，全国人大常委会组成人员，中央军事委员会主席，最高人民法院院长和最高人民检察院检察长；有权决定任命国务院总理、副总理、国务委员和其他组成人员以及中央军事委员会其他组成人员；有权罢免由它选举或者决定任命的上述国家机关领导人员。

审查批准计划和预算，决定其他重大事项。全国人大有权审查和批准国民经济和社会发展计划以及计划执行情况的报告；审查和批准预算以及预算执行情况的报告；批准省、自治区和直辖市的建制；决定特别行政区的设立及其制度；决定战争与和平的问题以及应由最高国家权力机关行使的其他职权。

听取审议全国人大常委会、国务院、最高人民法院和最高人民检察院的工作报告。全国人大每年召开会议时，听取和审议国务院、最高人民法院、最高人民检察院、全国人大常委会的工作报告并作出决议，是代表对这些机构的工作进行监督的重要形式，是全国人大作为最高国家权力机关地位的重要体现。

• 全国人民代表大会常务委员会的职权

全国人大常委会作为全国人大的常设机关，是最高国家权力机关的组成部分，在全国人大闭会期间，行使部分最高国家权力机关的职权，讨论决定除应由全国人大讨论决定外的其他一系列国家重大问题。人大常委会由全国人大产生，向全国人大负责和报告工作，受全国人大监督。全国人大有权罢免人大常委会组成人员，有权改变或者撤销人大常委会作出的不适当的决定。全国人大闭会期间，国务院、最高人民法院和最高人民检察院向人大常委会负责，并受其监督。为了保证常委会组成人员能够集中精力从事人大工作，为了保证监督效果并避免发生角色冲突，人大常委会组成人员不得担任国家行政机关、审判机关和检察机关的职务；如果担任上述职务，必须辞去人大常委会组成人员的职务。宪法和有关法律规定，全国人大常委会有四种职权：

立法权。全国人大常委会行使的立法权，包括解释宪法、制定和修改法律、解释法律。宪法解释权属于人大常委会，最高人民法院负有遵守贯彻宪法的职责，但没有宪法解释权，这是中国人大制度与西方国家通常由法院解释宪法的三权分立制度的重要区别。根据现行宪法，人大常委会有权制定和修改除应由全国人大制定的法律以外的其他法律，有权对全国人大制定的法律进行部分修改，但是不得同该法律的基本原则相抵触。根据人大常委会关于加强法律解释工作的决议，最高人民法院和最高人民检察院可以对属于审判、检察工作中如何具体应用法律的问题进行解释。根据监督法，最高人民法院和最高人民检察院所作的具体应用法律问题的解释，必须报人大常委会备案，接受监督。不属于审判、检察工作中的其他法律如何具体应用的问题，由国务院及主管部门解释。人大常委会所作的法律解释，效力高于最高人民法院、最高人民检察院和国务院及主管部门所作的具体应用解释。

人事任免权。全国人大闭会期间，人大常委会行使以下人事任免权：根据国务院总理的提名，决定部长、委员会主任、审计长、秘书长人选；根据中央军事委员会主席提名，决定中央军事委员会其他组成人员的人选；根据最高人民法院院长的提请，任免最高人民法院副院长、庭长、副庭长、审判员、审判委员会委员和军事法院院长；根据最高人民检察院检察长的提请，任免最高人民检察院副检察长、检察员、检察委员会委员和军事检察院检察长，批准省、自治区、直辖市的检察院检察长；决定驻外全权代表的任免；决定全国人大专门委员会个别副主任委员和部分委员的任免，决定代表资格审查委员会主任委员、副主任委员和委员的任免，决定全国人大常委会副秘书长和各工作委员会主任、副主任的任免。接受国家机关领导人员的辞职和决定代理人选，也属于人大常委会的人事任免权。

重大事项决定权。全国人大常委会关于重大事项的决定权，通常表现为作出决定、决议等方式。包括：在全国人大闭会期间，审查和批准国民经济和社会发展计划、国家预算在执行过程中所必须作的部分调整方案；决定同外国缔结的条约和重要协定的批准和废除；规定军人和外交人员的衔级制度和其他专门衔级制度；规定和决定授予国家的勋章和荣誉称号；决定特赦；如果遇到国家遭受武装侵犯或者必须履行国际间共同防止侵略的条约的情况，决定战争状态的宣布；决定全国总动员或者局部动员；决定全国或者个别省、自治区、直辖市进入紧急状态；等等。

监督权。包括法律监督和工作监督两个方面。法律监督，包括监督宪法的实施，对宪法和法律的实施情况进行执法检查，对行政法规、地方性法规、自治条例和单行条例进行审查监督，撤销国务院制定的同宪法、法律相抵触的行政法规、决定和命令，撤销省、自治区、直辖市国家权力机关制定的同宪法、法律和行政法规相抵触的地方性法规和决议，等等。工作监督，指听取和审议国务院、最高人民法院和最高人民检察院专项工作报告，审查和批准决算，听取和审议计划、预算的执行情况报告和审计工作报告。如第十一届全国人大期间，常委会听取和审议了国务院、最高人民法院和最高人民检察院的 70 个报告，组织了 21 次执法检查，开展了 9 次专题询问。实践中，全国人大常委会坚持把加强监督与完善法律结合起来，把工作监督与法律监督结合起来，把专项监督与综合监督结合起来，把初次监督与跟踪监督结合起来，把推动自行整改与依法纠正结合起来，督促国务院、最高人民法院和最高人民检察院解决了一批事关经济社会发展大局和人民群众切身利益的实际问题。

- **全国人民代表大会专门委员会的职责**

全国人大下设 9 个专门委员会：民族委员会、法律委员会、内务司法委员会、财政经济委员会、教育科学文化卫生委员会、外事委员会、华侨委员会、环境与资源保护委员会、农业与农村委员会。这些专门委员会是全国人大常设的专业性机构，既不同于作为最高国家权力机关组成部分的全国人大常委会，又不同于为全国人大及其常委会服务的办事机构和工作机构。它们不能行使最高国家权力，没有决定权，而是按专业分工经常性地开展工作，以协助全国人大及其常委会行使最高国家权力。

各专门委员会职责，是在全国人大及其常委会领导下，研究、审议和拟订有关议案。第一，审议全国人大主席团或者全国人大常委会交付的议案；第二，向全国人大或者全国人大常委会提出属于他们职权范围内同本委员会有关的议案；第三，审议全国人大常委会交付的被认为同宪法、法律相抵触的国务院的行政法规、决定和命令，国务院各部门的命令、指示和规章，省、自治区、直辖市政府的决定、命令和规章，提出报告；第四，审议全国人大主席团或者全国人大常委会交付的质询案，听取受质询机关的答复，必要时，向全国人大主席团或者全国人大常委会提出报告；第五，对属于全国人大或者全国人大常委会职权范围内同本委员会有关的问题，进行调查研究，提出建议。近些年来，根据监督法的规定和实践做法，各专门委员会在协助全国人大常委会开展监督工作方面担负着越来越重要的职责，包括协助全国人大常委会做好听取和审议专项工作报告、具体组织实施执法检查等。

为保证全国人大会议、常委会会议、委员长会议依法履行职权服务，全国人大设有办事机构和工作机构。办公厅是综合办事机构，为全国人大及其常委会提供行政、后勤、文秘、信息等方面服务。法制工作委员会为全国人大及其常委会的立法工作提供专业服务，负责立法工作的规划、组织、指导、协调等任务。预算工作委员会为全国人大及其常委会的预算审查监督工作提供专业服务，受委员长会议委托起草有关财政经济方面的法律草案，担负全国人大财政经济委员会需要协助办理的有关事项。香港基本法委员会和澳门基本法委员会是依据基本法设立的法定机构，为全国人大及其常委会行使基本法规定的职权提供专业服务。代表资格审查委员会，是常委会审查代表资格的专门机构，主要职责是就各选举单位选举和罢免全国人大代表及接受全国人大代表辞职的有效性，向全国人大常委会提出确认意见。另外，各专门委员会也设有自己的办公室和工作机构，为专门委员会履行职责提供服务。

全国人民代表大会的会议

全国人大及其常委会实行合议制，集体行使职权，集体决定问题。召开法定会议，按法定程序议事，是人大及其常委会工作的突出特点。

• 全国人民代表大会的会议制度

全国人大会议于每年第一季度举行，由全国人大常委会召集。新一届全国人大一次会议，由上届全国人大常委会召集。全国人大会议，须有三分之二以上的代表出席方能举行。如果全国人大常委会认为必要，或者有五分之一以上的全国人大代表提议，可以临时召集全国人大会议。全国人大代表按选举单位组成代表团出席会议。

大会举行前，人大常委会要做一系列准备工作，包括提出会议议程草案、主席团和秘书长名单草案、列席会议人员名单等，并将开会日期和会议讨论的主要事项通知代表，并组织代表审阅讨论拟请大会审议的重要议案，听取代表的意见和建议。

大会正式开幕前，全国人大常委会主持召开预备会议，选举大会主席团和秘书长，通过会议程序和其他准备事项的决定。主席团是大会的领导机构，通常由党和国家领导人、全国人大常委会组成人员、各代表团团长以及其他有关方面人士组成，他们均为全国人大代表。主席团的决定，由主席团全体成员的过半数通过。主席团产生后，由主席团主持全国人大会议。

全国人大会议期间召开全体会议和代表团会议。全体会议是全国人大行使权力的基本会议形式，主要听取国务院、最高人民法院、最高人民检察院、全国人大常委会的工作报告，听取国民经济和社会发展计划草案及执行情况的报告，听取提案人提请大会审议的各项议案的说明；审议并对各项议案进行表决，作出决定；依法选举、决定或罢免国家机构组成人员。代表团会议包括代表团小组会议和代表团全体会议，主要审议有关报告和议案，提出修改完善的意见和建议。召开代表团会议时，有关部门负责人参加会议，听取意见，回答询问。

会议一般公开举行。不是全国人大代表的有关方面负责人和全国政协委员，根据法律规定和全国人大常委会的决定列席会议。列席人员有发言权而没有表决权。大会设旁听席，外国驻华使节可以旁听大会全体会议。会议召开前，举行新闻发布会，向中外新闻媒体介绍会议有关情况。会议期间，举行若干次记者招待会，邀请国务院及其部委负责人、全国人大代表回答中外记者的提问。

在全国人大会议上，一个代表团或30名以上代表联名，可以对国务院及其部委、最高人民法院和最高人民检察院提出质询案，由主席团决定受质询机关负责人在主席团会议、有关专门委员会会议或者有关代表团会议上口头答复，或者由受质询机关书面答复。在主席团会议或专门委员会会议上答复的，提质询案代表团团长或代表可以列席会议，发表意见；对答复不满意的，可以要求受质询机关再作答复。

全国人大主席团、三个以上代表团或者十分之一以上代表联名，可以提议组织特定问题调查委员会，由主席团提请大会全体会议决定。调查委员会进行调查时，一切国家机关、社会团体和公民都有义务如实提供必要材料；调查结束后，向全国人大提出调查报告。全国人大根据报告，可以作出相应决议，也可授权常委会在全国人大闭会期间，听取调查委员会报告，并作出相应决议，报全国人大下次会议备案。

大会期间，主席团、三个以上代表团或者十分之一以上代表联名，可以提出对全国人大常委会组成人员，国家主席、副主席，国务院组成人员，中央军事委员会组成人员，最高人民法院院长和最高人民检察院检察长的罢免案。罢免案由主席团交各代表团审议后，提请大会全体会议表决；或者由主席团提议，经大会全体会议决定，组织调查委员会，由全国人大下次会议根据调查委员会报告审议决定。

全国人大会议表决议案的方式有投票、按电子表决器、举手以及经大会主席团决定的更为适宜的其他方式。从近些年的情况看，大多采用按电子表决器和无记名投票。表决宪法修正案，选举国家领导人，采用投票方式；表决其他议案，包括法律案，采用按电子器方式。表决结果，无论是否通过，会议主持人都要当场宣布。

- **全国人民代表大会常务委员会的会议制度**

全国人大常委会会议每两个月召开一次，一般在双月的下旬举行，由委员长召集并主持，委员长也可委托副委员长召集并主持。如有特殊需要，可以临时召集会议。每次会议举行的前一周，委员长会议拟订常委会会议议程草案，提请常委会全体会议决定，并决定会议召开日期和会期。常委会会议必须有常委会组成人员过半数出席才能举行，表决议案必须有常委会组成人员过半数赞成才能通过。常委会举行会议时，国务院、中央军委、最高人民法院、最高人民检察院负责人，不是常委会委员的专门委员会成员，全国人大常委会有关办事机构负责人，各省、自治区、直辖市人大常委会主任或副主任，有关全国人大代表，列席会议。列席人员有发言权，但没有表决权。会议设立旁听席，邀请工会、妇联和共青团等社会团体负责人旁听。国内新闻媒体可以对会议进行公开报道。

全国人大常委会会议分全体会议、分组会议和联组会议。全体会议，即常委会全体组成人员参加的会议，是常委会行使职权的基本会议形式，决定每次常委会会议议程，听取法律案和其他议案的说明，听取国务院及有关部门、最高人民法院、最高人民检察院的专项工作报告，表决法律案、人事任免和其他议案。分组会议，即把常委会组成人员分成若干小组的会议，主要任务是审议讨论有关议案和报告，特点是人数少，发言不受时间限制，便于充分发表意见，提交议案的有关部门应派人到会，听取意见，回答询问。联组会议，即各小组常委会组成人员在一起召开的会议，主要任务是在分组会议的基础上，进一步审议那些比较重大、有分歧的问题，以取得比较一致的意见。

委员长会议，由全国人大常委会委员长、副委员长、秘书长组成，负责常委会闭会期间的日常工作处理，并为常委会召开做好组织筹备工作。具体来说，决定每次会议的会期，拟定会议议程草案；对向常委会提出的议案和质询案，决定交由有关的专门委员会审议或者提请常委会全体会议审议；指导和协调各专门委员会的重要日常工作；处理常委会其他重要日常工作。此外，委员长会议还向常委会提出议案。根据工作需要，委员长会议可委托常委会的工作委员会、办公厅代拟议案草案，经委员长会议审议通过后向常委会提出。从法律规定来看，委员长会议主要是负责处理常委会的程序性工作，没有实体性的决定权，不能做出涉及公民、法人和其他组织权利义务的决定、决议。从实际情况看，委员长会议对常委会的运作和职权的行使，发挥着至关重要的作用，实际上是常委会乃至全国人大正常运转的轴心。近年来，委员长会议提出了很多重要的法律案，如反分裂国家法、物权法、监督法、劳动争议调解仲裁法。

多党合作和政治协商制度

中国共产党领导的多党合作和政治协商制度，是在中国长期革命、建设、改革实践中形成发展起来的，是适合中国国情的一项基本政治制度，是社会主义民主的重要体现，也是中国共产党民主执政的重要方式。这项制度，以合作、参与、协商为基本精神，以团结、民主、和谐为本质属性，把广泛民主与集中统一结合起来，把尊重多数与照顾少数统一起来，能够把各种社会力量纳入政治体制，畅通和拓宽社会利益表达渠道，实现有序的政治参与，使人民群众的知情权、参与权、表达权和监督权得到更好的保障，使社会各方面的愿望和要求得到更充分的反映和实现，保证中国特色社会主义民主充满生机和活力。《中华人民共和国宪法》规定，中国共产党领导的多党合作和政治协商制度将长期存在和发展。

多党合作制度

中国多党合作制度，准确的表述是中国共产党领导的多党合作制度。这一制度中的合做主体，除了中国共产党，有八个民主党派，还有无党派人士。八个民主党派是：中国国民党革命委员会（1948 年成立）、中国民主同盟（1941年成立）、中国民主建国会（1945 年成立）、中国民主促进会（1945 年成立）、中国农工民主党（1930 年成立）、中国致公党（1925 年成立）、九三学社（1945年成立）、台湾民主自治同盟（1947 年成立）。无党派人士，主要指没有参加任何党派、对社会有积极贡献和一定影响的人士，主体是知识分子。共产党领导、多党派合作，共产党执政、多党派参政，是中国多党合作制度的显著特征。改革开放以来，随着这一制度的不断完善，它在国家政治生活中居于越来越重要的地位，为促进改革开放和现代化建设、为推动祖国统一和民族伟大复兴作出了重要贡献。

民主党派和无党派人士可统称为（中共）党外人士，他们参政议政的基本方式是参加国家政权、参与国家大政方针和领导人选的协商、参与国家事务的管理、参与国家方针政策和法律法规的制定与执行。人大是人民行使国家权力的机关，也是党外人士参政议政的机构。他们在各级人大代表、人大常委会委员和人大专委会委员、人大领导班子成员中占有适当比例。在全国和省级人大常委会中，有党外人士担任副秘书长。党外人士担任政府等国家机关的领导职务，是实现多党合作的重要内容。在县以上的地方政府中，重点在涉及行政执法监督、专业技术性强、与群众利益密切相关、与知识分子联系密切的政府工作部门中，选配党外人士担任领导职务，符合条件的可以担任正职。在各级法院、检察院中，重点在省级法院、检察院中，选配符合任职条件的党外人士担任领导职务，带动市、县两级法院、检察院的选配工作。从实践来看，在各级人大的各种组织中，在各级政府和司法机关中，党外人士均占相对不低的比例。这个比例，在第一届中央人民政府委员中为46.5%，在政务院副总理中为50%，在政务委员中为60%。目前，仅从政府方面来看，绝大多数的省（区、市）、近90%的市县配备了党外人士副职。我们还不断完善相关制度，保证党外人士对分管的工作享有行政管理的指挥权、处理问题的决定权和人事任免的建议权。在加强与政府的联系方面，国务院和地方各级政府根据需要召开有党外人士参加的座谈会，就拟提交人大审议的政府工作报告、重大政策措施和关系国计民生的重大建设项目征求意见，通报国民经济和社会发展的有关情况。政府召开全体会议和有关会议，制定重要政策和规划，组织有关廉政建设、社会治安综合治理和规范市场经济秩序等检查，根据需要邀请相关的民主党派负责人参加。除此，政府有关部门还根据工作业务范围同相关民主党派建立和加强联系。政府参事的聘任，以党外人士为主体，发挥他们参政议政、建言献策、咨询国是、统战联谊的作用。党外人士通过考察调研建言献策，是发挥参政议政作用的重要形式。党和政府支持党外人士围绕经济社会发展开展各种社会服务活动，就全局性和战略性问题进行有组织的考察调研，或者委托民主党派就有关问题进行考察调研，认真研究他们的调研成果并反馈有关情况，充分发挥他们在反映社情民意、协调社会关系、维护社会稳定方面的作用；支持他们积极开展对香港特别行政区同胞、澳门特别行政区同胞、台湾同胞和海外侨胞的联谊工作，推进经贸、科技、文化等领域的交流交往，为维护香港和澳门的繁荣稳定、促进祖国完全统一作出贡献。

中国共产党与民主党派实行互相监督是中国多党合作制度的重要内容。共产党由于处于领导和执政地位，更需要自觉接受民主党派的监督。民主党派监督的内容主要是：国家宪法和法律法规的实施；共产党和政府重要方针政策的制定和贯彻；中共和政府依法执政及其成员履行职责、为政清廉等方面的情况。民主党派监督的形式主要是：参加监察、审计、工商等政府部门的有关案件调查和财税检查，参与自己所在的人大组织或政协组织的有关问题调查，参加共产党和政府召开的民主座谈会，应邀担任司法机关和政府部门的特约人员，约请共产党和政府的负责人交谈，通过这些途径提出意见、建议和批评。与此同时，中共和政府不断拓展民主监督的渠道，自觉接受监督。主要负责人定期召开会议，通报重要情况和重大问题，听取党外人士的意见；每年就党风廉政建设和反腐败工作通报情况、听取意见；邀请民主党派负责人参加专项检查和执法监督工作；完善特约人员工作制度，拓宽政府部门和司法机关聘任特约人员的领域，明确特约人员的职责和权利，切实发挥他们的作用。中共认真研究来自党外人士的批评意见并及时反馈，鼓励和支持他们知无不言、言无不尽，保护他们的民主监督的正当权利。共产党各级地方党委同民主党派、无党派人士的协商也在不断进展。在有民主党派成员的基层单位，中共党组织重视发挥他们的作用，通过召开座谈会等形式听取他们的意见。

在多党合作制度下，民主党派还可通过开展具体活动直接服务于国家各项建设事业和祖国统一大业。民主党派中的很多人有丰富的知识和经验，可以在智力开发、技术咨询、人才培养等方面发挥积极作用；不少人同海外以及香港、澳门、台湾有广泛的联系，对于利用海外资源和市场，对于实现祖国统一大业，有着不可替代的作用。民主党派深谙各自成员及其所联系的群众的利益和要求，能够上情下达、下情上达，成为党和国家机关同人民群众联系的桥梁与渠道。民主党派成员通过本党各级组织组织的学习，了解共产党和政府的方针政策，积极做好本职工作，为社会主义现代化建设服务。如民主党派在贵州毕节建立的以"开发扶贫、生态建设、人口控制"为主题的试验区建设中，倾力进行对口帮扶，通过决策咨询、项目协调、投资推介、选派干部等方式，支持毕节的农业、教育、卫生和基础设施建设，有力地推动了当地的经济社会发展。

中国共产党把加强民主党派建设作为一项重要政治责任。党外干部是国家干部队伍的重要组成部分。共产党坚持德才兼备原则，充分发扬民主，注重实绩和群众公认，努力推动建设一支政治坚定、素质优良、结构合理、代表性强、同共产党亲密合作的党外干部队伍。把培养选拔党外干部纳入干部队伍建设和人才工作的总体规划，统筹考虑；拓宽选拔渠道，优化党外干部队伍结构，通过教育培训、轮岗交流、挂职锻炼等途径，不断提高党外干部的整体素质；根据工作需要，各级后备干部队伍中配备适当数量的党外干部；改进和完善选拔任用方式，注重打造有利于优秀党外干部脱颖而出的机制；拓宽党外干部选配领域，除了做好人大、政府、政协及司法机关党外干部的选配工作，重视在高等院校、人民团体、科研院所和国有企业的领导班子中配备党外人士担任领导职务。共产党支持民主党派独立自主地处理内部事务，维护自身成员及其所联系的群众的合法利益，把多党合作和民主党派工作纳入重要议事日程，定期研究多党合作方针政策贯彻落实情况和民主党派工作中的重要问题，不断改善民主党派机关办公条件，把办公经费、考察调研、教育培训等专项经费列入同级财政预算，为民主党派和无党派人士履行职能、发挥作用创造条件，切实做到政治上充分信任、工作上大力支持、生活上关心照顾。共产党坚持平等相待、民主协商、真诚合作，要求中共党员领导干部同领导班子中的党外领导干部建立良好的合作共事关系，互相学习，共同提高，不断巩固同党外人士的联盟。

在同共产党的合作中，民主党派自身也得到了显著发展。第一，民主党派的性质发生了重大变化。中国的八个民主党派，大多成立于抗日战争胜利前后。当时它们的社会基础，主要是民族资产阶级、城市小资产阶级以及同这些阶级相联系的知识分子，还有其他的爱国民主分子。社会主义改造完成后，资产阶级作为阶级已不存在，民族资产阶级的成员已成为社会主义的劳动者和爱国者，知识分子已成为工人阶级的一部分。今天，它们早已成为各自所联系的一部分社会主义劳动者、社会主义事业建设者和拥护社会主义的爱国者的政治联盟，都是在共产党领导下、同中国共产党通力合作的亲密战友，是致力于中国特色社会主义事业的参政党。第二，民主党派的地位有了显著提高。中共对民主党派的基本方针，从"长期共存、互相监督"发展到"长期共存、互相监督、肝胆相照、荣辱与共"，意味着中共对民主党派更加信任和亲近，民主党派在政治上的地位更加巩固和提高。民主党派成员可以参加人大和政协，还可以担任人大、政府、司法机关和政协的领导职务，更可以通过人民政协在政治协商、民主监督和参政议政等方面发挥重要作用。第三，民主党派的组织有了很大发展。《中共中央关于坚持和完善中国共产党领导的多党合作和政治协商制度的意见》指出："民主党派享有宪法规定的权利和义务范围内的政治自由、组织独立和法律地位平等。中共支持民主党派独立自主地处理自己内部事务，帮助他们改善工作条件，支持他们开展各项活动，维护本组织成员及其所联系群众的合法利益和合理要求。"在中国共产党的支持下，各民主党派着眼参政党建设目标，按照各自章程规定，紧密结合自身实际，组织发展步入健康有序轨道，呈现出成员数量稳步增长、结构不断优化、素质持续提高的良好发展态势。截至 2011 年底，各民主党派的地方组织有 2404 个，基层组织有 37639 个，成员总数达 80 多万人（1957年初只有 8 万余人）。

政治协商制度

通过选举、投票行使权利与人民内部各方面在重大决策之前进行充分协商，是中国社会主义民主的两种基本形式。二者所依托的制度平台，前者最重要的是人民代表大会制度，后者最重要的是人民政治协商制度。

中国政治协商制度，是在中国共产党领导下，各民主党派、无党派爱国人士、人民团体、少数民族人士和社会各界代表，以中国人民政治协商会议为组织形式，经常就国家大政方针、经济社会发展中的重大问题进行民主协商的一种制度。中国共产党在治国理政的实践中，把政治协商作为实行科学民主决策的重要环节、提高执政能力的重要途径，就重大问题在决策前和决策执行中，既直接与各民主党派进行政党之间的协商，又通过人民政协同各民主党派和各界代表人士进行更大范围的协商。这一生动的民主实践，扩大了各界人士有序政治参与，拓宽了社会利益表达渠道，不仅充分体现了广泛的人民民主，也更好促进了党和国家重大决策的科学化、民主化，推动了党和国家各项事业的健康发展。

中国政治协商制度，包含了人民政协的政治协商、民主监督以及组织参加政协的各党派、团体和各族各界人士参政议政这三项主要职能的全部内容。政治协商、民主监督、参政议政的目的则是：发扬社会主义民主，反映社会各方面的意见和要求，为参加人民政协的各民主党派、无党派爱国人士、人民团体、少数民族人士和各界爱国人士发挥作用开辟畅通的渠道，集思广益，促进国家重大决策的科学化与民主化；监督国家宪法、法律、方针政策的贯彻执行，监督国民经济和社会发展计划及财政预算的执行，监督国家机关及其工作人员履行职责、遵守法纪、为政清廉，协助并推动国家机关改进工作，提高效率，克服官僚主义，反对腐败现象；协调各方面社会关系，促进各方面相互沟通和理解，加强在共产党领导下各党派的团结合作，推动社会主义改革开放和现代化建设，促进祖国统一大业的实现。据 2012 年 11 月《人民日报》的报道，2007 年以来的 5 年间，中共中央、国务院召开或委托中央统战部召开的协商会、座谈会、通报会有 117 次，其中中共中央总书记主持或出席的有 25 次。

中国政治协商制度具有鲜明的时代特征，随着国际国内形势的变化而不断完善。2005 年 2 月，《中共中央关于进一步加强中国共产党领导的多党合作和政治协商制度建设的意见》颁布，明确了新形势下完善政治协商制度的一系列重要问题。第一，坚持政治协商的原则。政治协商是中国共产党领导的多党合作和政治协商制度的重要组成，是实行科学民主决策的重要环节，是共产党提高执政能力的重要途径。把政治协商纳入决策程序，就重大问题在决策前和决策执行中进行协商，是政治协商的重要原则。第二，加强共产党同各民主党派的政治协商。共产党同各民主党派政治协商，主要采取民主协商会、小范围谈心会、座谈会等形式。除会议协商外，民主党派中央可向中共中央提出书面建议。协商的内容包括：中共全国代表大会、中共中央重要文件；宪法和重要法律的修改建议；国家领导人的建议人选；关于推进改革开放的重要决定；国民经济和社会发展的中长期规划；关系国家全局的一些重大问题；通报重要文件和重要情况并听取意见，以及其他需要同民主党派协商的重要问题等。第三，完善政治协商的程序。中共中央根据年度工作重点，研究提出全年政治协商规划；协商的议题提前通知各民主党派和有关无党派代表人士，并提供相关材料；各民主党派应对协商议题集体研究后提出意见和建议；在协商过程中充分发扬民主，广泛听取意见，求同存异，求得共识；对民主党派和无党派人士提出的意见和建议要认真研究，并及时反馈情况。第四，完善人民政协政治协商。大力推进人民政协履行职能的制度化规范化程序化建设，充分挥发人民政协作为协商民主重要渠道的作用。2012 年 11 月召开的中共十八大，要求完善协商民主制度和工作机制，推进协商民主广泛、多层、制度化发展。

中国政治协商制度是体现中国人民爱国统一战线的政治制度。中国人民在长期的革命和建设过程中，结成了由中国共产党领导，由各民主党派、无党派人士、人民团体、少数民族人士和各界爱国人士参加，由全体社会主义劳动者、社会主义事业建设者、拥护社会主义的爱国者和拥护祖国统一的爱国者组成，包括香港特别行政区同胞、澳门特别行政区同胞、台湾同胞和海外侨胞在内的最广泛的爱国统一战线。在民主革命时期，统一战线是中国共产党领导人民推翻帝国主义、封建主义、官僚资本主义统治，取得革命胜利的重要法宝。在社会主义建设时期，统一战线仍然是在中国共产党领导下，团结全国各族人民和各方面爱国力量，建设社会主义现代化强国和完成祖国统一大业的重要法宝。坚持和完善共产党领导的多党合作和政治协商制度，不断推进多党合作和政治协商的制度化、规范化、程序化，是中国共产党关于统一战线工作的重要方针。

中国人民政治协商会议

共产党领导的多党合作需要通过一定的方式才能实现，人民内部各方面的民主协商也需要一定的形式才能进行，中国人民政治协商会议（简称"人民政协"或"政协")就是实现多党合作和政治协商的重要组织形式。《中共中央关于加强人民政协工作的意见》指出："中国人民政治协商会议是中国人民爱国统一战线的组织，是中国共产党领导的多党合作和政治协商的重要机构，是中国政治生活中发扬社会主义民主的重要形式。"

人民政协产生以来经过60多年的发展，已构建起由全国、省级、副省级、地级、县级这样五级构成的组织体系，形成了比较完备的工作方法、实践模式、工作网络和运行机制。它把党派合作性和界别代表性有机结合起来，协商主体发展成为包括中国共产党在内的9个政党、56个民族、5大宗教、34个界别、80多万委员的重要政治力量。其中，非中共委员占有重要地位。在非民族自治地方的政协换届时，来自民主党派和无党派的委员不少于60%，常委不少于65%，副主席不少于50%。人民政协全国委员会和地方委员会，按照《中国人民政治协商会议章程》开展工作。

人民政协的主要职能是政治协商、民主监督、参政议政。政治协商是对国家和地方的大政方针以及政治、经济、文化和社会生活中的重要问题在决策之前进行协商和就决策执行过程中的重要问题进行协商。人民政协全国委员会和地方委员会，可根据中国共产党、人大常委会、人民政府、民主党派、人民团体的提议，举行有各党派、团体的负责人和各族各界人士的代表参加的会议进行协商，亦可建议以上单位将有关重要问题提交协商。民主监督是对国家宪法、法律和法规的实施，对重大方针政策的贯彻执行，对国家机关及其工作人员的工作，通过建议和批评进行监督。参政议政是对经济社会生活中的重要问题以及人民群众普遍关心的问题，开展调查研究，反映社情民意，进行协商讨论。通过调研报告、提案、建议案或其他形式，向党和国家机关提出意见、建议和批评。

人民政协以团结和民主为两大主题，既是大团结大联合的组织，又是发扬社会主义民主的途径。作为大团结大联合的组织，它具有广泛的代表性和巨大的包容性，能够最大限度地团结一切可以团结的力量，为推进社会主义改革开放和现代化建设减少阻力、增加助力、形成合力。作为发扬社会主义民主的途径，它融协商、监督、合作、参与于一体，能够最大限度地包容和反映各方面的意见建议，有效满足各界人民群众有序政治参与的愿望。团结和民主是人民政协产生和发展的历史依据，是人民政协继往开来的方向和使命，也是人民政协的标志性特征。

政协全国委员会每届任期五年，每年举行一次全体会议。全体会议行使下列职权：修改政协章程，监督章程实施；选举全国委员会的主席、副主席、秘书长和常务委员；听取和审议常委会的工作报告；讨论本会重大工作方针、任务并作出决议；参与国家大政方针的讨论，提出建议和批评。全国委员会常委会行使下列职权：解释政协章程，监督章程实施；召集并主持全国委员会全体会议（每届第一次全体会议由会议选举的主席团主持），组织实施政协章程规定的任务；执行全国委员会全体会议的决议；全国委员会全体会议闭会期间，审查通过向全国人大及其常委会或国务院提交的重要建议案；根据秘书长的提议，任免政协全国委员会副秘书长；决定政协全国委员会工作机构的设置和变动，并任免其领导成员。政协全国委员会主席主持常委会的工作，副主席、秘书长协助主席工作。主席、副主席、秘书长组成的主席会议，是人民政协履行职能的重要平台，是协商民主的重要层次，其重要职责是对党和国家的重大方针政策开展协商议政、提出意见建议，研究讨论人民政协工作的重要问题，研究审议政协工作程序和人事事项。全国政协进行民主协商，除了举行全体会议、常委会会议、主席会议，还通过常务委员专题座谈会、专门委员会会议等形式。

乡、镇以上地方各级行政区域凡有条件的地方均可设立人民政协地方委员会。地方委员会的组成，根据当地情况，参照全国委员会的组成决定。目前，各级地方委员会有三千多个，共有政协委员八十余万人。地方委员会每届任期五年，全体会议每年至少举行一次。地方委员会全体会议行使下列职权：选举地方委员会的主席、副主席、秘书长和常务委员；听取和审议常委会的工作报告，讨论并通过有关决议；参与对国家和地方事务的重要问题的讨论，提出建议和批评。地方委员会常委会行使下列职权：召集并主持地方委员会全体会议（每届第一次全体会议由会议选举主席团主持）；组织实现政协章程规定的任务、全国委员会所作的全国性的决议以及上级地方委员会所作的全地区性的决议；执行地方委员会全体会议的决议；地方委员会全体会议闭会期间，审议通过向同级地方人大及其常委会或人民政府提交的重要建议案；根据秘书长的提议，任免地方委员会的副秘书长，决定地方委员会工作机构的设置和变动，并任免其领导成员。各级地方委员会的主席主持常委会的工作，副主席、秘书长协助主席工作。主席、副主席、秘书长组成主席会议，处理常委会的重要日常工作。

人民政协具有广泛的代表性，整体结构比较合理。以第十二届全国政协为例，共有委员2237名，平均年龄56.1岁，中共委员占39.92％，非中共委员占60.08％，妇女委员占17.84％，少数民族委员占11.53%（分布于55个少数民族），具有大专以上学历的委员占94.95％，新提名的委员占48.28％。从界别人数来看，中国共产党99人，中国国民党革命委员会65人，中国民主同盟65人，中国民主建国会65人，中国民主促进会45人，中国农工民主党45人，中国致公党30人，九三学社45人，台湾民主自治同盟20人，无党派人士65人，中国共产主义青年团9人，中华全国总工会63人，中华全国妇女联合会67人，中华全国青年联合会30人，中华全国工商业联合会65人，中国科学技术协会43人，中华全国台湾同胞联谊会15人，中华全国归国华侨联合会28人，文化艺术界145人，科学技术界112人，社会科学界69人，经济界151人，农业界67人，教育界108人，体育界21人，新闻出版界44人，医药卫生界90人，对外友好界41人，社会福利和社会保障界36人，少数民族界103人，宗教界67人，特邀香港人士124人，特邀澳门人士29人，特别邀请人士166人。新当选的全国政协主席、23位副主席平均年龄为63.7岁，副主席中非中共人士12名、少数民族人士4名、女性2名；新当选的299位常务委员平均年龄为59.4岁，其中非中共人士195名，占65.2％，少数民族人士38名，女性36名。新一届全国政协领导机构的产生，是充分发扬民主、广泛听取意见、反复酝酿协商的结果，整个推荐、提名、投票过程符合政协章程和规定的程序。

各级人民政协按照《中国人民政治协商会议章程》开展工作。各级政协全体会议的议案，经全体委员过半数通过。常委会的议案，经全体组成人员过半数通过。各参加单位和个人对会议的决议，都有遵守和履行的义务；如有不同意见，在执行的前提下可声明保留。各级政协委员，在本会会议上有表决权、选举权和被选举权，有对本会工作提出批评和建议的权利，有参加讨论国家大政方针和各该地方重大事务的权利，有对国家机关及其工作人员的工作提出建议和批评的权利，也有声明退出本会的自由。地方委员会对全国委员会的决议、对上级地方委员会的决议有遵守和履行的义务，但全国委员会对地方委员会、地方委员会对下级地方委员会不是领导关系，而是指导关系。全国委员会加强同地方委员会的联系，沟通情况，交流经验，研究地方委员会带共同性的问题。

人民政协履行职能的一个重要方式是提案。提案，是政协委员就国家大政方针、地方重大事务、群众生活和统一战线中的重大问题提出的并经提案委员会审查立案的书面意见，包括建设性意见和批评性意见。近些年来，全国政协贯彻围绕中心、服务大局、提高质量、讲求实效的方针，解放思想，开拓创新，推动提案工作呈现出蓬勃发展、活跃有序的良好局面。常委会坚持把提高提案质量作为基础性工作，通过举办国家部委工作情况通报会、向委员发送提案参考选题、向网民征集提案线索等活动不断拓宽委员知情渠道，通过举办委员学习研讨班、召开港澳委员提案工作座谈会、加强平时提案征集、规范提案审查处理工作不断增强提案的针对性和可行性，通过加强党派团体和政协专委会提案工作、开展优秀提案评选表彰、报送《重要提案摘报》发挥示范带动作用；加强统筹协调，推动提案工作与委员视察、专题调研、大会发言、反映社情民意信息工作有机结合，形成了全国政协副主席领衔督办、政协办公厅统筹协调、各专委会分工负责，政协委员、各民主党派中央和全国工商联广泛参与的提案督办工作机制，增强了提案工作整体合力；坚持把推进提案工作制度化、规范化、程序化作为重要保障，在总结各级政协经验做法的基础上，修订了提案工作条例，制定了提案审查处理、重点提案遴选和督办、优秀提案和先进承办单位评选表彰等实施办法；坚持把搞好提案办理协商作为健全社会主义协商民主制度的重要内容，通过召开重点提案办理协商会等方式，与中共中央和国务院部委负责同志一起开展提案办理协商活动，共同推动合理建议的采纳和进入决策，增强协商实效；通过在互联网上公开提案全文和办理复文、举办提案工作成果展、与网民进行在线交流、邀请网民参与提案工作，有效发挥了提案办理协商在扩大公民有序政治参与中的作用。第十一届全国政协期间，政协委员、政协各参加单位和政协各专门委员会围绕经济社会发展中的重大问题和涉及群众切身利益的实际问题，提出提案 28930 件，经审查立案 26699 件。第十二届全国政协召开前夕，26583 件提案已办复，办复率为 99.57％，提案中的许多意见和建议被吸纳并落实到国家相关决策、发展规划或部门工作中，为保持经济平稳较快发展、促进民生改善和社会和谐、推进社会主义民主政治建设做出了积极贡献。第十二届全国政协一次会议期间，到提案提交截止时，共收到提案 5641 件，经审查立案 5254 件。会议期间，提案审查委员会围绕提高城镇化质量和加强城乡污染防治两个方面的提案，分别召开了提案办理协商会，16 位国务院部委负责同志与提案者共商解决问题的办法。

中国人民政治协商会议与中国人民代表大会有着重要区别。第一，性质不同。政协是统一战线组织，不是国家机关；人大是国家权力机关，是各类国家机关中最重要的机关。第二，职能不同。政协的基本职能是政治协商、民主监督与参政议政，而不是行使国家权力；人大的职能是直接行使国家权力，包括立法权、重大事项决定权、选举或决定任命以及罢免其他国家机关的组成人员、监督这些机关与人员的权力。第三，产生与组成不同。政协由各政党、各人民团体、各界、各方面协商、推选或特别邀请的代表人物（委员）组成，人大由各地方与解放军分别选举的代表组成。第四，成员的代表性不同。政协的成员（委员）不代表自己所在的区域而代表所属的政党、团体、界别等，人大的组成人员（代表）只有解放军代表代表本职业，而绝大多数代表代表的不是自己所属的党派、团体、界别等，而是代表自己所在的区域。第五，作用不同。人大开展活动（主要指举行会议）制定的法律，形成的决议，具有法律效力，其他国家机关必须执行；政协开展活动（如举行会议）形成的决议不具有法律效力，而是供国家机关做决策或改进工作时参考。

人民政协以及通过人民政协实施的多党合作和政治协商制度，创立了一种崭新而有效的民主形式。它所具有的统一战线性质，使它在组织上有着广泛的代表性，在政治上有着很大的包容性，有利于参加人民政协的各党派、各团体、各阶层广泛地参与国家政治生活。它所体现的多党合作关系，既能够使执政党经常听到来自民主党派的意见，又便于发挥民主党派的参政作用，有利于长期共存和互相监督。它所实行的民主协商方式，既能够反映多数人的普遍愿望，又便于吸纳少数人的合理主张，有利于增强决策的民主性和科学性。它所体现的协商民主的有序性，有利于坚持依法办事与加强民主监督的统一，在发扬民主的过程中巩固和发展团结稳定的政治局面。《中共中央关于坚持和完善中国共产党领导的多党合作和政治协商制度的意见》指出："人民政协是中国爱国统一战线组织，也是共产党领导的多党合作和政治协商的一种重要组织形式。人民政协应当成为各党派、各人民团体、各界代表人物团结合作、参政议政的重要场所。"

民族区域自治制度

中华人民共和国是全国各族人民共同缔造的统一的多民族国家，处理民族问题的基本原则是坚持民族平等、加强民族团结、实现各民族的共同繁荣。坚持民族平等和民族团结为实现各民族共同繁荣创造政治前提，实现各民族共同繁荣是坚持民族平等和民族团结的基本目的，并使民族平等和民族团结在经济社会不断发展的基础上得到巩固和发展。促进民族平等，加强民族团结，实现各民族共同繁荣，要求实行民族区域自治制度。所谓民族区域自治，就是在国家的统一领导下，各少数民族聚居的地方设立自治机关，行使自治权，实行区域自治。《中华人民共和国民族区域自治法》是实施《中华人民共和国宪法》规定的民族区域自治制度的基本法律，其内容涵盖了政治、经济、文化、社会等各个方面。它规范了中央和民族自治地方的关系，以及民族自治地方各民族之间关系，其法律效力不只限于民族自治地方，全国各族人民和一切国家机关都必须遵守和执行。目前，中国共建立了155个民族自治地方，其中包括5个自治区、30个自治州、120个自治县（旗）。同时，作为民族自治地方的补充，还在相当于乡的少数民族聚居的地方建立了 1091 个民族乡。在 55 个少数民族中，有 44 个建立了自治地方。实行区域自治的少数民族人口占少数民族总人口的 75％，民族自治地方行政区域的面积占全国总面积的 64%。自治地方的数量和布局，与中国的民族分布和构成基本上相适应。民族区域自治制度，把国家的集中统一与少数民族聚居地区的区域自治有机结合起来，是解决中国民族问题的一大创造，对于保障少数民族当家做主，对于促进民族地区发展，对于巩固各民族平等团结互助和谐关系，对于维护边疆稳定和国家统一，发挥了巨大作用。

实行民族区域自治制度的依据

中华人民共和国是全国各族人民共同缔造的统一的多民族的社会主义国家。在这个民族大家庭中，除汉族外，现已确认的少数民族有 55 个。据 2010 年第六次全国人口普查统计，祖国大陆 31 个省、自治区、直辖市中，汉族人口为 12.26 亿，占总人口的 91.51％；各少数民族人口为 11379 万，占总人口的 8.49％（新中国成立初期约占 6%）。中国之所以采取民族区域自治制度，是由中国的历史特点和现实状况所决定的，也是由中国各族人民要求祖国统一的愿望所决定的。

具有本土性、多元性、多样性特点的中国各民族，经过长期发展，至秦代形成了中央集权的统一国家。从那时起，尽管存在封建割据，而且几经分合，但国家统一毕竟是主流。无论是汉族还是少数民族，都以自己建立的中央政权为中华正统，都把实现多民族国家的统一作为最高政治目标。各民族人民密切交往、相互依存、交流融合、休戚与共，共同开发了祖国的河山，共同发展了祖国的经济，共同创造了祖国的文化，在政治、经济、文化和思想感情上早已形成为不可分割的整体，发展了中华民族多元一体的格局。统一多民族国家的长期延续，极大地促进了各民族之间的交流，增进了各民族对中央政权的向心力和对中华文化的认同感，增强了中华民族的凝聚力、生命力和创造力，形成了中华文明的统一性和多样性。

1840 年鸦片战争后的百余年间，中国屡遭西方列强的侵略、欺凌，亡国灭种的危机把中国各民族的命运更加紧密地联结在一起。在国家面临被列强瓜分、民族生死存亡的危急关头,各族人民奋起反抗、共赴国难。各族人民在反抗外来侵略的同时,针对一小撮民族分裂分子在外部势力扶持下策划、制造的"西藏独立"、"东突厥斯坦"、伪"满洲国"等分裂行径,进行了坚决的斗争,捍卫了国家统一和领土完整。在反侵略、反分裂的伟大斗争中,各民族在历史上形成的不可分离的关系变得更加牢固,各民族福祸与共、休戚相关的命运共同体的特征更加凸显,各族人民作为中国历史主人的责任感得到了进一步激发和增强,中国各民族共同的文化和心理特征更趋成熟。今天,中华民族已经成为各民族普遍认同的统称和归属。

资源分布不均衡,经济发展不平衡,是中国的显著特征。在长期的历史发展中,中国各民族频繁迁徙、密切交往,逐渐演进为大杂居、小聚居、交错杂居的态势。少数民族人口不多,占全国人口的比重不到一成,但分布地区很广,约占全国总面积的一半以上。少数民族地区地域辽阔,资源丰富,但经济发展相对落后,汉族地区经济文化比较发达,但矿藏资源相对不足。与这种状况相适应的民族区域自治,以各少数民族聚居地区为基础,依据民族关系和经济发展条件,并且参酌历史情况,建立多种类型的民族自治地方,便于少数民族行使在本民族地方性事务上当家做主的权利。同时,可以使少数民族地区和汉族地区在经济上形成补充,有利于各民族相互合作、共同发展繁荣,特别是有利于加快少数民族地区的发展。

正处在从传统社会向现代社会转型的当代中国,难免存在发展中的民族问题。这些属于各族人民根本利益一致基础上的具体问题,体现于各民族之间的关系、中央和民族区域之间的关系、民族之间事实上的不平等、民族发展和共同繁荣、国家对少数民族的具体政策、民族文化差异,等等。这些问题的深刻根源,在于历史造成的各民族经济社会发展的差距。在单一制国家结构形式下实行民族区域自治,有利于在中央政府的统一领导下更好地解决当今中国的民族问题。

民族区域自治制度的内容

民族区域自治制度是指各少数民族在国家统一领导下，以少数民族聚居区为基础建立民族自治地方，设立自治机关，行使自治权，实现各族人民当家做主的政治制度。从这一概念可以看出，构成民族区域自治制度的要素，除了国家的统一领导，有民族自治地方、自治机关与自治权利。

• 民族自治地方

民族自治地方是实行民族区域自治的行政区域，是具有特殊性的地方行政区域。建立民族自治地方，是实行民族区域自治制度的基础，必须遵循如下原则：

以少数民族聚居区为基础的原则。少数民族聚居的地方，根据当地民族关系、经济发展等条件，并参酌历史情况，可以建立以一个或者几个少数民族聚居区为基础的自治地方。特别是在具体确定以哪一个民族为主体建立民族自治地方时，既要考虑民族关系，也要重视相关因素。经济关系是民族自治地方发展经济的重要条件，行政区划的划定与调整不能割裂已经形成的经济联系。各个民族在长期的历史发展中形成了不同的联系，这种联系在有些地区是比较稳固的。建立民族自治地方时，应从促进经济发展与增进民族团结的目的出发，尊重民族关系中的历史情况，不轻易改变已经固定的民族关系。

民族平等团结的原则。从民族分布情况出发，民族自治地方内其他少数民族聚居的地方，可建立相应的自治地方或者民族乡。民族自治地方依照本地方的实际，可包括一部分汉族或者其他民族的居民区和城镇。民族自治地方的名称，除特殊情况外，按照地方名称、民族名称、行政地位的顺序组成。如广西壮族自治区、延边朝鲜族自治州等自治地方就是按照这一规定确定名称的。另外，为了表明自治地方的性质，其名称上加"自治"二字。对民族关系发展而形成的特殊情况，在确定名称时应给予考虑，如内蒙古自治区的名称中已包括民族名称，故不再冠以民族名称，有些自治地方只用了民族名称，而没有地名。总之、自治地方名称的确定要考虑民族平等原则与民族关系特点，特别是要尊重少数民族的风俗习惯与民族感情。这些措施，表明了民族区域自治制度的包容性，有利于发展平等、民主、团结的新型民族关系。

共同协商的原则。由于中国少数民族分布情况的特殊性，民族自治地方并不是由单一少数民族组成，而往往以一个或几个少数民族为主体，同时包含其他少数民族。为了正确处理各种利益关系，民族自治地方的建立、区域界线的划分、名称的组成，需要由上级国家机关会同有关地方国家机关以及有关民族的代表经充分协商拟定，按照法定程序报请批准。民族自治地方一经建立，未经法定程序不得撤销或者合并；区域界线一经确定，未经法定程序不得变动；确实需要撤销、合并或者变动的，也需要由上级国家机关和民族自治地方的自治机关充分协商拟定，按照法定程序报请批准。坚持共同协商的原则，有利于对有争议的问题取得认同，统一思想，使自治地方的建立具有广泛的社会基础。

中国的民族自治地方，依据少数民族聚居区人口的多少、区域面积的大小，分为自治区、自治州、自治县三级，行政地位分别相当于省、设区的市、县。按民族组成，民族自治地方主要有三种类型：一是以一个少数民族聚居区为基础建立的自治地方，如宁夏回族自治区、内蒙古鄂伦春族自治旗；二是以一个人口较多的少数民族聚居区为基础并包括一些人口较少的少数民族聚居区建立的自治地方，如新疆维吾尔自治区；三是两个或两个以上的少数民族聚居区联合建立的自治地方，如云南省德宏傣族景颇族自治州。

• **民族自治地方的自治机关**

民族自治地方的自治机关是自治区、自治州、自治县的人民代表大会和人民政府。根据宪法和法律，自治机关的组织和工作由民族自治地方的自治条例或者单行条例规定。在国家政权机构体系中，民族自治地方的自治机关具有双重性质：一方面，自治机关作为地方国家政权机关，产生、任期、职权、工作制度、担负的任务等都与普通地方政权机关相同；另一方面，自治机关因设立于民族自治地方，在组成与权限等方面又有自己的特殊性。

自治区、自治州、自治县的人民代表大会是民族自治地方的国家权力机关。为了保障权力机关的活动体现自治的性质，有关法律对它的组成作了特殊规定：除实行区域自治的民族的代表外，其他居住在本行政区域内的民族也应有适当名额的代表；实行区域自治的民族和其他民族代表的名额和比例，根据法律规定的原则，由省、自治区、直辖市的人大常委会决定；常委会中应有实行区域自治的民族的公民担任主任或者副主任。

自治区、自治州、自治县的人民政府是民族自治地方的国家行政机关。为了体现自治机关的性质，自治区主席、自治州州长、自治县县长由实行区域自治的民族的公民担任，人民政府其他组成人员应合理配备实行区域自治的民族和其他少数民族的人员。民族自治地方的自治机关所属工作部门的干部中，应合理配备实行区域自治的民族和其他少数民族的人员。任用民族干部是实现少数民族当家做主权利的集中体现，有利于民族区域自治制度的实施。

民族自治地方的自治机关作为地方政权机关，不包括自治地方设立的人民法院和人民检察院。理由主要是：中国是单一制国家，国家审判权与检察权是统一的；人民法院是国家审判机关，人民检察院是国家法律监督机关，不具有自治机关的性质；二者在行使职权的过程中要照顾民族自治地方的特点，但不享有自治权。另外，自治机关的下属机关和派出机构也不属于自治机关的范畴。如人民政府设立的厅、局、科是一个工作部门，不享有自治权。

• 自治机关的自治权

自治机关的自治权，指民族自治地方的自治机关依法管理本民族地方内部事务的自主权，是中国民族区域自治制度的重要特点，也是少数民族当家做主权利的集中体现。根据有关法律，自治机关的自治权主要有以下方面：

自治条例和单行条例制定权。民族自治地方的人民代表大会，有权依照当地民族的政治、经济和文化的特点，制定自治条例和单行条例。自治条例是指自治地方的人大根据宪法所确定的原则与程序，依照当地民族的特点而制定的调整民族关系的规范性法律文件。自治条例的最显著特点是综合性，调整范围涉及民族自治地方的政治、经济与文化生活。单行条例一般指调整具体民族关系的法规，调整范围具有特定性。制定与实施自治条例和单行条例时，上级国家机关的决议、决定、命令和指示，如有不适合民族自治地方实际情况的，自治机关可报经它的上级国家机关批准，变通执行或者停止执行，上级国家机关应在收到报告之日起 60 天内给予答复。

民族语言文字使用发展权。语言文字平等是民族平等的一个重要内容，是少数民族享有的重要权利。中国 55 个少数民族中，除回族一直使用汉语、满族在近代转用汉语外，其他 53 个少数民族都有自己的语言。坚持民族平等的原则，要求保障少数民族自由地使用和发展自己的语言文字。中国法律规定，各民族都有使用和发展自己语言文字的自由；自治机关执行公务时，依照本民族自治地方自治条例的规定，使用当地通用的一种或者几种语言文字，同时使用几种通用的语言文字执行公务的，可以以实行区域自治的民族的语言文字为主。为了保证少数民族享有使用民族语言文字的自由，在民族自治地方的民族学校进行双语教育。

少数民族人力资源开发权。自治机关有权根据当地建设需要、采取各种措施，从当地民族中大量培养各级干部、各种科学技术、经营管理等专业人才和技术工人，充分发挥他们的作用，并注意在少数民族妇女中培养各级干部和各种专业技术人才。自治机关录用工作人员时，对实行区域自治的民族和其他少数民族的人员应给予适当照顾。自治地方的企事业单位依照国家规定招收人员时，优先招收少数民族人员，并可从农村和牧区少数民族人口中招收。自治机关可以采取特殊措施，优待、鼓励各种专业人员参加自治地方各项建设工作。

财政管理自治权。中国财政管理体制的基本原则是统一领导、分级管理，在国家统一的财政政策下，地方享有相对独立的经营管理权。民族自治地方由于集资程度比较低，非生产性开支大，需要采取不同于一般地区的财政管理体制。财政管理自治权的内容包括：凡依照国家财政体制属于民族自治地方的财政收入，都由该地方自治机关自主安排使用；自治地方在全国统一的财政体制下，通过国家实行的规范的财政转移支付制度，享受上级财政的照顾；自治地方的财政预算支出，按照国家规定，设机动资金，预备费在预算中所占比例高于一般地区；自治机关在执行财政预算过程中，自行安排使用收入的超收和支出的节余；执行国家税法时，除应由国家统一审批的减免税收项目，对属于地方财政收入的某些需要从税收上加以照顾和鼓励的，可实行减税或者免税。

经济建设管理权。根据法律规定，这方面的自治权主要有：在国家计划的指导下，根据本地方的特点和需要，制定经济建设的方针、政策和计划；在坚持社会主义原则的前提下，根据法律规定和本地方经济发展的特点，合理调整生产关系，改革经济管理体制；依法管理和保护地方自然资源，确定草场和森林的所有权和使用权，保护、建设草原和森林；根据法律规定和国家规划，对可以由本地方开发的自然资源，优先合理开发利用；在国家计划的指导下，根据本地方的财力、物力等条件，自主安排地方基本建设项目，自主管理隶属于本地方的企业、事业；经国务院批准，可以开辟对外贸易口岸，与外国接壤的民族自治地方可以开展边境贸易等，同时享受国家的优惠政策。

公共事务管理权。自主地发展民族教育，即依照法律规定，根据国家的教育方针，决定本地方的教育规划和各类各级学校的设置、学制、办学形式、教学内容、教学用语、招生办法；自主地发展具有民族形式和民族特点的文学、艺术、新闻、出版、广播、电影、电视等民族文化事业；自主地决定本地方的科学技术发展规划，普及科学技术知识；自主地决定本地方的医疗卫生事业的发展规划，发展现代医药和民族传统医药；自主地发展体育事业，开展民族传统体育活动，增强各族人民的体质；积极开展和其他地方的教育、科学技术、文化艺术、卫生、体育等方面的交流和协作。

公安部队组建权。民族自治地方的自治机关，依照国家的军事制度和当地的实际需要，经国务院批准，可以组织本地方维护社会治安的公安部队。公安部队是国家统一的武装力量的组成部分，其主要任务是维护本地方的社会治安。

民族区域自治制度的特色

民族区域自治制度，是中国共产党将马克思主义民族理论同中国实际相结合的成果，是对马克思主义民族理论的重大贡献。它具有统一性、结合性、两重性、广泛性、保障性等鲜明的中国特色。

统一性。中国的民族区域自治是在国家统一领导下运行的，各民族自治地方都是中华人民共和国不可分离的部分，不享有同国家分离的权利。各自治机关都是中央统一领导下的地方政权，与中央国家机关的关系是地方与中央的关系。在中国所实行的单一制国家结构形式下，民族区域自治制度由宪法规定，各民族自治地方必须遵守宪法。与实行联邦制的国家不同，单一制体制下的地方政权机关无权制定宪法，无权拒绝宪法原则的统一适用。有关民族区域自治的法律法规，民族自治地方的自治条例与单行条例，都不得同宪法规定相抵触。民族自治地方的自治机关必须维护国家的统一，保证宪法和法律在本地方的遵守和执行。维护国家统一是民族区域自治制度存在的前提。

结合性。这个特点的首要体现，是民族自治与区域自治的结合。中国的民族区域自治是以少数民族聚居区为基础而实行的自治制度，既不是单纯的区域自治，也不是单纯的民族自治。实行区域自治的民族，根据其聚居区的大小和人口分布情况，在自治地方内行使自治权，不能脱离聚居区。同样，在民族自治地方内，若不行使自治权、不由实行自治的民族当家做主，就不能实现民族自治。由于中国少数民族分布的基本特点是大杂居、小聚居，在实行区域自治时不可能以一个少数民族为单位建立民族自治地方，只能把民族因素和区域因素结合起来，建立民族区域自治地方。这种多层次的民族区域自治是具有中国特色的制度，有利于自治机关实现自治权。民族区域自治的结合性特点，还表现为经济因素与政治因素的结合。实行民族区域自治制度的目的，是使少数民族当家做主，实现自治权，加速少数民族地区经济文化事业的发展，实现各民族的共同繁荣。因此，民族自治地方的设立，既要考虑政治因素，坚持各民族平等、团结和共同繁荣的原则，充分尊重和保障自治机关管理本地方事务的自治权，又要考虑经济因素，从民族自治地方发展经济的条件与环境出发，做到有利于促进少数民族地区经济社会的发展，有利于加快改变该地方的落后状况。中国法律关于根据当地民族关系、经济发展等条件，并参照历史情况等因素建立民族自治地方，在自治机关民族构成上反映少数民族大分散、小集中的分布特点，坚持和有利于实现各民族平等团结与共同繁荣等各项规定，充分体现了中国民族区域自治是经济因素与政治因素的结合，有利于增进各民族之间的团结，有利于加强经济发展的互补性，有利于提高自治地方的自治程度。

两重性。这个特点是指民族自治地方自治机关与一般地方国家政权机关相比，既具有共同性又具有特殊性，是共同性与特殊性的统一。民族自治地方的人民代表大会和人民政府，是中央统一领导下的地方国家权力机关和行政机关，并行使宪法赋予的一般职权。这是它与一般地方国家权力机关和行政机关的共同性。特殊性表现在民族自治地方的人大和政府实行民族化，依法行使自治权。自治机关的民族化是民族区域自治的表现和标志，包括自治机关的主要负责人由实行自治的民族的公民担任，自治机关执行公务时应使用当地通用的一种或几种民族语言文字。自治权则是民族区域自治的核心与实质。没有民族化和自治权，也就没有真正的民族区域自治。自治机关的特殊性与作为一级地方国家政权机关的共同性，密切结合、互相依存。如果仅强调共同性而忽视特殊性，不尊重甚至损害自治权，就会导致大民族主义——主要是大汉族主义的错误倾向；如果借口民族特点而片面强调特殊性，忽视国家的整体利益，就会导致地方民族主义的错误倾向。这两种错误倾向都必须避免和克服。

广泛性。这个特点，主要体现为自治权的广泛性和自治民族的广泛性。自治机关的自治权，内容和范围涉及政治、经济、文化、社会、环保等一系列方面，而且随着建设事业的发展而不断扩大。例如关于自治权的法律规定，1952 年颁布的《中华人民共和国民族区域自治实施纲要》虽然涉及面较为广泛，但只有 11 条，而 1984 年通过的《中华人民共和国民族区域自治法》中则增加为 27 条，该法律在 2001 年修订后虽然条数没有变化，但内容更加丰富。在民族区域自治制度下，不管是人口多的少数民族还是人口少的少数民族，不管是大聚居的少数民族还是小聚居的少数民族，都能建立相应的民族自治地方，设立自治机关，行使自治权。分散聚居的同一少数民族，既可以在这个地方建立这个民族的自治地方，也可以在那个地方建立这个民族的自治地方。如回族这个典型分散聚居的少数民族，不仅在宁夏建立了回族自治区，而且在甘肃省、新疆维吾尔自治区分别建立了临夏回族自治州、昌吉回族自治州，还在河北、贵州、云南、甘肃、青海、新疆建立了 11 个自治县。

保障性。自治机关行使自治权需要一定的外部环境，而上级国家机关的领导和帮助是外部环境的核心。上级国家机关，不仅指中央国家机关，也包括相应的省、直辖市地方国家机关。对于自治区内的自治州、自治州内的自治县来讲，自治区和自治州也是上级国家机关。领导并帮助民族自治地方发展，支持并保障自治机关行使自治权，有关法律法规作了明确规定，因而成为上级国家机关的法定职责和义务。在政治方面，从民族自治地方实际出发提出指导政策或意见，经常检查民族政策和有关法律法规的落实，加强民族政策教育特别是干部的民族政策教育，开展民族团结进步创建和表彰活动。在经济方面，制定国民经济和社会发展计划时照顾民族自治地方的特点和需要，制定优惠政策引导和鼓励国内外资金投向民族自治地方，优先在民族自治地方合理安排资源开发项目和基础设施建设项目，提高国家在重大基础建设项目中的投资比重和政策性银行贷款比重，加大对民族自治地方财政转移支付力度，开发资源、进行建设时，作出有利于民族自治地方经济建设的安排，照顾当地少数民族的生产和生活；帮助民族自治地方加快实用科技开发和成果转化，大力推广实用技术和有条件发展的高新技术，积极引导科技人才向民族自治地方合理流动，从财政、金融、人才等方面帮助民族自治地方的企业进行技术创新，促进产业结构升级；扶持民族自治地方发展对外经济贸易，扩大民族自治地方生产企业对外贸易经营自主权，鼓励发展地方优势产品出口，实行优惠的边境贸易政策；组织、支持和鼓励经济发达地区与民族自治地方开展经济技术协作和多层次多方面对口支援。在科学教育文化卫生等方面，帮助民族自治地方从当地民族中大量培养各级干部、各种专业人才和技术工人；加大对民族自治地方的教育投入，采取特殊措施帮助民族自治地方加快普及九年义务教育和发展其他教育事业；举办民族高等学校，对少数民族考生适当放宽录取标准和条件，采取多种措施帮助家庭经济困难的少数民族学生完成学业；通过多种形式调派适量的教师、医生、科学技术和经营管理人员参加民族自治地方的工作，鼓励各民族毕业生到民族自治地方从事教育教学。

实践证明，中国的民族区域自治制度，有利于把国家的集中、统一与各民族的自主、平等结合起来，有利于把国家的法律政策与民族自治地方的具体实际、特殊情况结合起来，有利于把各族人民热爱祖国的感情与热爱自己民族的感情结合起来，有利于把实现中华民族伟大复兴的中国梦与各民族的团结进步繁荣发展结合起来。在统一的祖国大家庭里，中国各民族既和睦相处、和衷共济、和谐发展，又各得其所、各尽其能、各展所长。六十多年来，我们不断完善并认真实践这一制度，使中国少数民族的面貌、民族地区的面貌、民族关系的面貌发生了历史性变化。本书脱稿之际获悉，西藏自治区国内生产总值 2013 年达到 802 亿元，同比增长 12.5%，连续 21 年保持了两位数增长，经济社会发展呈现"发展稳、增收快、民生实"的特点。

基层群众自治制度

基层群众自治制度，是城乡居民群众以相关法律为依据，在居住地区域内直接行使民主选举、民主决策、民主管理和民主监督等权利，实行自我管理、自我服务、自我教育、自我监督的制度。这一制度的特点是：基层性，自治仅限于群众居住的社会基层区域；群众性，居住区内的所有公民都参加自治组织，开展自治活动；自治性，凡属本居住区内居民本身的事，均由居民自行决策、自己办理。这些特点表明，基层群众自治是人民当家做主的最直接、最广泛的途径。《中华人民共和国宪法》规定："城市和农村按居民居住地区设立的居民委员会或者村民委员会是基层群众性组织。"当代中国基层群众自治制度，主要分为农村村民自治制度与城市居民自治制度。

农村村民自治制度

中国村民自治及其组织形式，是改革开放以来随着广泛而深刻的农村改革而出现并逐步发展起来的。1987年第六届全国人大常委会根据宪法规定和全国人大授权，审议通过了《中华人民共和国村民委员会组织法（试行）》；1998年第九届全国人大常委会在总结这一法律实践的基础上，审议通过了正式的《中华人民共和国村民委员会组织法》。有关法律的颁布实施，极大地促进了中国村民自治制度的发展。

- **村民委员会**

村民委员会（简称为"村委会"）是农村村民自治的组织形式。一个村就是一个小社会，形成了许多公共事业和公益事务，涉及政治、经济、文化、教育、卫生、治安、建章立制等方面，每方面都关系到村民的切身利益，需要大家共同办理。同时，在一个自然村内，生产生活存在密切联系，村民之间比较熟悉，便于共同讨论决定和办理这些事务。因此，村委会通常以自然村为单位设立。一些比较大的自然村，若设立一个村委会难以管理，也可以分设几个村委会；一些比较小的自然村，若单独设立村委会不具备自治条件，也可以几个自然村联合成立一个村委会。"村委会"，既是一个区域概念，指由自然村构成的自治单位，也是一个机构概念，指这个自治单位由村委会主任、副主任、委员组成的自治执行机构。

村委会作为基层群众自治的组织形式，任务就是办理基层群众自治事务。根据宪法和村委会组织法的规定，村委会的任务是：办理公共事务和公益事业，如修桥、铺路、兴办托儿所、敬老院、搞好公共卫生；调解民间纠纷，促进家庭和睦、村民团结，协助维护社会治安；支持和组织村民发展经济，搞好本村生产的服务和协调工作，促进农村生产建设；维护村民合法权益，教育村民履行法定义务，通过多种形式开展精神文明建设活动；在多民族村民居住的村，引导村民加强民族团结；向人民政府反映村民的意见、要求和建议，并协助人民政府开展工作；等等。

村委会的设立、撤销和范围调整，按照便于群众自治的原则，由乡镇一级人民政府提出，经村民会议讨论同意后，报县人民政府批准。村委会由3至7人组成，主任、副主任和委员由选民直接选举产生。选举按照民主原则和便民原则，通常包括八个步骤：成立选举机构，进行宣传发动，确认和公布选民名单，提名和公布候选人，确定候选人，介绍正式候选人，投票选举，宣布选举结果。村委会每届任期三年，成员可以连选连任。其他任何组织或个人，不得指定、委派或者撤换村委会成员。目前，中国农村58.9万个村委会98%以上实行直接选举，村民平均参选率超过95%。这是世界上涉及人数最多的直接选举。村委会决定问题，采取少数服从多数的原则。村委会开展工作，坚持群众路线，充分发扬民主，遵守法律法规和国家政策，认真听取不同意见，坚持说服教育，坚持秉公办事，热心为群众服务。村委会成员不脱离生产，根据情况可以给予适合补贴。

村委会组织法规定了村委会实行村务公开制度，并明确了应当公开的内容和形式。村民行使当家做主的权利，首先必须知情知政，这是实现村民自治的基础。因此，凡由村民会议讨论决定的事项及其实施情况，包括乡统筹的收缴办法，村提留的收缴及使用，本村享受误工补贴的人数及补贴标准，从村集体经济所得收益的使用，村办学校、村建公路等公益事业的经费筹集方案，村集体经济项目的立项、承包方案及村公益事业的建设承包方案，村民的承包经营方案，宅基地的使用方案，还有国家计划生育政策的落实方案、救灾救济款物的发放情况、水电费的收缴以及涉及本村村民利益和村民普遍关心的其他事项，村委会都应及时公布。财务公开是村务公开的重点，涉及财务的事项至少每六个月公布一次。公开的形式和方法，因地制宜、灵活多样，关键是要便于村民知晓，如采用张榜公布、有线广播、印发村务小册、村民代表入户通知、举行村务发布会。村委会应保证公布内容的真实性，并接受村民的查询。对不及时公布应当公布的事项或者公布的事项不真实的情况，村民有权向乡镇一级政府或者县一级政府反映，有关政府机关应负责调查核实，责令公布。经查证的违法行为，有关人员应当依法承担责任。每次村务公开后，村委会要及时广泛听取群众的反映和意见，解释群众提出的问题，答复群众提出的要求，纠正大多数群众不赞成的事情。通过村务公开，给群众一个明白，还干部一个清白。因而，村务公开获得了"阳光工程"、"防腐工程"的美誉。

村委会设有一些工作机构，以开展各种活动，完成各项任务。根据宪法和村民委员会组织法，各地可以根据本地的实际情况和工作需要设立必要的委员会，如人民调解、治安保卫、公共卫生等专门委员会。为了保证工作机构及其人员做到精简、效能，减轻群众负担，村委会成员一般兼任专门委员会的主任。人口少的村的村委会可以不设立专门委员会，由村委会成员分工负责人民调解、治安保卫、公共卫生等工作。人民调解委员会负责调解本村民事纠纷、经济纠纷、家庭纠纷，调解乡村社会的各种矛盾，维护安定团结的局面。治安保卫委员会负责保护村民生命财产安全，打击各种犯罪活动，及时制止赌博、盗窃、斗殴等违法活动，消除村民生产、生活中的不安全因素，为乡村经济和社会发展提供良好的环境。公共卫生委员会，因地制宜地定期组织环境卫生活动，搞好本村卫生工作的规划及组织实施，预防各种疾病的发生等。除了法律规定的几个委员会，有的地方还根据实际情况设立了民政、环保、妇女、青年等工作委员会等。

为了便于群众加强联系，开展邻里互助等活动，村委会可以设立若干村民小组。村民小组按村民居住状况设立，组长由村民小组会议推选。村民小组主要是在村委会的领导下，向本组村民宣传法律法规、国家政策和村规民约，组织本组村民积极参加所在区域的自治，协助村委会开展各项自治活动。组长负责召集村民小组会议，组织本组村民开展自治活动，向村委会反映本组村民的意见。

• 村民会议

实行村民自治，就是由村民自己做主，自己直接管理自己的各项事务。因此，实行自治的主体是全体村民，而不是占村民少数的村委会成员。村民自治除了通过村委会，还通过村民会议、村民代表会议、专门委员会、村民小组这些组织形式。村民会议，是村民实行自治的最高形式和根本途径，是村民自治的权力机关。村民通过村民会议，直接讨论决定涉及本居住区绝大多数村民切身利益的各项重大问题，实现对基层各项社会事务的管理，监督村委会的工作，同时，提高自己的民主管理能力。调查表明，在涉及村民利益的重大事项上，多数村子的村民会议或村民代表会议具有决策权。

村民会议由本村18周岁以上的村民组成，召开时应有本村18周岁以上村民的过半数参加，或者有本村2/3以上的户的代表参加，所作决定应经到会人员的过半数通过。对于那些户籍不在本村、但能够证明确实长期在本村居住并愿意参加村民会议的人，经村民会议同意可以参加。如果公民被法院依法剥夺政治权利并且不是正在被羁押的人，可以参加村民会议，但不能参加选举事项。必要时，可以邀请驻在本村的企事业单位和群众组织派代表列席村民会议。村民会议由村委会召集并主持。若有1/5以上的村民提议，应当召集村民会议。

村民会议的职权非常广泛，几乎包括村民自治的全部内容，即凡属基层群众自治的事项，都在村民会议的职权范围。归纳起来，主要有以下四项：

决定权。村民会议有权讨论决定涉及村民利益的重要事项，包括乡统筹的收缴方法，村提留的收缴及使用，本村享受误工补贴的人数及补贴标准，村集体经济所得收益的使用，村办学校、村建道路等公益事业的经费筹集方案，村集体经济项目的立项、承包方案及村公益事业的建设承包方案，村民的承包经营方案，宅基地的使用方案；有权根据乡镇一级政府的提议，讨论是否同意关于村委会的设立、撤销或范围调整，以及村民会议认为应由村民会议讨论决定的涉及村民利益的其他事项。

立约权。村民会议有权制定和修改本村的村民自治章程和村规民约。村民自治章程是本村村民自治的基本规范，村规民约是关于村民自治中有关具体事项的规定，二者都是村民自我约束的行为规则，必须由村民会议讨论通过，以充分发扬民主，集思广益，切实体现广大村民的意愿。自治章程、村规民约一经制定，须报乡镇一级政府备案。

选罢权。村民会议有权直接选举产生主任、副主任和委员组成村委会，也有权罢免村委会成员。凡年满18周岁的村民都享有选举权和被选举权，但依法被剥夺政治权利的人除外。有选举权与被选举权的村民名单，应在选举日的 20 天前公布。选举村委会的村民会议，由村民会议或者各村民小组推选产生的选举委员会主持，由有选举权的全体村民参加，不能派代表参加。有选举权的村民，有权直接提名村委会成员的候选人。候选人的名额多于应选名额，实行差额选举。有选举权的村民的过半数投票，选举有效。选举实行无记名投票的办法，并设立写票处。投票结束后，公开计票。候选人获得参加投票村民的过半数的选票，始得当选。选举结果应当场公布。罢免村委会成员，须由 1/5 以上有选举权的村民联名提出要求，并说明罢免理由。被提出罢免的村委会成员有权提出申辩意见。罢免要求提出后，村委会应及时召开村民会议进行投票表决。全村有选举权的村民的过半数通过，罢免案即生效。

监督权。村委会组织法规定，村委会向村民会议负责并报告工作，村民会议每年审议村委会的工作报告，并评议村委会成员的工作。这表明，村民会议有权监督村委会的工作。这种监督权，是村民会议作为村民自治的权力机关所必不可少的权力，是督促村委会坚持按村民意愿办事、努力为村民服务的重要保证。

实践证明，在那些实施得比较成功、运作比较正常的村里，村民会议有很好的权威性，村干部经常感受到民主监督的存在。那里的村民与干部，把村民会议称为"小人代会"。

- **村民代表会议**

村民代表会议是与村民会议不同的另一种会议制度。村委会组织法规定，人数较多或者居住分散的村，可以推选产生村民代表，由村委会召集村民代表开会，讨论决定村民会议授权的事项；村民代表由村民按每 5 户至 15 户推选一人，或者由各村民小组推选若干人。这一规定表明，要么人数较多的村，要么居住分散的村，才能设立村民代表会议。所以作这样的制度设计，是为了使村民更加便捷有效地参加民主管理，保证村民自治落到实处。

为了便于集体讨论议事，提高议事效率，村民代表数量不宜过多；同时，为了充分发扬民主，做到集思广益，村民代表数量又不宜过少。从实践情况来看，一般以 30 人至 100 人为宜。村民代表的任期，与村委会的任期相同。在村委会任期内，推选村民代表的户或者小组有权撤换自己所推选的代表。撤换村民代表，应先向村委会报告，在村委会主持下进行。

村民代表会议作为一种特殊的会议制度，也是村民自治权力机关的一种形式，但与村民会议不是并列的自治权力机关，而是村民会议的一种补充形式，它不能完全代替村民会议而单独存在。也就是说，一个村不能只设立村民代表会议而不设立村民会议，而只能在设立了村民会议后，根据人数较多或者居住分散的实际情况设立村民代表会议，行使村民会议授予的部分职权。村民代表会议在村民会议授权范围内作出的决定，村委会必须认真执行，并将贯彻情况向村民代表会议报告。村民会议有权撤销或改变村民代表会议的决定。

村民代表会议没有确定的职权，它能够行使哪些职权，取决于村民会议的授权。村民会议授权村民代表会议行使的职权，可以由村民自治章程作出规定，也可以由村民会议单项决议作出规定。从实践来看，村民会议授权村民代表会议行使的职权，一般有一定的决策权、立约权和监督权。村民代表会议由村委会召集。村民代表在出席会议之前，应就会议讨论的议题征求自己所代表的村民的意见，并将村民的意见带到村民代表会议。召开村民代表会议，应有全体代表的过半数参加，作出的决定应以出席代表的过半数通过，方能有效。

城市居民自治制度

中国的城市居民委员会出现于新中国成立之初。在总结几年实践经验的基础上，1954 年第一届全国人大常委会审议通过了《城市居民委员会组织条例》。此后的很短时间内，全国各城市基层普遍建立了居民委员会（简称为"居委会"）。适应实践发展的需要，1989 年第七届全国人大常委会审议通过了《中华人民共和国城市居民委员会组织法》。经过长期的实践，特别是这部组织法颁布以来，城市居民自治制度不断完善。

• 居委会的组成与任务

居委会按居住状况、人口多少、便于群众自治的原则，在基层政府及其派出机构的指导下，由居民户组成，一般在 100 户至 700 户范围内成立。

按照居委会组织法的规定，同时根据各城市实际情况，产生了相应的条例、措施等地方性法规。综合起来，居委会的主要任务有：宣传宪法、法律、法规及政策，维护居民的合法权益，教育居民依法履行应尽的义务；爱护公共财产，开展多种形式的精神文明建设活动，如创建文明小区、文明家庭等；办理本居民区的公共事务和公益事业；开展社区服务，兴办便民利民服务事业；调解民间纠纷，维护社会治安，促进家庭和睦、邻里团结和社会安定；协助政府及其派出机构做好与居民利益有关的公共卫生、计划生育、优抚救济、青少年教育等工作；向政府及其派出机构反映居民的意见、建议和要求；监督居民公约的履行等。

- **居委会的组织机构**

居委会组织法规定，居委会由主任、副主任和委员共 5 人至 9 人组成，多民族居住的社区，应有人数较少的民族的成员；居委会的主任、副主任和委员，由本居住区有选举权的居民或由每户派代表选举产生。居委会每届任期 3 年，成员可连选连任。

居委会可根据需要设人民调解、治安保卫和公共卫生等专门委员会，居委会成员可以兼任专门委员会委员。居民较少的居委会可以不设专门委员会，而由居委会委员分工负责相应的工作。各专门委员会的职责与村委会各专门委员会的工作职责相似。

居委会可分设若干居民小组，小组长由本组居民推选。居民小组可选举 2 名至 3 名代表参加居委会主任、副主任及委员的选举，选举 2 人至 3 人参加居民会议。居民小组在居委会的指导下开展最基层的自治工作。

- **居民会议与居民代表会议**

居民会议是城市基层群众自治组织的最高组织形式，是群众自治组织的权力机构，可以由全体 18 周岁以上的居民参加，也可以每户派代表参加，或者由每个居民小组选举 2 名至 3 名代表参加，必要时，可邀请所在地的机关、团体、部队、企事业单位派代表参加。

有 1/5 以上的年满 18 周岁的居民提议，有 1/5 以上的户或 1/3 以上的居民小组提议，应当召集居民会议。召开居民会议，必须由全体年满 18 周岁的居民或户的代表或居民小组的代表的过半数出席才能举行，作出决定必须由出席人的过半数通过。居民会议有权选举、撤换和补选居委会成员，讨论制定的居民公约不得与宪法、法律、法规和国家政策相抵触。

居民代表会议是在探索实现城市基层民主、健全选举制度的过程中找到的一种民主形式。如上海市卢湾区五里桥街道就建立了居民代表会议制度，有效地发展了它在民主选举、民主监督、民主决策和民主管理中的作用。在坚持居民代表会议时，需要防止忽视居民会议的倾向，也需要加强对居民代表的监督，使他们具有深厚的民意基础。

基层群众自治组织与基层政权的关系

基层政权，通常指中国政权体系中居于最低层次的乡镇一级的政权组织。有关法律规定，乡镇一级设乡镇人大和乡镇政府两个部门。所以，基层政权就是指这两个部门。基层群众自治组织与基层政权的关系，也就是与乡镇人大、与乡镇政府的关系。

基层人大是中国的基层国家权力机关，也是人大制度的基础，是基层群众行使民主权利的基本形式。它与基层群众自治组织的关系不是直接的，而是间接的，可以表述为监督和帮助的关系。所谓监督，就是基层人大依法对基层群众自治组织依法办事的情况进行监督，保证宪法、法律、法规以及有关决定、决议在基层群众自治组织内实施。其中，最主要的是对村民委员会组织法、居民委员会组织法的实施情况，包括基层群众自治组织的设立、组成人员的选举、居民公约和村规民约等是否合法进行监督检查，对基层群众自治组织中出现的违法事件和行为负责调查，并依法进行处理。所谓帮助，就是基层人大尽可能地帮助基层群众自治组织开展自治活动。当然，这种帮助也是间接的，表现在对基层政府进行监督，督促他们依法对基层群众自治组织的工作给予指导、支持和帮助；对基层政府和其他组织干预和妨碍基层群众自治组织依法自治的行为予以取缔，为基层群众自治组织创造良好的自治环境。

从基层群众自治组织这方面看，它与基层人大存在密切的关系，但这种关系不是隶属关系。基层人大是一级国家权力机关，基层群众自治组织与它必然发生一定的联系。首先，对基层人大及其常委会的决议决定，基层群众自治组织必须认真贯彻，而且还应在群众中大力宣传，教育和推动本区域群众自觉遵守。其次，基层群众自治组织可以依法参与基层人大的活动，如协助选举组织开展选举工作，帮助基层人大加强同人大代表的联系，促进基层人大代表更密切地联系本区域选民。再次，基层群众自治组织与人民群众的联系更为广泛和直接，因而更容易听到人民群众的声音。基层群众自治组织要充分发挥上情下达、下情上达的作用，把居民的意见和要求及时而准确地反映给基层人大，在人民群众和人大之间搭起一条更为便捷的信息桥梁。

关于基层群众自治组织与基层人民政府的关系，相关法律有明确要求。村民委员会组织法规定，乡、民族乡、镇的政府对村委会的工作给予指导、支持和帮助，但不得干预依法属于村民自治范围内的事项。村委会协助乡、民族乡、镇的政府开展工作。居民委员会组织法规定，不设区的市、市辖区的政府或其派出机关对居委会的工作给予指导、支持和帮助，居委会协助不设区的市、市辖区的政府或者它的派出机关开展工作；市、市辖区政府的有关部门需要居委会或者它的下属委员会协助进行的工作，应当经市、市辖区政府或者它的派出机关同意并统一安排；市、市辖区政府的有关部门，可以对居委会有关的下属委员会进行业务指导。可以看出，基层群众自治组织和基层政府的关系有两方面：后者对前者是指导和被指导的关系，前者对后者是协助与被协助的关系。两者之间这种法定的指导与协助的关系，意义主要在于从制度上保证基层群众自治组织在与基层政府的关系中作为自治组织应有的独立性。这种关系表明：基层群众自治组织不是隶属于基层政府的行政机关，基层政府及其派出机关不应对它采取直接的行政命令；基层政府有责任对基层群众自治组织的工作给予指导，但这种指导不具有法律约束力，基层群众自治组织可以根据自己的需要有选择地接受和采纳；基层群众自治组织有责任协助基层政府及其派出机关开展工作，但应以与本身的自治性相适应为前提。

中国司法实践贯彻有关法律规定，积极维护基层群众自治组织的自治权。1999 年 3 月，蒋石林当选为湖南省常宁市荫田镇爷塘村村委会主任。2001年 1 月，荫田镇政府以蒋石林擅自减少向农民征收的屠宰税为由，宣布撤销他的村委会主任职务。蒋石林认为，自己是村民选举出来的，应对本村村民负责，镇政府无权撤销他的职务。经律师建议，2001 年 8 月，他向常宁市政府申请行政复议。当月，常宁市政府以提出的行政复议已超过法律规定的 6个月复议时效为由，驳回了他的复议申请。于是，他带着不受理的行政复议书，向常宁市法院提出行政诉讼，请求法院判决撤销荫田镇撤销其村委会主任职务的错误决定。2001 年 10 月，常宁市法院开庭审理后认为，荫田镇政府撤销蒋石林村委会主任职务，违反了村委会组织法的规定，判决撤销荫田镇政府的决定。不久，荫田镇政府召开会议，决定执行法院判决，恢复了蒋石林村委会主任的工作。类似事例表明，在建设社会主义法治国家的大背景下，基层群众自治组织的自治权是有保障的。

中国特色社会主义
政治制度的特点

　　世界是丰富多彩的。如同自然界物种具有多样性一样，人类文明也呈现出多样性。各国文明的多样性，是人类社会的基本特征，也是人类文明的进步动力。政治文明是人类文明的重要方面，当然也具有多样性特征。各个国家由于具体历史条件、阶级力量对比、民族文化传统等情况不尽相同，所实行的政治制度也必然各具特色。本质不同的国家是如此，即使是本质相同的国家，政治制度也会表现出不同特点。毛泽东曾经说过："不可能设想，社会主义制度在各国的具体发展过程和表现形式，只能有一个千篇一律的格式。中国是一个东方国家，又是一个大国。因此，中国不但在民主革命过程中有自己的许多特点，在社会主义改造和社会主义建设的过程中也带有自己的许多特点，而且在将来建成社会主义社会以后还会继续存在自己的许多特点。"中国特色社会主义政治制度，植根于中华民族几千年来赖以生存和发展的沃土，形成于中国共产党领导中国人民争取社会主义、建设社会主义的壮丽实践，吸收借鉴了人类政治文明的优秀成果，坚持并发展了新中国成立后所确立的政治制度，具有巨大的优越性和强大的生命力，丰富了人类政治文明的多样性。

近代以来中国政治发展的必然结果

政治制度的根本问题，一是国体即国家权力的归属，二是政体即国家权力如何组织和运行。社会发展史表明，人类可以设计各种制度，但不能主观随意地选择制度。适合于一个国家的政治制度，是由这个国家的历史发展和现实状况决定的。中国现行的政治制度，即人民民主专政的国体以及与此相适应的政体等政治制度，是在中国近代以来多种因素的合力作用下形成并发展起来的。它酝酿于各种社会力量所进行的反帝反封建的尝试，产生于中国共产党和中国人民为争取民族独立、人民解放和国家富强而进行的伟大实践，完善于社会主义改革开放和现代化建设的新时期，是适合中国国情和社会进步要求的必然选择。

中国旧民主主义革命创立政治制度的实践

自 1840 年鸦片战争中国开始沦为半封建半殖民地社会，至 1949 年新中国成立中国摆脱半封建半殖民地社会，中国反帝反封建的民主主义革命经历了两个时期：以 1919 年发生的"五四运动"为界，此前为资产阶级领导的旧民主主义革命时期，此后为无产阶级领导的新民主主义革命时期。两个时期，中国人民为创立中国的政治制度了进行不懈探索，历史发展最终选择了人民共和国的政治制度。

中国的封建君主专制制度，如果从秦始皇创立算起，到辛亥革命时，已有两千多年。在"朕即国家"的君主专制制度下，立法权、行政权、司法权系于一人，独裁制、终身制、世袭制融为一体，皇权至高无上、不可逾越，君主的意志就是的国家的意志，君主可以一言立法、也可以一言废法。在中国历史上，很早就出现了"民主"一词，但这个词的本意不是"人民做主"，而是"为民做主"，是统治阶级奴役人民，作为国家制度的民主无从谈起。

封建君主专制制度，是中国人民遭受剥削压迫、受苦受难的根源，严重阻碍了中国社会的进步，近代以来则方便了帝国主义对中国的侵略和奴役。中国封建社会的主要矛盾，即封建主义与人民大众之间的矛盾，在很大程度上也就是封建专制与人民民主之间的矛盾。

作为中国最后一个封建王朝的清王朝，经过康熙、雍正、乾隆三代百余年的承平之后，政治制度加速腐朽。第一次鸦片战争，英国万余人的兵力就制服了大清八十万军队，迫使清政府签订了《南京条约》。中国的失败说到底是制度的失败，封建专制制度已远远落后于时代的发展。此后的半个多世纪，几乎所有帝国主义强国竞相侵略和掠夺中国，把数以百计的不平等条约强加于中国人民。列强贪得无厌地强迫中国割地、赔款，争先恐后地在中国划分势力范围、攫取种种特权，设租界、开商埠、筑军港、开工厂、建铁路、开矿山、设银行、驻军队，侵犯中国的领土主权，控制中国的政治经济命脉。至20世纪初，中国虽然在形式上保持独立，但已沦为列强共管下的半殖民地国家。面对帝国主义的侵略，腐败无能的清政府成为"列强的走狗"、"洋人的朝廷"，靠出卖国家权益换取帝国主义列强的支持，对人民进行残酷的压迫和剥削，国家日益贫弱，社会战乱不已，人民饥寒交迫。由于帝国主义的入侵，中国逐步由封建社会的政治制度演变为半殖民地半封建社会的政治制度，社会主要矛盾又增加了中华民族与帝国主义之间的矛盾。

彻底推翻封建主义和帝国主义的联合统治，是中国人民获得独立、自由、民主的前提。自1840年鸦片战争起，伴随帝国主义列强的竞相入侵，中国人民就展开了持续不断的斗争。地主阶级革新派打着"自强"的旗号，主张学习西方的制度和科技，通过洋务运动来发展中国的民族工商业。然而，中国在中日甲午战争中的惨败宣告了洋务运动的破产。洪秀全领导的太平天国农民运动，坚持长达14年之久，将革命的烈火烧遍大半个中国，建立了与清王朝对峙的农民革命政权，沉重打击了中外反对势力，但由于小生产者的局限性，最终以失败而告终。以康有为、梁启超为代表的资产阶级维新派，试图按照英、日等资本主义国家的模式，依靠清政府的恩赐，发起以建立君主立宪制、发展资本主义为目的的政治改良，但仅持续百日便夭折了。这些努力没有从根本上触动封建专制统治的根基。

中国民主革命的伟大先驱孙中山，因在美国生活过而对美国政治有更多了解，主张以美国为范本重建中国的政治制度。为推翻封建清王朝、建立民主共和国，以孙中山为代表的资产阶级革命派于各地败而不馁地发动武装起义，最终通过辛亥革命推翻了封建君主专制制度，建立起资本主义色彩浓厚的中华民国。中国共产党始终认为，孙中山先生是伟大的民族英雄、伟大的爱国主义者、伟大的民主革命先驱；他领导的辛亥革命结束了延续两千多年的君主专制制度，成为近代以来中国政治发展进程中的重要一环。然而，辛亥革命并没有完成反帝反封建的历史任务。在中华民国的招牌下，普选制徒具形式，多党制拉帮结派，议会中争权夺利。袁世凯称帝，固然与他的权力私欲有关，但与中华民国政治制度也有摘不清的干系。张勋复辟，无疑与他本人对清王朝的愚忠有关，但同样使人怀疑中华民国政治制度是否可行。在中华民国的 38 年里，别说中国再度复兴，甚至连国家统一、主权独立都成为问题。更可怕的是，中国反而沿着 1840 年以来的下滑轨道加速沉沦：国家进一步分裂，国力进一步衰微，民生进一步凋敝。因此，就建立资产阶级民主共和国来说，就改变中国半殖民地半封建的状况而言，辛亥革命没有成功。辛亥革命的夭折证明，资本主义制度在中国不适应，资本主义道路在中国行不通。

中国新民主主义革命创建政治制度的实践

旧中国的政治制度之所以难以成功，根本原因在于这些制度没有实现也不可能实现真正的人民民主，没有代表也不可能代表最广大人民群众的利益。1921 年中国共产党的成立，继"五四运动"进一步把旧民主主义革命转变为新民主主义革命。1922 年中共二大通过的党纲提出了中国革命的纲领，这就是打倒军阀，推翻国际帝国主义的压迫，统一中国，使它成为真正的人民共和国。中国共产党始终坚持人民民主主义的思想，并在整个新民主主义革命时期为创建人民政权及其政治制度不懈探索，从而奠定了中华人民共和国成立的政治基础。

土地革命战争时期（1927-1937年），共产党在全国各地建立了十几块革命根据地，并在这些根据地建立了工农民主政权。1931年11月，在江西瑞金召开了各革命根据地、各革命团体、各红军部队代表参加的第一次全国苏维埃（苏维埃是音译，意为代表会议，为俄国人民在1905年革命中创造）代表大会，宣布成立中华苏维埃共和国临时中央政府，并相应地建立了工农兵代表大会等政治制度。工农民主政权属于无产阶级领导的反帝反封建的新民主主义的人民民主专政，在资产阶级退出革命阵营的情况下，它是工人、农民和城市小资产阶级的政府。大会通过的《中华苏维埃共和国宪法大纲》规定，全部政权"属于工人，农民，红军兵士及一切劳苦民众"，凡16岁以上的人，无论男女、民族、宗教，"皆享有苏维埃选举权和被选举权"，可以"直接选派代表参加各级工农兵会议（苏维埃）的大会，讨论和决定一切国家的地方的政治事务"，"掌握政权的管理"；"中华苏维埃共和国之最高政权为全国工农兵会议（苏维埃）的大会，在大会闭会的期间，全国苏维埃临时中央执行委员会为最高政权机关，在中央执行委员会下组织人民委员会处理日常政务，发布一切法令和决议案"。工农民主政权的基本任务，就是在共产党的领导下，实行彻底的民主革命纲领："对外推翻帝国主义，求得彻底的民族解放；对内肃清买办阶级在城市的势力，完成土地革命，消灭乡村的封建关系，推翻军阀政府。"中华苏维埃共和国的诞生，是共产党直接领导和全面管理国家的第一次尝试，为后来的全国性政权建设积累了经验。有的学者指出，尽管它"还是一个不完全的国家"，"距离一个完全的国家形态还很远"，而且由于敌人的分割在地域上还没有统一起来，但对各革命根据地却能实行统一的行政制度、经济政策和军事领导，事实上已完全具备现代国家的一切条件和成分，以全新的政权形象出现在中国的政治舞台上。

抗日战争时期（1937-1945年），共产党在各抗日根据地建立了各革命阶级联合专政的抗日民主政权。"九一八"事变以后，中日之间的民族矛盾逐步上升为国内的主要矛盾。适应新形势的需要，共产党从维护全民族利益这一大局出发，于 1935 年底将"工农共和国"改为"人民共和国"，进而在 1936 年 9 月又将"人民共和国"改为"民主共和国"，以争取一切拥护抗日、赞成民主的阶级阶层和社会团体（既包括工人阶级、农民阶级、小资产阶级，也包括中小地主，甚至部分大地主、大资产阶级）加入抗日政权。由此开始，在整个抗日战争时期，共产党在各革命根据地普遍实行了抗日民族统一战线性质的联合政府——抗日民主政权。联合政府，既不是资产阶级一个阶级的专政，也不是无产阶级一个阶级的专政，而是无产阶级领导下的几个革命阶级联合起来的专政。这一政权的基本施政方针，"以反对日本帝国主义，反对真正的汉奸和反动派，保护抗日人民，调节各抗日阶层的利益，改良工农生活，为基本出发点"。在政府人员组成上实行"三三制"，即共产党员、非党左派进步分子、中间派各占 1/3。在政权组织形式上实行参议会制度。为尽快建成抗日民族统一战线，共产党主动让步，于 1937 年 9 月将中华苏维埃共和国中央政府西北办事处改称为中华民国陕甘宁边区政府。边区政府以延安为首府，下辖 23 县，面积 13 万平方公里，人口 150 万。边区参议会是经普选产生、包括各党派各阶级在内的边区全体人民的代表机关和最高权力机关，边区政府是最高行政机关，边区高等法院是最高司法机关。这是继创建中华苏维埃共和国后，共产党在探索国家政治制度的道路上又迈出的重要一步。著名民主人士李公朴在参观考察晋察冀边区后撰文说："模范的抗日民主，抗日民主统一战线的晋察冀，象征着中华民族解放的胜利，象征着新中国光明灿烂的前景"，"就是因为边区的各党各派、各阶层、各抗日人士精诚团结，力求进步，所以在今天形成为一个新中国的雏形，具体说明了争取最后胜利，以及建国成功的方法和步骤。"

解放战争时期（1945-1949 年），共产党继续坚持建立联合政府的主张，只不过把蒋介石集团排除在外。适应抗战胜利后阶级矛盾上升为主要矛盾的新形势，各解放区的抗日民主政权转变为一切赞成反美反蒋、赞成民主、赞成土地改造的各个阶级、阶层和社会团体共同参加的人民民主统一战线的政权，也就是工人阶级领导的，以工农联盟为基础的，反对帝国主义、封建主义、官僚资本主义的革命政权。这个政权的基本任务，就是发展和巩固人民民主统一战线，实现民主改革，打倒美帝国主义支持的国民党反动派的法西斯独裁统治，建立一个独立、自由、民主和富强的新中国。人民民主政权在组织形式上，由抗日民主政权的参议会制逐渐转变为人民代表会议制，各级人民代表会议的代表包括工人、农民、独立劳动者、自由职业者、知识分子、民族工商业者以及开明绅士等。

随着解放战争胜利的不断扩大，建立人民当家做主的全国性政权的任务提到了共产党面前。1949 年 9 月，共产党邀集各民主党派、无党派人士、各人民团体、人民解放军、各地区、各民族以及国外华侨的代表举行中国人民政治协商会议第一届全体会议，通过了《中国人民政治协商会议共同纲领》。这个具有宪法性质的立国宪章规定：中华人民共和国为新民主主义即人民民主主义的国家，实行工人阶级领导的、以工农联盟为基础的、团结各民主阶级和国内各民族的人民民主专政；中华人民共和国的国家政权属于人民，人民行使国家政权的机关为各级人民代表大会和各级人民政府，国家的最高政权机关为全国人民代表大会；各少数民族聚居的地区实行民族区域自治，各民族一律平等，实行团结互助，使中华人民共和国成为各民族友爱合作的大家庭。这次政协会议是在当时中国暂不具备依靠普选产生人民政权的特殊情况下召开的，它集协商民主与选举民主于一身，是实现各政党、团体、界别之间交流、合作、联合的人民民主形式，标志着中国多党合作和政治协商制度的创立。根据这次政治协商会议的决定，1949 年 10 月 1 日，首都北京 30 万群众齐聚天安门广场，隆重举行开国大典。从此，一个人民当家做主的崭新政权——中华人民共和国诞生了。以人民民主主义为政治基础的中华人民共和国的成立，是近代中国历史发展的必然结果和中国人民的必然选择。

中华人民共和国政治制度的建立与发展

中国共产党从成立之日起就以实现人民当家做主为己任，为建立新型人民民主政权及其组织形式不懈探索，最终建立起人民民主专政的国家政权。

人民民主专政，对占人口绝大多数的人民实行民主，对极少数的敌人实行专政，是一种新型民主与新型专政的结合。人民民主专政之所以要把二者结合起来，不仅是由于对人民必须实行民主，对敌人必须实行专政，而且也是由于对人民民主和对敌人专政是相辅相成、密不可分的。人民是国家政权的主人，是人民民主专政的主体。只有在人民内部实行最广泛的民主，才能推动人民事业的发展，才能对敌人实行有效的专政。因而，人民民主专政的国家政权，要求具有广泛的民主性和社会基础，团结一切可以团结的力量。也就是说，在人民民主专政中，民主是主要方面。在一定意义上，人民民主专政也可称为人民民主制度。人民民主专政是中华人民共和国的国体，在阶级阶层结构上实行最广泛的联盟，同它相适应的政权组织形式是人民代表大会（简称"人大"）制度，同它相适应的政党制度是共产党领导的多党合作和政治协商制度，同它相适应的民族民主制度是民族区域自治制度，同它相适应的基层民主制度是基层群众自治制度。这些充分发扬人民民主从而体现人民当家做主地位的政治制度，不仅是中国社会历史发展的必然选择，而且是中国共产党和中国人民政治智慧的结晶。

中国人民代表大会制度的建立与发展。根据新中国第一部选举法的规定，1953年下半年开始了全国普选工作。普选中，参加投票的选民达2.78亿人，占登记选民总数的85.88%。在选出的1226名全国人大代表中，妇女占11.99%，少数民族占14.4%，共产党员占54.5%，非共产党员占45.5%。1954年9月，第一届全国人大一次会议在北京举行。大会通过的中华人民共和国宪法，对人大制度作出了比较完备的规定。大会相继通过了全国人大、国务院、人民法院、人民检察院、地方各级人大和人民政府五个组织法，选举和决定了国家领导工作人员。这次大会的召开和宪法的公布施行，标志着人大制度在全国范围内建立起来。这一制度的建立，打下了新中国发展的政治基础，极大地调动了各族人民建设国家、管理国家的积极性。但是，后来由于我们发生了"左"的错误，人大制度受到破坏。特别是"文化大革命"中探索实行的"大民主"，严重冲击了社会主义民主法制建设。1978年，中共十一届三中全会实现了新中国历史上意义深远的伟大转折，中国进入社会主义改革开放和现代化建设的新时期，人大制度发展也进入新阶段。此后，社会主义民主政治建设始终处于党和国家工作的重要位置，人大制度建设不断推进，直接选举人大代表的范围扩大到县，实行普遍的差额选举制度，完善全国人大常务委员会的职权和组织，规定全国人大及其常务委员会共同行使国家立法权，共同监督宪法实施；在县级以上地方各级人大设立常务委员会，赋予省级人大及其常务委员会、较大的市的人大及其常务委员会制定地方性法规的职权。在这一过程中，全国各族人民通过人大制度牢牢地把国家和民族的前途命运掌握在自己手中，经受住各种风浪，克服了各种困难，不断夺取改革开放和现代化建设的新胜利。实践证明，人大制度能够真正体现并充分保证人民当家做主，把全国各族人民动员、团结并组织起来，推动经济不断发展和社会全面进步。"人民代表大会制度是符合中国国情、体现中国社会主义国家性质、能够保证中国人民当家做主的根本政治制度，也是党在国家政权中充分发扬民主、贯彻群众路线的最好实现形式，同国家和人民的命运息息相关。这个制度健康发展，人民当家做主就有保障，党和国家的事业就顺利发展；这个制度受到破坏，人民当家做主就无法保证，党和国家的事业就会遭受损失。"这个历史总结，写进了胡锦涛主席在首都各界纪念全国人大成立 50 周年大会上的讲话。

中国多党合作和政治协商制度的建立与发展。在这个制度中，除中国共产党，其他政党大都成立于中国人民争取民族解放和人民民主的斗争时期，所以被称为"民主党派"。还在其中的多数民主党派产生前，毛泽东就在一次讲话中指出："国事是国家的公事，不是一党一派的私事。因此，共产党员只有对党外人士实行民主合作的义务，而无排斥别人、垄断一切的权利"；"共产党的这个同党外人士实行民主合作的原则，是固定不移的，是永远不变的"。在为新民主主义革命胜利而斗争的过程中，共产党确立了在中国各种革命力量中的核心领导地位，各民主党派、无党派民主人士经过比较自觉而郑重地选择了共产党的领导。1949 年中国人民政治协商会议的召开，标志着中国多党合作和政治协商制度的正式确立。1956 年社会主义改造基本完成后，根据中国阶级状况发生的深刻变化，共产党提出了"长期共存、互相监督"的方针。由于共产党居于领导地位，主要是民主党派监督共产党。1957年后特别是"文化大革命"期间，多党合作与政治协商制度遭受严重挫折。1978年实行改革开放以来，共产党根据形势和任务的变化，把多党合作和政治协商作为中国政治制度的一个特点和优势，确立了共产党与各民主党派"长期共存、互相监督、肝胆相照、荣辱与共"的方针，提出了一整套关于多党合作和政治协商的理论和政策，使坚持和完善多党合作和政治协商制度成为中国特色社会主义政治制度建设的重要内容。1989年共产党制定了坚持和完善中国多党合作和政治协商制度的意见，多党合作和政治协商走上了制度化轨道。1993年召开的第八届全国人大一次会议，将"中国共产党领导的多党合作和政治协商制度将长期存在和发展"载入宪法，使多党合作和政治协商制度有了明确的宪法依据。2002年中共十六大后，共产党从建设社会主义政治文明的高度，先后出台了关于进一步加强多党合作和政治协商制度建设的意见、关于加强人民政协工作的意见、关于巩固和壮大新世纪新阶段统一战线的意见、关于加强新形势下党外代表人士队伍建设的意见等重要文件，进一步完善了多党合作和政治协商的理论基础、政策依据、制度保障。实践证明，多党合作和政治协商制度能够把共产党领导和多党派合作有机结合起来，实现广泛参与和集中领导的统一、社会进步和国家稳定的统一、充满活力和富有效率的统一。

中国民族区域自治制度的建立与发展。共产党自成立后就积极探索解决中国民族问题的正确道路，制定和执行了正确的民族政策，团结并带领全国各族人民赢得了民族独立和人民解放。1936年10月，陕甘宁边区的豫海县建立了第一个民族自治政权——豫海县回民自治政府。1947年5月，内蒙古建立了第一个民族自治区。新中国成立时，从中国由56个民族组成的统一的多民族国家这一实际出发，共产党坚持民族平等和民族团结的一贯立场，确定以民族区域自治作为解决中国民族问题的基本政策。在新中国成立前夕召开的中国人民政治协商会议上，根据共产党的建议，各民族、各党派代表共同协商决定，建立统一的多民族的中华人民共和国，并在通过的《中国人民政治协商会议共同纲领》中设专章阐述了新中国的民族政策，明确把民族区域自治确定为一项基本国策。根据共同纲领的规定，中央人民政府于 1952 年 8 月颁布了《中华人民共和国民族区域自治实施纲要》。1954 年颁布的宪法，又对民族区域自治作出了明确规定。宪法和纲要的颁布，推动了民族区域自治的发展。1955 年 10 月，新疆维吾尔自治区成立；1958 年 3 月，广西壮族自治区成立；1958 年 10 月，宁夏回族自治区成立；西藏自治区则是在 1956 年成立筹备委员会，于 1965 年 9 月成立。尊重和体现民族自治地方各族人民的意愿，总结实施民族区域自治的经验，1984 年 5 月全国人大通过了《中华人民共和国民族区域自治法》，2001 年 2 月全国人大常委会对这一法律进行了修改完善，明确规定民族区域自治制度是国家的一项基本政治制度。依据宪法和自治法，2005 年 5 月发布《国务院实施〈中华人民共和国民族区域自治法〉若干规定》。同年 12 月，《中共中央、国务院关于进一步加强民族工作加快少数民族和民族地区经济社会发展的决定》出台。业已形成的包括宪法、基本法、其他法律、行政法规、部门规章以及地方性法规和政府规章等的民族法律法规体系，有力地支持了民族区域自治制度。这一制度的实施，既保证了祖国的统一和各民族的团结，促进了各民族经济文化共同发展；又保证了各民族的平等地位，满足了各少数民族当家做主的愿望。

中国基层群众民主制度的建立与发展。新中国成立后，我们很快在全国各个城市普遍建立起居民委员会，实现城市居民对居住地公共事务管理的民主自治。实践的发展要求从制度上不断完善基层群众自治。1982 年，城市居民委员会制度首次写入宪法；1989 年，全国人大常委会制定了《中华人民共和国城市居民委员会组织法》；1999 年，国家在 26 个城区开展了以管理有序、服务完善、环境优美、文明祥和为要求的新社区建设试点工作。此后，新社区建设由点到面、由大城市向中小城市、由东部地区向西部地区推进，推动了城市居民自治的完善。中国人口增至 13 亿时，有 8 亿多在农村。如何发展农村基层民主，使村民在所在村庄真正当家做主，充分行使自己的民主权利，是中国民主政治建设的重大问题。经过多年的探索实践，共产党领导亿万农民找到了一条适合中国国情的途径，这就是实行村民自治。村民自治发端于 1980 年代初期。1982 年全国人大通过的宪法确立了村委会的法律地位，

1988 年全国人大常委会通过了《中华人民共和国村委会组织法（试行）》，1998 年全国人大常委会修订并正式颁布了村委会组织法。历经 30 多年的发展，村民自治已成为扩大农村基层民主和提高农村治理水平的有效方式。职工代表大会，是保障职工对企事业单位实行民主管理的制度，由新中国成立后在公有制企业中实行的职工代表会议发展而来。中国宪法、劳动法、工会法、公司法和全民所有制工业企业职工代表大会条例等法律法规，均对职工代表大会制度作了规定。职工代表大会具有广泛的群众基础，代表中有工人，也有科技人员、管理人员等工作人员，能够代表全体职工民主管理企业。改革开放以来，企事业单位的职工代表大会等形式的民主管理制度在实行民主管理、协调劳动关系、保障和维护职工合法权益、推进本单位改革发展稳定等方面发挥了不可替代的作用。

中国特色社会主义政治制度的由来、建立和发展的历史事实表明，这一制度是近代以来中国政治发展的选择，是新中国社会主义民主政治发展的结果。今天，人民代表大会制度这一根本政治制度，中国共产党领导的多党合作和政治协商制度、民族区域自治制度以及基层群众自治制度等基本政治制度，已深深扎根于中国的社会政治生活之中。

中国共产党领导、人民当家做主、依法治国有机统一

当代中国，共产党领导是人民当家做主和依法治国的根本保证，人民当家做主是社会主义民主政治的本质要求，依法治国是党领导人民治理国家的基本方略。共产党领导、人民当家做主和依法治国有机统一，反映了中国特色社会主义政治制度的根本要求，体现了中国特色社会主义政治制度的根本特点。改革开放以来中国社会主义民主政治建设取得的成就，最重要的就是坚持共产党领导、人民当家做主、依法治国有机统一，开辟了中国特色社会主义政治发展道路，为实现最广泛的人民民主确立了正确方向。

中国共产党领导

中国共产党是中国国家政权和现代化建设事业的领导核心。共产党领导和执政，实质是帮助人民群众认识自己的利益并团结起来为自己的利益而奋

斗。坚持共产党的领导，是由中国共产党的性质和宗旨决定的，是中国近百年历史发展的必然结果，是实现中华民族伟大复兴的必然要求。

中国共产党是中国工人阶级的先锋队，同时是中国人民和中华民族的先锋队，以全心全意为人民服务为根本宗旨，党的主张凝聚了全党全国人民的集体智慧，体现了最广大人民的共同意愿。这不是中国共产党的自我标榜，而是中国人民的深刻感受。她坚持不懈地加强和改进自身建设，始终保持自身的先进性，不断增强党的创造力、凝聚力、战斗力，并且能够为人民坚持真理、修正错误。她坚持把马克思主义基本原理同中国具体实际相结合，不断提出能够指导中国社会发展进步的科学理论、行动纲领和方针政策。她具有宽广的世界眼光，能够顺应时代发展进步潮流，善于抓住历史机遇，巧于应对各种挑战考验。她拥有一大批优秀的共产党员，他们以对人民的无限忠诚和自我牺牲精神，不断为人民利益英勇奋斗，从而赢得了广大人民群众的信赖、拥护和支持。1949 年 9 月宋庆龄在中国人民政治协商会议第一届全体会议上就指出，中国共产党是中国唯一拥有人民大众力量的政党。

中国共产党自 1921 年成立以来，紧紧依靠人民完成了新民主主义革命，实现了民族独立、人民解放；紧紧依靠人民完成了社会主义革命，确立了社会主义基本制度；紧紧依靠人民进行了改革开放新的伟大革命，开创、坚持、发展了中国特色社会主义。这三件大事，从根本上改变了中国人民和中华民族的前途命运，不可逆转地结束了近代以后中国内忧外患、积贫积弱的悲惨命运，不可逆转地开启了中华民族不断发展壮大、走向伟大复兴的历史进军，使具有五千多年文明历史的中国面貌焕然一新，中华民族伟大复兴不断展现出前所未有的光明前景。九十多年来，中国社会发生的变革，中国人民命运发生的变化，广度和深度，政治影响和社会意义，在人类发展史上都实属罕见。共产党作为当代中国的执政党，是历史的选择，是人民的选择。西班牙前驻华使馆商务参赞恩里克·凡胡尔认为，无论你喜欢与否，共产党在中国民众中拥有广泛的合法基础；这种合法性基于两大因素：一个是历史因素，因为共产党统一了中国、结束了外来侵略，并将一个弱国变为受世界尊敬的强国，二是改革政策带来的经济因素，共产党领导的这场改革使中国经济得到了巨大发展，至今一个如此庞大群体的物质生活条件，从来没有在这么短的时间内得到过这么大的改善。

中国共产党始终高扬人民民主的光辉旗帜，以实现人民当家做主为己任。中国共产党的奋斗历史，就是一部争取和发展人民民主的历史。中国革命、建设和改革的伟大实践过程，就是中国人民民主不断发展进步的过程。在新民主主义革命时期，共产党就提出建立一个独立、自由、民主、统一、富强的新中国。在共产党的领导下，中国人民争取民主的斗争始终是反帝反封建革命运动的重要组成部分。新中国的成立，使一个毫无人民民主可言的半殖民地半封建的旧中国，变成了人民当家做主的新中国。社会主义制度的建立，开辟了中国历史上从未有过的人民当家做主的新时代。后来的社会主义民主建设，虽然由于各种原因遭受了严重挫折，但仍取得了重要成就。改革开放以来，共产党总结发展社会主义民主的历史经验和现实经验，强调人民民主是社会主义的生命，坚持国家一切权力属于人民，不断推进政治体制改革，社会主义民主政治建设取得重大进展，成功地走出一条中国特色社会主义政治发展道路。这条道路，以人民当家做主为出发点和归宿，为发展最广泛的人民民主确立了正确方向。在中国，发展社会主义民主政治乃至整个社会主义现代化建设事业，必须坚持共产党的领导。

办好当代中国的事情，关键在中国共产党。人类社会发展史表明，任何重要的认识世界、改造世界的活动，都是有组织的活动，需要有一个领导核心。沿着中国特色社会主义道路实现中华民族伟大复兴，是一项艰巨而伟大的事业，必定会遇到各种困难和风险，必然要求抓住并用好战略机遇期，更需要有一个坚强的领导核心。同时，把一个十几亿人口的国家组织起来，团结奋斗，勇往直前，也需要有一个具有凝聚力和号召力的领导核心，总揽全局，协调各方。当代中国，只有共产党才是这样的领导核心。中国改革开放和现代化建设的总设计师邓小平指出："中国一向被称为一盘散沙，但是自从我们党成为执政党，成为全国团结的核心力量，四分五裂各霸一方的局面就结束了。

只要我们党的领导是正确的，那就不仅能够把全党的力量，而且能够把全国人民的力量集合起来，干出轰轰烈烈的事业。"

中国共产党的领导主要是政治、思想和组织的领导。政治领导，就是依据一定时期的实际情况，提出立法建议，制定反映广大人民群众根本利益要求的路线、方针和政策。思想领导，就是通过教育提高广大党员和人民群众的思想觉悟，使他们掌握认识世界和改造世界的思想武器，调动他们建设社会主义现代化的积极性创造性，把党的主张变成人民群众的自觉行动。组织领导，就是选拔德才兼备、年富力强的干部到各级国家政权机关工作，保证党的领导的实现，发挥共产党员的模范带头作用，保证党的路线方针政策的贯彻执行。在实践中，中国共产党坚持科学执政、民主执政、依法执政，不断改革和完善领导体制和工作机制，按照执政党总揽全局、协调各方的原则，规范党委与人大、政府、政协和人民团体的关系。党委在同级各种组织中发挥领导核心作用，支持各方独立负责、协调一致地开展工作，通过这些组织中的党组织和党员干部贯彻党的路线方针政策，贯彻党委的重大决策和工作部署。同时，支持人民代表大会依法履行国家权力机关的职能，经过民主讨论和法定程序，使党的主张成为国家意志，使党组织推荐的人选成为国家政权机关的领导人员，并对他们进行监督；支持政府履行法定职能，依法行政；支持审判机关和检察机关依法独立公正地行使审判权和检察权；支持政协围绕团结和民主两大主题，履行政治协商、民主监督、参政议政的职能；加强同民主党派合作共事，充分发挥中国社会主义政党制度的特点和优势；支持工会、共青团和妇联等人民团体依照法律和各自章程独立自主地开展工作，更好地发挥党联系各方面人民群众的桥梁和纽带作用。

为了保证成为一个坚强的领导核心，中国共产党历来重视党章的重要作用。中共党章作为党内"根本大法"，制定权和修改权集中于党的全国代表大会，自党成立以来进行了16次修改。中共十八大修改的党章，共11章53条，规定了党的性质、宗旨和指导思想，党的最高理想和最终目标，党的领导地位和领导原则，党的近期任务和路线方针政策，党的建设必须坚持的基本要求，党员标准及党员的权利与义务，党的组织原则及组织构成、职权划分，党的干部的条件和干部工作的原则，党的纪律和纪律检查机关干部，等等。党章集中体现了党的政治主张和整体意志，为制定党内其他规章制度提供了依据，是保证党的先进性和纯洁性的武器。适应新形势新任务的要求，共产党大力加强以党章为核心的党内法规制度体系建设，做到用制度管权、用制度管事、用制度管人，推进党的建设和党内生活制度化规范化，推进党风廉政建设和反腐败工作的制度化规范化。

信任共产党的领导，响应共产党的号召，是当今中国绝大多数人民的政治态度。目前，中共有 400 多万个基层党组织、8200 多万共产党员。其中，35 岁以下的约占 1/4。高校中的学生党员约占在校学生总数的 1/10，每年入党的学生党员约占全国新党员的 1/3。持续了 20 年的一项高校学生问卷调查显示，有入党意愿的人近 80%，对共产党执政能力增强和对中国特色社会主义持乐观态度的人分别占 89.6% 和 98.1%。这说明，中国共产党不仅在普通民众中受欢迎，在年轻人中也是受拥护的。在 2012 年上半年举行的"网上投票推荐全国创先争优优秀共产党员"活动中，广大党员和群众踊跃参与，总人数达 4369.5 万人，留言 14.6 万条。这种积极响应、蔚为壮观的活动，有的媒体称之为"云效应"。

中国共产党为保持先进性所进行的努力及其所带来的非凡执政能力，不仅中国人民深受其惠，也赢得一些国际人士的称赞。智利激进党副总秘书长佩德罗·内拉称，中国共产党是一个组织结构完善有序的政党，在领导 13 亿人口大国方面拥有令人钦佩的能力。哥伦比亚民族团结社会党成员加夫列尔·戈麦斯认为，中国共产党创建了一个有能力管理 13 亿人口大国的组织结构，其执政能力是为人民谋福利的保证。俄罗斯社会科学院院士、莫斯科大学社会系主任弗·伊·多布连科夫指出，像中国这样的大国，需要富有权威和效能的政府，中共给俄罗斯树立了一个如何建立政党的榜样。中共十八大顺利实现中央领导集体交接后，香港《南华早报》载文指出："微博上似乎充满了满意和兴奋的真诚表达"，"这让人们意识到——不管你喜欢不喜欢——共产党仍然有着相当高的公众支持率"，"共产党有能力继续其统治，关键因素之一在于其制度"，"这并不是一个只在选举期间努力争取人们的政治捐款和选票的组织松散的政党"。发表于美国《外交》刊物的一篇文章认为：这次交接班是一个自信的、崛起的大国以一种平稳的、精心谋划的方式给世人所做的一个展示；毋庸置疑，习近平将面对严峻的挑战，但是那些认为中共将无法应对这些挑战的人从根本上误判了中国的政治形势，误判了中国执政当局的应变能力，由于中共的适应能力、选贤任能的制度以及在中国人民中所具有的合法地位，北京将强有力地灵活应对诸多难题。该文还指出："一党执政体制从本质上说是无法自我纠错的，这一断言并不能被历史实践所证明。在其 63 年的执政过程中，中国共产党表现出超凡的适应能力。自从 1949 年成立以来，人民共和国推行了许多政策。当一项政策没有发挥效果时，例如带来灾难的'大跃进'和'文化大革命'，中国总能找到其他能发挥效果的政策，例如邓小平的改革使中国一跃成为世界第二大经济体，可以说中国共产党是世界近代史上最具自我革新勇气的政治组织之一。"

中国共产党的领导地位是近代中国历史发展的必然选择，但只能说明过去，并不代表未来。中国共产党清醒地认识到，党的先进性是具体的历史的，必须放到推动当代中国先进生产力和先进文化的发展中去考察，放到维护和实现最广大人民根本利益的奋斗中去考察，归根到底要看党在推动历史前进中的作用。基于这样的认识，我们党坚持解放思想、实事求是、与时俱进，以科学态度对待马克思主义，用发展着的马克思主义指导新的实践，坚持真理、修正错误，始终保持开拓前进的精神动力，坚持以人为本、执政为民，诚心诚意为人民谋利益，从人民群众中汲取智慧和力量，始终保持党同人民群众的血肉联系，坚持任人唯贤、广纳人才，以事业感召、培养、造就人才，不断增加新鲜血液，始终保持党的蓬勃活力，坚持党要管党、从严治党，正视并及时解决党内存在的突出问题，始终保持党的肌体健康，从而保持和发展了党的先进性。中共十八大强调："新形势下，党面临的执政考验、改革开放考验、市场经济考验、外部环境考验是长期的、复杂的、严峻的，精神懈怠危险、能力不足危险、脱离群众危险、消极腐败危险更加尖锐地摆在全党面前。不断提高党的领导水平和执政水平、提高拒腐防变和抵御风险能力，是党巩固执政地位、实现执政使命必须解决好的重大课题。全党要增强紧迫感和责任感，牢牢把握加强党的执政能力建设、先进性和纯洁性建设这条主线，坚持解放思想、改革创新，坚持党要管党、从严治党，全面加强党的思想建设、组织建设、作风建设、反腐倡廉建设、制度建设，增强自我净化、自我完善、自我革新、自我提高能力，建设学习型、服务型、创新型的马克思主义执政党，确保党始终成为中国特色社会主义事业的坚强领导核心。"中共十八大为在新的历史条件下加强中共自身建设指明了方向。

人民当家做主

人民民主是社会主义的生命。人民当家做主是中国社会主义民主政治的本质与核心。民主，本义指多数人的统治，即按照多数人的意志，通过既定程序和方式进行管理。国家层面的民主，实质是一种国家形式、国家形态。社会主义社会人民当家做主，指绝大多数社会成员享有各种真实而充分的民主权利，有效利用各种政治制度和体制机制广泛参与政治生活，充分表达自身利益诉求，影响公共事务的决策和执行，同时能够自主地管理经济和社会等领域的事务，因而是人类社会有史以来最高类型的民主。当代中国，人民当家做主最重要的是人民通过人民代表大会制度行使国家权力，把国家的、民族的前途命运掌握在自己手里；人民依照宪法和法律规定，通过各种途径和形式，管理国家和社会事务，管理经济和文化事业；群众通过基层自治制度，实行民主选举、民主决策、民主管理、民主监督，实现自我管理、自我教育、自我服务；公民依法享有法律上、事实上的广泛、充分、真实的权利和自由，人权得到充分尊重和保障。人民当家做主，体现了人民在国家政治生活中的主体地位。

民主是社会主义社会的一个重要特征，是社会主义优越性在政治上的集中表现，是社会主义区别于剥削制度社会的主要标志之一。争取民主，建立无产阶级和劳动人民的政权，并保证实现人民对国家的管理，这是无产阶级进行社会主义革命和建设的一项根本任务。早在《共产党宣言》发表时，马克思恩格斯就强调指出，工人革命的第一步就是使无产阶级上升为统治阶级，争得民主。争得民主，就是取得无产阶级的政治统治权，建立人民当家做主的国家，使人民充分享有管理国家和社会的权利。列宁在领导创建世界上第一个无产阶级政权的时候，始终把民主问题与社会主义联系在一起，把实现民主看作是社会主义取得胜利并保持胜利的基本条件和必然要求。列宁指出：没有民主，就不可能有社会主义，这包括两个意思：第一，无产阶级如果不通过争取民主的斗争为社会主义革命作好准备，它就不能实现这个革命；第二，胜利了的社会主义如果不实行充分的民主，就不能保持它所取得的胜利，并且引导人类走向国家的消亡。显然，争得和发展民主直接关系到社会主义命运，民主的发展状况也直接反映着社会主义的发展程度。

人民民主是中国共产党始终高扬的光辉旗帜。我们党坚定地认为，民主和社会主义不可分离。离开民主，就没有社会主义，就没有社会主义现代化。离开社会主义，就没有真正的民主；社会主义越发展，民主也就健全。中国既然是社会主义国家，就必须发展充分的民主，就必须围绕如何保障和实现人民当家做主来建立和完善政治制度。离开了人民当家做主，社会主义民主政治就无从谈起，公共权力也难以置于人民的监督之下。中国抗战胜利后的1945 年，民主人士黄炎培在延安与毛泽东有过一次著名的"窑洞谈话"。黄炎培说："余生六十余年，耳闻的不说，所亲眼见到的，真所谓'其兴也勃焉，其亡也忽焉'。一人，一家，一团体，一地方，乃至一国，不少单位都没有能跳出这周期率的支配力。"毛泽东说："我们已经找到了新路，我们能跳出这个周期率。这条新路，就是民主。只有让人民起来监督政府，政府才不敢松懈；只有人人起来负责，才不会人亡政息。"这里，毛泽东将民主作为避免人亡政息、保持政权活力的一副良方。社会主义民主还是社会主义现代化建设的强大动力。在中国这样一个经济文化比较落后的大国，社会主义现代化建设的任务极为艰巨，要求紧紧地依靠人民群众，最大限度地调动他们的积极性、主动性和创造性，充分发挥他们的智慧和力量，因而必须大力发展社会主义民主。没有社会主义民主的保证和支持，就不可能有社会主义现代化建设的成功。

基于思想上的深刻认识，社会主义民主成为中国共产党人的重要价值观，成为中国特色社会主义的核心价值观。中国特色社会主义，把发展社会主义民主作为社会主义现代化建设的一个根本目标，作为现代化建设总体布局中不可缺少的重要组成。中共十二大明确指出，建设高度的社会主义民主是我们的根本目标和根本任务之一。中共十三大所确立的基本路线，把民主与富强、文明并列，作为社会主义现代化建设的奋斗目标，置于社会主义现代化建设的总体布局，从而把发展社会主义民主提到了战略地位的高度。后来的党的代表大会报告，都设专章论述了社会主义民主政治建设和政治体制改革问题。中共十八大强调，必须更加注重健全民主制度、丰富民主形式，继续积极稳妥推进政治体制改革，发展更加广泛、更加充分、更加健全的人民民主，保证人民依法实行民主选举、民主决策、民主管理、民主监督。

人民群众的基本活动和基本利益，除了政治领域还体现于经济、文化和社会领域。领导和支持人民当家做主，应从政治领域扩展到其他领域，保证人民群众在各领域的民主权利。只有实现人民群众在这些领域的民主管理，民主才是全面的，人民当家做主才是彻底的。过去很长一段时间，我们主要把民主理解为一种国家形态、一种国家政治制度，没有重视把民主扩展到社会生活的各个方面。改革开放以来，我们不仅重视民主制度的完善，而且重视民主生活的充实，把社会主义民主扩展到政治生活、经济生活、文化生活、社会生活的各个方面，发展各企事业单位的民主管理，发展基层社会生活的群众自治。今天，人民民主已经深深融入中国社会主义的血脉。

我们建立了人民当家做主的政治制度，不等于实践中彻底解决了人民当家做主的问题。实际上，社会主义民主同其他类型的民主一样，都有一个从低级到高级的发展过程，而这个过程也并不是自然而然完成的，需要自觉地坚持不懈地推进，特别是实现它的体制机制或具体制度，需要一个较长的完善过程。

依法治国

中国现行宪法规定，中华人民共和国实行依法治国，建设社会主义法治国家。依法治国，就是广大人民群众在中国共产党的领导下，依照宪法和法律规定，通过各种途径和形式管理国家事务，管理经济文化事业，管理社会事务，保证国家各项工作都依法进行。把依法治国确立为基本方略，是中国共产党探索总结执政规律，改革和完善领导方式和执政方式，发展社会主义民主政治，确保人民当家做主作出的重大决策。

中国实行统一而又分层次的立法体制。2000年通过的《中华人民共和国立法法》，对立法权限、立法程序、立法监督等方面都作了明确规定，统一了立法主体的立法行为。国家立法权由全国人大及其常委会行使。涉及国家主权的事项，国家机构的产生、组织和职权，民族区域自治制度，特别行政区制度，基层群众自治制度，犯罪和刑罚，对公民政治权利的剥夺，限制人身自由的强制措施和处罚，对非国有财产的征收，民事基本制度，基本经济制度，财政、税收、海关、金融和外贸的基本制度，诉讼和仲裁制度等事项，属于全国人大及其常委会的专属立法权。全国人大制定和修改宪法，制定和修改刑事法、民事法、国家机构组织法等基本法律。全国人大常委会制定和修改除应由全国人大制定的法律以外的法律，并可对全国人大制定的法律进行部分补充和修改，但补充和修改不得同该法律的基本原则相抵触。国务院根据宪法和法律，可以制定行政法规。省、自治区、直辖市和批准的较大的市的人大及其常委会，在不同宪法、法律、法规相抵触的前提下，可以制定地方性法规；民族自治地方的人大有权依照当地的政治、经济和文化的特点，制定自治条例和单行条例。此外，国务院各部门和具有行政管理职能的直属机构，根据法律法规可以在其职权范围内制定部门规章；省、自治区、直辖市和批准的较大的市的人民政府，根据法律法规和本地地方性法规，可以制定规章。中国的立法体制从中国是统一的、多民族的、单一制的社会主义国家的国情出发，同时考虑到中国幅员辽阔、情况复杂、各地发展不平衡的实际，有利于维护国家法制统一，能够反映全体人民的共同意志和整体利益。

全国人大及其常委会的立法程序体现了立法的科学性和民主性。提请全国人大审议的法律草案，要经过代表大会会议、代表团会议、代表小组会议的反复审议。提请全国人大常委会审议的法律草案，要经过常委会全体会议、分组会议的反复审议。全国人大常委会在立法程序上一般实行"三审制"，即法律案一般经过三次常委会会议审议后再交付表决，对重大的、意见分歧较大的法律草案，审议的次数可以超过三次，如物权法草案经过七次审议后，才提请第十届全国人大五次会议审议通过。每部法律的出台，都经过反复审议、充分讨论，基本达成一致意见后，再提请全国人大或者全国人大常委会的全体会议表决。这个过程，就是通过协商以求充分表达各种利益诉求，并力求把各种利益关系调整好、平衡好的过程。经过充分协商再提请表决的程序民主，是中国人民代表大会制度的鲜明特点。

立法过程是一个集中民智、反映民意的民主过程。在提出法律草案或行政法规草案、地方性法规草案时，通过召开座谈会、论证会、听证会等多种形式，广泛听取各方面意见，增强立法的透明度和公众参与度。关系公众切身利益或者设立普遍公民义务的法律、法规草案，还要在新闻媒体上全文公布，同时健全吸纳公众意见反馈机制，积极回应社会关切。这个过程，既是扩大人民有序参与立法的过程，也是科学决策民主决策的过程，还起到了普及法律知识的作用。第十一届全国人大期间，向社会公布的法律草案有48件，共有30多万人次提出100多万条意见。个人所得税法修正案草案公布后，收到23万多条意见，在综合考虑各方面意见基础上，经过反复协商和充分审议，全国人大常委会对草案作出重要修改，将工薪所得减除费用标准提至3500元，并降低了工薪所得第一级税率。论证会、听证会、公开征求意见等做法增强了立法的科学性和民主性，使立法更好地反映了公众的根本利益和国家的整体利益。

法律规定不同层级的法律规范具有不同的效力。宪法具有最高的法律效力，一切法律、行政法规、地方性法规、自治条例和单行条例、规章都不得与宪法相抵触；法律的效力高于行政法规、地方性法规和规章；行政法规的效力高于地方性法规和规章；地方性法规的效力高于本级和下级的地方政府规章。法律还规定了法规和规章的备案审查制度：行政法规报全国人大常委会备案；地方性法规报全国人大常委会和国务院备案；部门规章和地方政府规章报国务院备案。全国人大有权改变或者撤销全国人大常务会制定的不适当的法律；全国人大常委会有权撤销同宪法和法律相抵触的行政法规，有权撤销同宪法、法律和行政法规相抵触的地方性法规等；国务院有权改变或者撤销不适当的部门规章和地方政府规章。全国人大授权香港特别行政区、澳门特别行政区依照特别行政区基本法的规定享有立法权；特别行政区的任何法律，均不得同特别行政区基本法相抵触。这些规定，保证了国家法制统一和法律规范之间的协调。

新中国成立特别是改革开放以来，中国立法经历了一个从无到有，从小到大，从注重立法数量到注重立法质量的过程。截止 2012 年，全国人大及其常委会制定了 243 件现行有效的法律，涵盖了所有的法律部门，对中国特色社会主义法律体系起支架作用的法律，有关改革、发展、稳定急需的法律，大都制定出来。与法律相配套，国务院制定了 721 件现行有效的行政法规，地方人大及其常委会制定了 9000 多件现行有效的地方性法规。一个立足中国国情、适应改革开放和现代化建设需要、集中体现全中国人民意志、以宪法为统帅的中国特色社会主义法律体系基本形成，国家和社会生活的各方面总体上实现了有法可依。这个法律体系涵盖七个法律部门，即宪法与宪法相关法、民法商法、行政法、经济法、社会法、刑法、诉讼与非诉讼程序法，包括三层法律规范，即法律，行政法规，地方性法规、自治条例和单行条例，不仅部门齐全、层次分明，而且结构协调、体例科学。中国特色社会主义法律体系，以宪法和法律的形式确立了国家发展中带有根本性、全局性、稳定性和长期性的各项制度，是中国特色社会主义制度的重要组成部分，是全面实施依法治国基本方略、建设社会主义法治国家的基础，是新中国经济社会发展实践经验制度化法律化的集中体现，是当代中国发展、繁荣和进步的制度保障。

依法行政，建设法治政府，是全面落实依法治国基本方略的重要内容，成为中国政府施政的基本准则。中国实行五级政府管理体制：国务院，省、自治区、直辖市人民政府，设区的市、自治州人民政府，县、自治县、不设区的市、市辖区人民政府，乡、民族乡、镇人民政府。国务院即中央人民政府，是全国人大的执行机关，是最高国家行政机关；地方各级政府是地方各级人大的执行机关，是地方各级国家行政机关，是国务院统一领导下的国家行政机关，都服从于国务院。多年来，中国政府采取一系列措施推进依法行政、建设法治政府。继 1999 年颁布《关于全面推进依法行政的决定》，2004 年又发布《全面推进依法行政实施纲要》，明确了建设法治政府的目标，提出了全面推进依法行政的指导思想和具体目标、基本原则和要求、主要任务和措施。2008 年国务院全体会议通过的《国务院工作规则》，要求全面履行政府职能，努力建设服务政府、责任政府、法治政府和廉洁政府。目前，各级政府的行政权力正加快纳入法治化轨道，规范政府权力取得和运行的法律制度基本形成，依法行政取得了重要进展。首先，进一步完善了各种行政法律制度，包括国家公务员制度，行政许可、行政征收、行政征用、行政处罚等行政行为制度，行政复议、行政诉讼、行政赔偿、行政监察和审计等行政监督、救济制度。其次，切实加强自身建设，推进政府职能转变，包括提高政府应对公共危机的能力，努力建设服务政府，做好政府信息公开工作，努力建设"阳光"政府，加大行政问责力度，努力建设责任政府。再次，围绕推行行政执法责任制，依法界定执法职责，科学设定执法岗位，规范执法程序，明确行政执法主体和行政执法职权，清理不合法的行政执法主体，行政执法水平不断提高。第四，加强对制定法规、规章和规范性文件等抽象行政行为的监督，同时积极探索行政复议体制改革，加强行政复议工作人员能力建设，积极解决行政争议。2012 年国务院共收到报送备案的法规规章 1393 件，其中不予备案登记的有 7 件；共收到行政复议申请 1140 件，已办结的有 707 件。

中国的司法制度是以法院审判为核心，包括侦查、检察、审判、监狱、司法行政管理、人民调解、律师、公证、国家赔偿等制度的一整套纠纷裁决机制，它关系到宪法、法律制度的实施，是国家政治生活乃至整个社会生活的重要保障。人民法院是审判机关，人民检察院是法律监督机关，二者按照有关法律规定，分别独立行使审判权和检察权，不受行政机关、社会团体和个人的干涉。审判机关包括最高法院、地方各级法院和军事法院等专门法院。地方各级法院分为基层法院、中级法院、高级法院。最高法院是最高审判机关，监督地方各级法院和专门法院的审判工作，上级法院监督下级法院的审判工作。公开审判制度、合议制度、人民陪审员制度、辩护制度、诉讼代理制度、回避制度、司法调解制度、司法救助制度、两审终审的审级制度、死刑复核制度等审判制度不断健全，民事、行政和刑事三大审判体系日趋完善，符合社会主义法治国家要求的现代司法制度基本形成，维护了司法公正和社会正义。检察机关包括最高检察院、地方各级检察院和军事检察院等专门检察院，职责是维护司法公正和法律的正确实施。最高检察院是最高检察机关，领导地方各级检察院和专门检察院的工作，上级检察院领导下级检察院的工作。中国制定了《中华人民共和国仲裁法》、《中华人民共和国律师法》、《中华人民共和国公证法》、《中华人民共和国劳动争议调解仲裁法》等法律，建立了仲裁制度、律师制度、公证制度、法律援助制度和司法考试制度等制度。近些年来，我们以维护司法公正为目标，以优化司法职权配置、加强人权保障、提高司法能力、践行司法为民为重点，积极、稳妥、务实地推进司法体制和工作机制改革，扩大司法民主，推行司法公开，保证司法公正，为中国经济发展和社会和谐稳定提供了有力的司法保障。

在全体公民中树立法治观念，提高全民守法自觉性，是实施依法治国方略的内在要求。多年来，我们坚持不懈地开展法制宣传教育，弘扬法治精神，强化公民意识，努力推动全社会形成学法守法用法的良好风尚。普及法律知识的对象是全体公民，重点是国家公务人员。普法教育的目的，对普通公民不仅是使他们知法守法，更重要的是使他们学会运用法律武器维护自己的合法权益；对国家公务人员，则是要求他们牢固树立法治观念，更加自觉地依法办事。从1985年起，全国人大常委会先后通过了五个在全民中普及法律知识的决定，并已连续实施了四个。目前，第五个"五年普法规划"正在扎实实施。当今中国，普及法律知识已成为全社会共同参与的行动，并同广泛开展的"依法治省"、"依法治市"等活动相结合，使法治建设融入各地方、各部门、各单位的日常工作和公民的生产生活，促进了全社会法治水平的提升。

三者的辩证关系

中国共产党的领导是人民当家做主和依法治国的根本保证，人民当家做主是社会主义民主政治的本质要求，依法治国是党领导人民治理国家的基本方略，它们作为一个有机整体，统一于建设中国特色社会主义民主政治的伟大实践。三者有机统一，深刻反映了中国社会主义民主政治发展的规律。因此，不能把它们分割开来或对立起来。

根据人民利益需要提出大政方针，经过法定程序把党的主张变成国家意志，集中体现了共产党的领导地位。具体来说，中共中央向全国人大常委会或国务院提出建议，由全国人大常委会或国务院依法向全国人大提出议案，或者由国务院依法向全国人大常委会提出议案，由全国人大或全国人大常委会在充分审议的基础上，通过表决，按照少数服从多数的原则来决定。这样，就把党的主张经过法定程序变成国家意志，实现了党的主张和人民意愿的统一。因此，中共中央向全国人大常委会或者国务院提出建议，成为启动制定国家大政方针的起点，是坚持和体现共产党领导地位的最重要一环。以现行宪法的四次修正来说，每次都由中共中央向全国人大常委会提出建议，并对整个修宪法过程给予指导。当代中国的大政方针，都是在共产党的领导下，立足于现实的世情和国情，从国家的整体利益和人民的根本利益出发，在充分调查研究的基础上，总结历史经验和新鲜经验，集中人民群众的智慧，依照法定程序决定的。

巩固人民当家做主的地位，要求坚持、加强和改善共产党的领导。共产党领导人民当家做主，基本形式有代表、组织和支持三种。代表人民当家做主，主要依靠共产党执政来实现，集中体现为党的政治领导。共产党由中国人民中的先进分子组成，以与时俱进的先进理论为指导，始终注重加强自身先进性建设，因而能够根据对人类社会发展规律、社会主义建设规律以及共产党执政规律的认识，提出反映人民群众根本利益和长远利益要求的路线方针政策，并领导国家机关贯彻实施。组织人民当家做主，主要表现在对人民的参与行为进行组织、控制、规范和引导，保证民主有步骤、有秩序地发展。支持人民当家做主，主要体现于在共产党领导下完善基层民主制度，支持和保障人民群众切实享有基层社会生活自治的权利。加强和改善共产党领导，逐步由代表的形式向组织和支持的形式转变，有利于巩固人民当家做主的地位。

依法治国，是发展社会主义民主政治、确保人民当家做主的根本保障。在共产党执政的中国，人民群众是国家的主人，立法、执法、司法、守法和护法，都是人民意志的体现，都是为了实现好、维护好、发展好人民的利益。依法治国，实质是依人民的意志治国，是人民治国，是民主治国。因此，法治与民主密不可分。民主是法治的内容和基础，法治是民主的体现和保障，二者共同构成现代政治文明的基础。法治包含法制，但不等于法制。法制针对的是少法、无法的问题，法治针对的是人治、权大于法的问题。法治意味着健全的法制和严格依法办事，实质意义在于宪法和法律成为公共生活的最高权威。任何个人和组织，都必须在宪法和法律的范围内活动，必须服从法律的权威，在法律面前一律平等。这样一种法治，以民主为基础才具有至高无上的权威。因此，法治的真谛在于民主。只有充分发展社会主义民主，才能真正实现社会主义法治。民主的根本意义，是主权在民，或人民当家做主。宪法和法律对人民民主权利的保障，是民主政治的前提。只有将人民民主权利以及国家在政治、经济、文化和社会等方面的民主生活、民主形式和民主程序，用系统的法律固定下来，才能形成制度并确保其实施。所以，为了保障人民民主，必须加强社会主义法治，做到有法可依，有法必依，执法必严，违法必究。离开法治，就谈不上民主，要么可能剥夺公民的民主权利，要么可能因公民政治参与而破坏社会稳定，要么可能因秩序失控而中断民主进程。

依法治国要求坚持共产党的领导，也有利于加强党的领导。首先，共产党的执政地位决定了她对依法治国的领导。依法治国是一个复杂的系统，只有坚持党的领导，发挥好她总揽全局、协调各方的领导核心作用，才能做好各个方面、各个环节的工作，保证党的主张与人民意志相统一，成为具有普遍约束力的法律，奠定依法治国的法律基础。在当代中国，能否真正实现依法治国，关键在共产党。其次，依法治国有利于加强党的领导。在依法治国中坚持党的领导，就是要使体现人民意志的共产党主张通过法定程序成为国家法律，使党组织推荐的人选通过法定程序成为国家政权机关的领导人员，从法律上制度上保证共产党路线方针政策贯彻落实。实施依法治国方略，促进党的领导的规范化和程序化，规范和改善党对人民当家做主的领导，不仅改善了党的领导方式，而且维护了党的领导权威，从而有利于更好地实现党的领导。再次，党依法执政能够推动依法治国。实施依法治国方略，要求共产党坚持依法执政。党坚持依法执政，在法律范围内活动，带头守法，对保证有法必依、执法必严、违法必究，维护法律尊严，促进法律实施，推进依法治国，具有决定性意义。把依法执政作为基本要求，是共产党提高执政能力的新举措，是共产党领导方式和执政方式的新发展，也是依法治国发展的新阶段。

总之，实现共产党领导、人民当家做主和依法治国的有机统一，反映了三者相互关系的客观要求，是当代中国政治改革发展的理想目标。按照这一目标发展的中国特色社会主义民主政治，有利于巩固人民当家做主的地位，有利于加强和改善党的领导，有利于依法治国方略的实施，从而有利于巩固和发展民主团结、生动活泼、安定和谐的政治局面，为社会主义现代化建设提供强大动力。

既借鉴人类政治文明成果又有自己的创新

在长期革命、建设和改革的进程中，我们把制度设计建立在对中国国情的深刻认识上，建立在对政党规律特别是共产党执政规律、对人类社会发展规律特别是社会主义建设规律的深刻把握上，在借鉴人类政治文明成果的同时进行制度创新，形成了具有鲜明特点的中国社会主义政治制度。中国特色社会主义政治制度具有自己的特点和优势，但没有脱离人类政治文明发展的一般规律。

对人类政治文明成果的借鉴

人类政治文明发展成果，是人类改造社会的政治成果的总和，是人类政治智慧的结晶，是人类政治活动的进步状况和发展程度的标志。如同人类社会发展一样，政治文明发展也经历了漫长过程。进入近代以来，人类政治文明在资本主义条件下获得了较快发展。资本主义民主政治是与资本主义经济基础相适应并为之服务的上层建筑，体现着资产阶级的根本意志和政治统治，也在一定程度上反映了人类社会政治生活的一般要求。人类政治文明中的思想成果为中国特色社会主义政治制度提供了思想材料。

共和制理论。共和制即民主共和制，是古希腊对人类政治文明做出的独特贡献。在古希腊，不仅思想家柏拉图在《理想国》一书中提出了"共和国"一词，而且创造了雅典城邦的民主共和制。后来的思想家亚里士多德在《政治学》一书中，根据对雅典纷乱繁杂的不同政体的城邦的周密观察和研究，提出了国家政体三大类型的理论：凡政权归一人掌握者为君主政体，凡政权为少数人掌握者为贵族政体，凡政权为群众掌握者为共和政体。人民共和国是国家的最高形式，是阶级、国家产生以来，人类探索国家形式的智慧结晶。法国 18 世纪启蒙运动的卓越思想家孟德斯鸠指出："当共和政体的最高权力为全体人民掌握的时候，这便是民主政治。""民主"意即主权在民，国家大事由公民做主，以法制、法治为保证和准则，体现于公决制、选举制、代议制、表决制等制度。较之"民主"，"共和"更高一筹。民主是人民做主，人民之中主张不一致时，必须少数服从多数，否则难以做出任何决定。"共和"进而强调多数尊重少数，善于听取少数意见，接受少数监督，防止多数专横，并强调平衡、和谐，消除多数与少数的对立与分裂。民主共和这种政体，能够按照多数人意见又照顾少数人处理好公共事务。在中世纪的欧洲各国，大部分国家都是君主政体，只是个别城邦在较短的时期内实行过共和政体。在资本主义社会，与社会化大生产和商品经济大发展相适应，共和政体成为资产阶级统治的普遍形式，同时由于资产阶级向封建贵族阶级妥协，少数国家实行了君主立宪政体。资产阶级学者提出的天赋人权、契约代理以及民主、自由、平等、博爱等政治理念，大大丰富了"共和国"的理论内涵。马克思主义者对资产阶级的政治理论与实践，从来采取历史的公正的评价，既深刻揭露其剥削阶级的本质，又充分肯定其理论原则和政治形式的进步意义。马克思在总结 1848 年法国大革命的经验时指出："资产阶级共和国在这里是表示一个阶级对其他阶级实行无限制的专制统治。"列宁曾经指出："资本主义和封建主义相比，是在'自由'、'平等'、'民主'、'文明'的道路上向前迈进了具有世界意义的一步"；"资产阶级共和制、议会和普选制，所有这一切，从全世界社会发展来看，是一大进步"。马克思、恩格斯在探索无产阶级革命胜利后的国家政权形式时认为，民主共和国是国家政权的最高形式，是无产阶级革命胜利后的必然选择。恩格斯指出："对无产阶级来说，共和国和君主国不同的地方仅仅在于，共和国是无产阶级将来进行统治的现成的政治形式"；"国家最高形式，人民共和国，是我们社会条件下日益成为一种不可避免的必然性"。人民共和国，即人民群众当家做主、由公民大众实行共同管理的国家政权组织形式。只有人民共和国，才是真正的民主共和国。立足中国国情并借鉴人类共和制思想，新中国有了"中华人民共和国"这一名称。

人民主权理论。这一理论的核心内容，就是人民是最高的主权者，人民是一切权力的来源，一切权力都属于人民，国家权力是全体人民授予的，人民可以对国家权力进行监督。人民主权理论可以追溯到资产阶级革命启蒙时期提出的主权在民思想。这一思想认为，人们通过订立契约形成国家，因而国家的主权属于大家。法国思想家卢梭认为，主权就是公意的运用，属于参加社会契约的全体人民，人民作为整体就是主权者。主权在民，意味着公民参与国家治理的机会是平等的，而不是少数人的特权。然而，现实政治生活中，绝大多数公民难以直接行使这种权利，真正居于统治地位、管理国家事务的人是少数。这样，公民的权利实际上是挑选和罢黜代表他们行使主权的官员，即官员执政是基于公民的同意和委托，并受公民的制约和监督。卢梭指出："创制政府的行为绝不是一项契约，而只是一项法律；行政权力的受任者绝不是人民的主人，而只是人民的官吏；只要人民愿意就可以委任他们，也可以撤换他们。对于这些官吏来说，绝不是什么订约的问题，而只是服从的问题；而且在承担国家所赋予他们的职务时，他们只不过是在履行自己的公民义务，而并没有以任何方式来争论条件的权利。"全体公民通过选举，把自己的权利授予代表来行使，在必要时可以更替或罢免不称职的代表，这就是主权在民这一原则的实践体现。马克思继承了卢梭的人民主权思想，在《黑格尔法哲学批判》等著作中作了阐述。1871 年巴黎公社的实践将马克思的人民主权思想具体化。巴黎公社有四个基本特点：公社由普选的代表组成，这些代表对选民负责，随时可以被撤换；公社是兼管行政与立法的工作机关，一切社会生活的创议权都留归公社；废除资产阶级的常备军，用武装的人民代替它；废除旧的警察、法官和行政部门的官吏，把所有的公职人员变成人民的公仆。马克思认为，这些措施有效地保证了巴黎公社最高权力属于工人阶级和全体劳动人民，并由人民当家做主。1891 年恩格斯提出了"一切政治权力集中于人民代议机关之手"的主张，发展了马克思"一切社会生活的创议权都留归公社"的思想。相对于卢梭主张通过人民定期的集会决定政府的去留而言，马克思、恩格斯更强调代议机关行使一切权力，人民产生和监督代议机关成员。巴黎公社经验经马克思、恩格斯总结后，成为社会主义国家政权建设的普遍原则。"一切政治权力集中于人民代议机关之手"，为列宁的"一切权力归苏维埃"的思想提供了理论基础，也成为中国人民代表大会制度的理论渊源。

代议制（代表制）理论。扼要说来，代议制就是一种由选民选出的代表行使权力的间接民主制。列宁指出，如果没有代议机构，就很难想象什么是民主，即使是无产阶级民主。在代议制下，一个不能回避的基础性问题，是代表与选民的关系。代表意味着一种中介关系，即某个人或某个集团为一个更大的群体行事或代言。代表制度是代议制的核心，离开了它就没有代议制度。在代议制演进的过程中，思想家们提出了不同的代表学说，各国也建立了不同的代表与选民关系的法律制度。第一，阶级代表说。在马克思看来，社会由几个经济阶级组成，阶级间的冲突是社会的根本冲突，作为上层建筑的政治制度是由经济结构和经济关系决定的。在资本主义社会中，基本的冲突发生在资产阶级和工人阶级之间，国家只是管理资产阶级事务的委员会，维护资本主义制度是国家的首要任务。在这种社会中，代议机构可担当沟通的角色，在环境较为有利时，可以带来工人生活条件的改善，但不能改变工人阶级的基本命运。因此，资本主义社会的代议机构掩盖了阶级斗争的实质。社会主义国家不是要取消代议制，而是建立新型的代议制度。马克思在总结巴黎公社经验时指出："公社必须由各区全民投票选出的城市代表组成……其中大多数自然会是工人，或者是公认的工人阶级的代表。"这里，马克思首次阐述了新型代议制度中的代表学说，说明了代表的阶级性。列宁也从政权的归属中阐明了俄国代议机构代表的阶级本质："政权应当完全地、绝对地属于劳动群众和他们的全权代表机关——工农兵代表苏维埃。"第二，党派代表说。该说认为，在那些政党纪律很严的国家，议员代表的是政党的意志与利益，而不是其他个人或阶级的意志与利益。当选民的意见、议员本身对公共利益的判断与政党的观点相冲突时，政党领袖就会强迫议员按政党的观点去投票。这种情况下，议员有义务支持自己所属的政党，因为他们当选为议员以这个政党的纲领和党内候选人提名为基础。这样，有关选举从候选人之间的选择变成了行动纲领之间的选择。第三，地域代表说。该说主张按选民居住地区划分选区，并根据区域的人口比例选举代表。在地域代表说中，选民登记、代表名额分配、提名和确定代表候选人、投票选举等工作均以选区为单位进行。因此，实践中选区划分是否科学合理，对于选举进程乃至选举结果非常重要。在代议制民主中，选区划分一直是选举制度的重中之重，考虑的主要因素是平等和便利。第四，职业代表说。该说主张以职业团体为选举单位，按职业系统选举代议机构的代表。它主要基于对地域代表制的批判而产生，认为地域代表制难以代表不同职业的利益，并导致立法机构缺少专门的职业家担当立法工作，而职业代表制能够吸收各种具有专门知识和丰富经验的人才，从而提高代议机构的工作效率。思想家们的学说主张，特别是马克思主义经典作家的思想，为社会主义国家构建新型的代表与选民的关系提供了参照。中国的人民代表大会是社会结构的一个缩影，由各地区、职业、阶级、阶层和政党的代表组成，能够最大限度地反映社会各个方面的诉求和利益。

权力制衡理论。人类社会演进史表明，权力无论是作为政治上的强制力量，还是作为职权上的支配力量，都是一柄"双刃剑"：如果运用得当，它可以为人类社会进步带来巨大利益；如果运用不当、对权力的制约和监督缺失，则会给社会民众造成深重灾难。基于对历史经验教训的认识，人类很早就提出了分权思想。追溯源头的话，可至古希腊的亚里士多德。生活于英国资产阶级革命时期的洛克，总结革命经验并吸取前人思想，最早系统地阐述了这一思想。后来法国的孟德斯鸠进一步把国家权力划分为立法权、行政权和司法权，认为三种权力不能由同一机关行使，否则就会造成滥用权力、侵害公民自由的后果。他说："如果司法权不同立法权和行政权分立，自由也就不存在了。如果司法权同立法权合而为一，则将对公民的生命和自由施行专断的权力，因为法官就是立法者。如果司法权同行政权合而为一，法官便将握有压迫者的力量"；"当这三种权力即法律制定权、公共决议执行权、私人犯罪或纠纷裁判权，为同一个人或者同一个机关所掌握和行使时，那么一切都将走向灭亡"。根据这一理论，资产阶级把国家权力分为立法、行政和司法，并由三种国家机关分别行使。三权之间，既相互独立，各有自己的职权范围，又相互制约，各有自己的牵制力量。这种基于防止专制、保障自由的考虑而提出的分权制衡设计，成为资产阶级反对封建专制的思想旗帜，也成为后来资本主义国家政治制度的宪政原则，虽然实践中在一定程度上达到了制衡权力的目的，但很难实现协调内部矛盾、提高政府效率的目标。理论和实践表明，权力制衡可以有不同的制度设计，三权分立不过是其中一种而已。权力制衡思想作为国家权力运行一般要求的反映，虽然在一些西方国家通过三权分立制度得到了实践，但不能否认它作为人类政治文明成果的性质。对于当代中国的民主政治建设来说，权利制衡思想具有启发作用，为推进政治体制改革提供了思想材料。

人类政治文明成果对当代中国的影响，集中体现于19世纪德国伟大的思想家马克思、恩格斯所创立的马克思主义。这个意义上的马克思主义，是人类思想成果发展至当时的集大成，成为中国共产党的理论基础，指导了中国社会主义政治制度的创立、改革和发展。应当看到，体现人类政治文明成果的许多原则，背后是西方国家的长期实践，因而带有浓厚的西方色彩。然而，并非带有西方色彩的东西就一定非他人莫属。事实上，人类社会积累的许多宝贵财富是人类的共同财产，但往往谁先发明便会更多地带有谁的色彩。科学的态度，是去除这些色彩，看到其中的本质，而不能简单地拒之门外。即使是资本主义民主，也包含人类政治文明的成果。社会主义与资本主义虽是两种不同的社会制度，但都主张反对封建专制，都是现代社会的组织形式。民主作为一种与封建专制相对立的政治制度，具有一些社会主义和资本主义共同的要素。虽然西方民主制度不具有普世性，但经济文化落后的国家一般没有经历资本主义发达阶段，类似于在经济上应当学习资本主义某些合理的经验一样，在政治上也应当学习资本主义民主中某些属于全人类文明的共同成果。中国共产党对于人类文明成果的态度，用毛泽东的话来表述，就是："一切民族、一切国家的长处都要学，政治、经济、科学、技术、文学、艺术的一切真正好的东西都要学"；用邓小平的语言来表述，就是："大胆吸收和借鉴人类社会创造的一切文明成果，吸收和借鉴当今世界各国包括资本主义发达国家的一切反映现代社会化生产规律的先进经营方式、管理方法"。这样的宽阔胸襟和开放态度，使中国的政治改革发展没有脱离人类政治文明发展的一般道路。

对人类政治文明成果的创新

在创立和完善中国社会主义政治制度的过程中，我们在积极借鉴人类政治文明成果的同时，立足于中国历史的和现实的国情，从中国最广大人民的根本利益出发，以与时俱进的精神不断推动制度创新。制度创新包含两层意思，一是创造前所未有的新制度，为未来指引方向；二是使原有的制度不断更新，始终保持活力。中国的制度创新，赋予了整个中国政治体系突出的特殊性，成就了中国特色社会主义政治制度的特色。

人民民主专政是中国特色的无产阶级专政，确切地表达了新中国国家政权的性质和内容。在人民内部实行民主，对人民的敌人实行专政，把这两个方面结合起来，就是无产阶级专政或者叫人民民主专政。工人阶级的领导和广泛的人民民主，是人民民主专政的两大基本规定性。它具有广泛的政治联盟，不仅包括无产阶级同其他劳动人民的联盟，而且在一定时期还包括在工农联盟基础上的劳动人民同民族资产阶级的联盟。这两种联盟的存在，充分表明人民民主专政的阶级基础具有广泛性，是绝大多数人的政治统治。随着社会主义改造的完成，民族资产阶级中的大多数人已转变为自食其力的劳动者，享有宪法规定的人民享有的各种权利，他们的代表也作为人民的一员参加国家管理。1978年中国进入社会主义改革开放和现代化建设的新时期，随着全国工作中心的转移，随着国内阶级状况的根本变化和国际形势的发展，人民民主专政的政治联盟也发生了重大变化。第一个联盟，比过去有了很大的发展，在确立了社会主义制度的祖国大陆上，已经成为社会主义的工人、农民和知识分子的强大联盟。这是全体社会主义劳动者的联盟，是建立在社会主义一致基础上的联盟，是整个联盟的主体和基础，也是人民民主专政的依靠力量。第二个联盟是比第一个联盟更加广泛的联盟，不仅包括拥护社会主义的爱国者，而且包括拥护祖国统一的爱国者，这就包括了广大的台湾同胞、港澳同胞和海外侨胞中的一切爱国人士以及全中华民族一切热爱祖国的人。广泛的政治联盟的出发点，是团结一切可以团结的力量，调动一切积极因素，动员千千万万人民群众，组织起浩浩荡荡的大军，同心同德，群策群力地为建设社会主义现代化强国、实现祖国和平统一而奋斗。"人民民主专政"这一概念，直接标明了人民民主专政的两个方面职能，并强调人民的主体地位，从而易于人们理解这个国家政权的性质与任务，避免"无产阶级专政"这一名称容易给一些人带来的认识上的片面性，防止对无产阶级专政的歪曲和滥用，有利于激发广大人民群众的主人翁责任感，有利于社会主义民主乃至整个社会主义事业的发展。人民民主专政虽然具有自己的特点，但在领导力量、阶级基础、基本内容和历史任务等方面，仍然相同于无产阶级专政。因而，它在实质上仍然是无产阶级专政。

中国国家机构的设置贯彻民主集中制原则，不同于西方国家实行的"三权分立"原则。中国的国家机构，包括作为国家权力机关的人民代表大会，作为国家元首的国家主席，作为行政机关的国务院和各级地方政府，作为司法机关的人民法院和人民检察院，作为全国武装力量最高军事统率机关的中央军事委员会。为使各个国家机关之间既相互分工和制约、又相互配合和协调，我们把民主集中制作为国家机构的组织原则。因为，民主集中制可以把民主基础上的集中和集中指导下的民主有机地结合起来。最突出的表现，是人民代表大会作为国家权力机关统一行使国家权力。国家最高权力机关是全国人大，其他国家机构都由它产生，并对它负责、受它监督。人大由选举产生的人民代表组成，代表全体公民行使宪法赋予的权力，向全体公民负责，并接受全体公民监督。人大的权力包括立法权、任免权、监督权、重大事项决定权及其他重要权力。这样，可以确保人民群众通过自己的代表来立法，决定各种重大事情，选举国家机构领导人，并对他们进行监督。人大统一行使国家权力，但不行使行政权、审判权、检察权，与"一府两院"（人民政府、法院和检察院）不是相互掣肘的关系，更不是唱对台戏的关系；它们都是共产党领导下的国家机关，虽然职责分工不同，但工作的出发点和目标是一致的，都服务于中国特色社会主义建设事业，都是为了实现、维护和发展人民群众利益。人大在具体工作中，注意加强与"一府两院"的沟通协调，共同研究解决立法中存在的矛盾和问题；就执法检查、专题调研、预算决算审查等活动中发现的问题与有关方面交换意见，将常委会的审议意见送"一府两院"研究处理，并要求其依法向常委会报告研究处理结果；针对法规备案审查中发现的同宪法和法律相抵触的问题，及时与制定机关加强沟通、提出意见，督促修改或废止。人大依法加强监督，有利于促进"一府两院"改进工作，推动国家各项工作法治化；"一府两院"自觉接受人大监督，有利于依法行政、公正司法，保证人民赋予的权力用来为人民谋利益。这一点，不同于西方国家实行的"三权分立"。西方国家实行的"三权分立"，以财产私有制为经济基础，以两党制、多党制为制度支柱，是本国的文化传统和现实国情的产物。如果照搬过来，必然降低人民代表大会的地位，从而改变人民权力高于一切的现实。

在中国的社会主义政权建设中，人民主权已成为基本原则。中国现行宪法规定：中华人民共和国的一切权力属于人民，人民行使国家权力的机关是全国人民代表大会和地方各级人民代表大会。人民至上，这是人民共和国的根本意义。人民性由人民民主专政的国家性质决定，贯穿于人大制度的各个方面：各级人大的组成人员都由广泛而平等的定期选举产生，人民有权监督、罢免代表；人大统一行使国家权力，权力来源于人民的委托；掌握全部国家权力的人大并不亲自行使所有权力，而是把行政权、司法权分别委托给由它产生的"一府两院"，并有权进行监督；国家机关及其工作人员接受人民的监督，人民有权提出批评、建议和意见，有权检举和控告他们的违法失职行为。可见，中国的国家权力是按照"人民——人民代表大会——'一府两院'"的逻辑展开的，人民是国家主权的最终来源，人大是人民行使国家权力的全权机构，"一府两院"根据人大委托行使部分职权，权力运行遵循人民的意志，人民有权纠正权力行使过程中的偏差。人民代表大会制度作为实现人民主权的制度设置，是体现权力归属的根本性制度，既克服了卢梭主张人民定期集会的缺陷，又避免了西方那样"三权分立"的弊端，也超越了马克思的"议行合一"的最初设想。所谓"议行合一"，指代议机关与行政机关合而为一，掌握并直接行使全部国家权力的制度。1871年法国的巴黎公社成立后，公社委员会不仅决定一切重大问题，而且亲自执行一切法令和命令。马克思认为，公社委员会以"议行合一"为政权建构原则，是一个"同时兼管立法和行政的工作机关"。

中国人民代表大会制度，本质上是一种代议制度，但与当今西方国家实行的议会制有重要区别。第一，这一制度实行人民代表大会"一院制"，而不是两院制。所谓"两院制"，就是把议会分为上院和下院，两院代表不同的利益，依据宪法和法律行使不完全相同的职权并相互制约的一种议会制度。近代资本主义国家创立两院制议会以来，不断受到批评。法国大革命时期著名政治哲学家西哀士认为，在两院制议会下，如果两院的意见是一致的，那么其中一院就是多余的；如果两院的意见是相左的，那么两院制就是罪恶的渊源。一个国家实行一院制还是两院制，是由这个国家的历史文化传统、基本国情、政治制度、国家结构形式等多种因素决定的，属于各个主权国家自己的内政。中国根据自己的国情实行一院制，而不是两院制，由人民代表大会统一行使国家权力。第二，人民代表大会不是一般的代议机构，而是拥有多种实质性权力的国家权力机关。在西方的政治体制下，议会一般有较长的会期，议员可以连续发言很长时间，经常是议而不决，效率十分低下。马克思、恩格斯对此持批评态度，认为资本主义议会是"清谈馆"。人民代表大会在国家机构体系中处于最高地位，不仅在议事方面体现了高效率，而且拥有立法权、任免权、监督权和重大事项决定权等多项权力。第三，人民代表大会中没有议会党团，也不以界别开展活动。无论是代表大会的代表，还是常委会组成人员、专委会组成人员，都不按党派分配席位；无论是共产党员，还是民主党派成员或者无党派人士，肩负的都是人民的重托，都是为人民依法履行职责。而西方国家议会的议席往往是各个政党、各个利益集团、各种社会势力政治分赃的结果，由此在议会内部分为不同议会党团，每个党团的背后都站着供养它的利益集团，免不了议员们为了各自党派的私利而勾心斗角、尔虞我诈。第四，人民代表大会的代表不同于西方国家议会的议员。人大代表由人民选举产生，代表人民行使国家权力，全国人大代表来自各地区、各民族、各方面，人口再少的民族也至少有一名代表，具有广泛的代表性。而西方国家的议员则是某党某派的代表，而且有时集中于少数党派，议员的分布范围狭小。我们的人大代表来自人民、生活在人民中间、同人民群众有着密切联系，人民性是人民代表的内在属性。西方国家的议员多是官僚，竞选时向选民点头哈腰、好话说尽，而胜选后则官气十足、忘掉承诺。我们的人大代表，有各自的工作岗位，对国家宪法法律及大政方针的贯彻实施情况体会最深刻，对现实生活中的实际问题了解最清楚，集中起来就可以比较准确地反映社情民意。而西方国家议会的议员则是脱离生产工作第一线的职业议员，是一个拥有自身特殊利益的共同体。我们的人大代表作为人大的组成人员，个人不能代表国家权力机关直接去处理问题，主要通过会议依法集体行使职权，各级人大常委会是人大的常设机构，也是通过会议依法集体行使职权。第五，中国政党与人大的关系不同于西方政党与议会的关系。中国共产党是中国工人阶级、中国人民、中华民族的先锋队，是中国特色社会主义事业的领导核心。在中国，共产党是唯一的执政党，其他政党是参政党，不存在多党轮流执政的政治基础和社会基础，人民的根本利益和国家的长治久安也不容许实行多党轮流执政。作为执政党，中国共产党具有对国家、对社会的领导权，这种领导权形成了人民代表大会制度的政治核心，不同于西方国家执政党仅仅对应于议会或政府的政治地位。中国共产党坚持立党为公、执政为民，不像西方政党那样为了获得议席或迫于选票压力而奉行机会主义的政治纲领。中国共产党尊重、支持、督促人大依法行使国家权力、履行国家职能，同时对人大工作人员特别是其中的党员领导干部实施监督，以实际行动落实权为民所用、情为民所系、利为民所谋的承诺。

政党作为人类政治文明发展到一定阶段的产物，是代表一定阶级、阶层或集团的利益，旨在执掌或参与国家政权以实现其政纲的政治组织。在当代资本主义国家，政党宛如一个枢纽，联接着政治制度的多个部分，渗透于政治生活的各个领域，因而形成了政党政治。政党政治具有双重功能：通过聚集党的参加者或支持者以争取选民，从而影响国家政治生活；通过为各级政府提供候选人，使党的精英人物进入国家权力系统。当代资本主义的政党制度，通常是多党制，一党制只是例外。多党制有三种主要形态：一党独大并长期执政，如日本自民党；两党双大并轮流执政，如美国民主党、共和党；多党都不大而联合执政，如意大利民主党、自由人民党等政党。中国的政党制度虽然受政党一般规律的影响，但既不同于西方国家的多党制，也有别于其他国家的一党制，而是中国共产党领导的多党合作制。这一政党制度的显著特征是：共产党领导、多党派合作，共产党执政、多党派参政。各民主党派不是反对党或在野党，而是与共产党团结合作的参政党。参政党，就是参加国家政权，参与国家领导人选的协商，参与国家法律法规、大政方针的制定和执行，参与国家事务的管理。这一政党制度能够以协商、合作代替竞争、冲突，在中国特色社会主义的共同目标下，有效地把共产党领导和多党派合作结合起来，实现集中统一领导与广泛政治参与的统一，实现国家稳定与社会进步的统一，实现充满活力与富有效率的统一，有着巨大的优越性和强大的生命力。国际媒体评论，较之西方国家的政党制度，中国的政党制度是更高、更切实、更广泛的民主政治制度，因而是一个历史性进步。美国学者弗朗西斯·福山认为，自从 1949 年共产党建立中华人民共和国以来，有过错误也有过相应的路线修正，中国从一个支离破碎的国家成为我们今天所看到的中国，事实证明一党制拥有适应变化和自我修正的能力；在美国，选举可能选出了新总统和国会多数党，但他们似乎没有为应对美国的长期挑战做很多的事，在欧盟国家，没有任何选举能够提供最低限度的修正方案，以解决其面临的最大麻烦，在日本，首相一年一换，选举和党派更替未能将该国带出 20 年的停滞期。他说，2012 年这个全球政治更替的年份可能会告诉我们一些简单的事实：选举轮换制不一定产生灵活性或合法性，一党统治也许并不意味着僵化或缺少民众支持。应当指出，当代中国的政党制度，不是一党统治或一党制，准确地讲是多党合作制，是一种特殊的多党制。2013 年 3 月在全国政协举行的记者会上，有境外记者提出"民主党派是否希望有朝一日能参与多党竞选"这样的问题，中国国民党革命委员会主席万鄂湘回答，民主党派按照中国当前的政党制度跟执政党经过了几十年的合作，已经尝到了这种政党制度的甜头。"中国有一句老话，鞋子舒不舒服只有脚知道。"他说，世界上没有哪一种制度是最好的，关键是最适合这个国家目前的发展阶段。中国现行的政党制度，是经过很多失败、很多经验教训后确定的。民国初年中国政党最多时有三百多个，结果是政党恶斗、军阀混战，国家四分五裂。事情的内在逻辑正如许多人说得那样，如果还按那种政党制度发展的话，中国不可能取得今天这么辉煌的成就。

以扩大公民有序政治参与、增强决策的民主性科学性为价值取向的中国协商民主制度也有自己的创新。协商民主的核心要素，是主体以理性为基础的对话、讨论、辩论和审议。具体而言，参与协商的主体平等而自由，或者以各种理由说服持不同偏好的他人，或者经别人说服而转换自身的偏好，从而最终达成共识，赋予立法和决策以合法性。如果把协商民主理解为政府与公民之间的沟通，那么协商民主也是一种国家治理方式。在有记载的人类思想史上，从古希腊的亚里士多德开始，政治学家就重视对话和讨论的重要性，认为民主的过程就是决策者不断听取民众意见并使之转化为公共政策的过程。尽管如此，在学术上首次正式使用"协商民主"这一概念，却见于1980年约瑟夫·贝赛特发表的《协商民主：共和政府的多数原则》一文。之后，协商民主才在西方引起了比较广泛的关注。西方的协商民主理论，带有反思批判选举民主缺陷的情绪，并在很大程度上脱节于实践。中国协商民主经历了半个多世纪的实践，改革开放以来更是得到了长足发展。我们的协商民主，以协调不同社会群体的利益为目的，以维护人民当家做主的权利为归宿，坚持协商主体平等参与和自由对话，追求人民共同利益和社会公共利益，蕴含着理性的合作、妥协和公共精神。今天，人民内部各个方面在重大决策之前进行充分协商，尽可能就共同性问题取得一致意见，与人民通过选举、投票行使权利一起，已成为中国社会主义民主的两种重要形式。实践中，协商民主体现于国家政治和社会生活的各个方面，创造了丰富的、多层次的制度与实践，例如政协制度、听证会、座谈会、民主恳谈、公民评议会、村民（居民）代表会等等，综合发挥了协商民主的利益表达功能、决策咨询功能、团结合作功能、民主监督功能、社会疏导功能。英国皇家国际问题研究所高级研究员萨默斯认为，中国民主的特点是民众通过不同形式参与决策过程，民众参与决策就是政府倾听人民想法；通过协商形式进行政策制定或决策，与欧洲国家所理解的民主有所不同。

民族区域自治是中国人民从本国历史和现实国情出发选择的国家结构形式。国家结构形式，是指国家的整体和部分之间、中央机关与地方机关之间的相互关系。近代以来的人类探索，形成了联邦制和单一制这样两类国家。联邦制国家，由若干地位平等的州、邦或共和国等实体成员组成，通过宪法分权把中央统治与地方自治结合起来。联邦制的突出特征，是权力至少在两级政府中分配。具体而言，有统一的联邦立法、行政、司法机关，各成员也有自己的立法、行政、司法机关；有统一的联邦宪法及法律，各成员也有自己的宪法和法律；联邦宪法明确规定联邦政府和成员政府的权力，它们依法行使职权，互相之间不得干涉，最高法院或宪法法院就联邦与成员之间发生的宪法权力争议进行裁决。单一制国家，全国有统一的宪法、立法机关和中央政府，地方政府的权力由中央政府授予，整个政府系统实行层级控制。单一制结构类似金字塔，中央政权位于塔顶，地方政权则是不同层次的塔基。在对外关系上，整个国家是国际法主体，地方行政单位不具有国家权力。一个国家采用何种国家结构形式，决定因素是这个国家的国情。新中国成立前夕，我们曾就实行联邦制还是单一制进行了认真研究，最后决定不实行苏联和美国那样的联邦制，而是实行单一制下的少数民族区域自治制度。中国实行的民族区域自治制度，没有简单套用单一制的规定，而是在借鉴有关做法的同时进行了创新，赋予民族区域自治地方更广泛的自治权。根据宪法和民族区域自治法的规定，民族自治地方的自治机关，在行使同级地方国家机关职权的同时还享有广泛的自治权，包括自主管理本民族、本地区的内部事务的权力，制定自治条例和单行条例的权力，使用和发展本民族语言文字的权力，尊重和保护少数民族宗教信仰自由的权力，保持或者改革本民族风俗习惯的权力，自主安排、管理和发展本地方经济建设事业的权力，自主管理地方财政的权力，自主发展教育、科技、文化、卫生、体育等社会事业的权力。当代中国，民族区域自治制度已经成为一项基本政治制度。

基层群众自治制度是当代中国最直接最广泛的民主实践，是发展中国特色社会主义民主政治的重要基础。这一制度的典型特征，是广大群众通过居民委员会和村民委员会实行民主自治。在自治的内容上，涉及群众生活的方方面面，人民群众能够表达自己的利益诉求，能够获得实实在在的利益，能够保护自己的权利不受侵犯。在自治的方式上，人民群众在自己生活的社区内，通过选举、决策、管理和监督，直接参与基层公共事务和公益事业的管理，体现了民主参与的直接性和实效性。通过基层自治制度，实现群众自我管理、自我教育、自我服务，有利于调动他们参与的积极性，增强民主的广泛性和真实性，培养具有公民意识的现代公民，有利于广大城乡从本地实际出发开展活动，用民主的方式化解社会矛盾，融洽人际关系，建设幸福家园，创造美好生活。中国的基层群众自治制度，适应了城乡经济社会发展的要求，是基层社会组织与治理方式的重大创新，也以"蝴蝶效应"影响着其它领域民主的发展。

本节讲到这里可以作个概括了：在中国共产党领导下，我们立足于当代中国的国情，积极借鉴人类政治文明发展成果，不断推进实践基础上的理论创新和制度创新，从而创立并完善了中国特色社会主义政治制度。关于中国的制度创新及其作用，许多学者有独到的见解。中国学者郑杭生认为，"中国经验"的实质内容是新型社会主义的不断成长壮大，这种新型社会主义的"新"主要表现在两个方面：第一，它是一种利用资本主义一切可以利用的东西、逐步取得对于资本主义的相对优势的社会主义；第二，它又是在自己的实践中不断探索社会正义、不断追求社会和谐、不断进行制度创新。中国三十多年来的改革开放和思想解放，在很大程度上是一个制度创新的持续过程。中国学者李君如在一篇名为《"中国号"列车的制度"特色"》的文章中谈了他的认识。今天所有的现代化交通工具，不论是汽车、火车、轮船，还是飞机，都有四个基本的部件或功能：动力，方向盘，刹车以及使这些功能之间联动的信息传递功能。一个国家要实现经济社会的现代化，同样要有这四个基本功能。"中国号"列车，同"英国号"、"法国号"、"德国号"以及其他"国号"列车相比，都有这四个基本功能，这是共同点。但是，相比较而言，"中国号"列车这几年跑得比较快、比较稳，原因在于它在这四大基本功能上有自己的"特色"。"动力"方面，中国坚持改革创新，不拘泥于一成不变的经验或模式。"方向盘"方面，中国有自己明确的前进方向，并有驾驭方向盘的好司机。"刹车"方面，中国的市场经济是国家宏观调控的市场经济，而不是那种自由放任的市场经济。"这些功能之间联动的信息传递功能"方面，中国建立了现代性的多元复合的信息传递系统，包括党的系统的信息传递机制、人民代表的信息传递机制、政协委员的信息传递机制、政府机构的信息传递机制、社会科学研究机构和新闻媒体的信息传递机制。这五套信息传递机制，按照各自的民主实现形式以最快速度了解社会各个层面发生的事情和群众的需求，通过"内参"、"提案"、"议案"等具体管道，上下传递。这不仅有利于广大群众行使知情权、表达权、参与权、监督权，而且有利于领导者的正确决策。这种现代性的多元复合的信息传递系统，是一个重要的"中国特色"。按照李君如的比喻说下去，"中国号"列车在基本功能上所具有的"特色"，都与中国政治制度的创新和完善相关，只不过有的直接一些、有的间接一些罢了。

中国特色社会主义
政治制度的优势

近些年来海外兴起的探讨"中国模式"的热潮中，不乏关于中国政治制度优劣的声音。这些声音，不论是出于何种目的，不管是褒还是贬，都有利于我们正确认识中国的政治制度。实际上，对中国政治制度优劣问题最有发言权的是生活于这一制度的中国人民。据人民论坛问卷调查中心的调查，在中国的公众群体中，91% 的受调查者对中国的国体、政体和党政关系表示认可；在专家群体和干部群体中，85% 以上的受调查者认为中国存在明显的政治优势。当今中国的政治优势也就是中国特色社会主义政治制度的优势，这种优势集中而言，就是在中国共产党的领导下，各族人民行使当家做主的权利，充分发挥建设祖国的积极性、主动性、创造性，为实现社会主义现代化和中华民族伟大复兴团结一心，共同奋斗。中国特色社会主义政治制度及其优势，是亿万中国人民掌握自己的命运，实现国家富强、民族振兴、人民幸福这一"中国梦"的根本保证。

有利于发展最广泛的人民民主

中国特色社会主义政治制度，把根本政治制度同基本政治制度以及体制机制等具体制度有机结合起来，把国家层面民主制度同基层民主制度有机结合起来，把中国共产党领导、人民当家做主、依法治国有机结合起来，规定人民民主主体的广泛性，赋予人民民主权利的多样性，构筑起发展最广泛的人民民主的制度保障。

民主主体即享有民主权利的人。中国的社会主义民主是人民民主，民主主体是全体人民，包括工人、农民、知识分子、干部、解放军指战员等社会主义劳动者，包括改革开放后涌现出来的民营科技企业的创业人员和技术人员、受聘于外资企业的管理技术人员、个体户、私营企业主、中介组织的从业人员、自由职业人员等新的社会阶层中的社会主义建设者，包括拥护社会主义的爱国者、拥护祖国统一的爱国者。民主主体的广泛性，鲜明地体现于当今中国的各项政治制度。

人民代表大会制度是体现中国国家性质、保证人民当家做主的根本政治制度。这一制度以人民代表大会为基石，各级人大代表都由民主选举产生，对人民负责，受人民监督。为了保证人大代表的代表性，《中华人民共和国选举法》作了一些特别规定：全国人大和地方各级人大应有适当数量的基层代表，特别是工人、农民和知识分子代表，应有适当数量的妇女代表，并逐步提高妇女代表的比例；全国人大和归侨人数较多地区的地方人大，应有适当名额的归侨代表；人口再少的民族，全国人大至少应有一名代表。从实际情况来看，1980 年代以来的历届全国人大和地方各级人大都体现了广泛的代表性。以第十二届全国人大为例，在 2987 名代表中，少数民族代表 409 名（55 个少数民族都有本民族的代表），归侨代表 35 名，妇女代表 699 名，来自一线的工人、农民代表 401 名，专业技术人员代表 610 名，党政领导干部代表 1042 名，"80 后"代表 74 名，"90 后"代表 2 名。本届全国人大代表选举是实行城乡同比例选举后的首次选举，城乡居民彻底实现了代表选举权的平等，也使代表结构比例发生了重要变化。较之上一届，来自一线的工人、农民代表提高了 5 个多百分点，其中农民工代表数量增幅更大；城市和机关单位的代表减少，党政领导干部代表降低了近 7 个百分点。目前，全国共有 280 多万各级人大代表，代表了社会各方面人民群众。

共产党领导的多党合作和政治协商制度，则从中国的政党制度上反映了民主主体的广泛性。参加这一制度的政党，除了中国共产党，还有八个民主党派。中国共产党是中国工人阶级的先锋队，同时是中国人民和中华民族的先锋队，代表了中国最广大人民的根本利益。各民主党派分别代表着自己所联系的一部分社会主义劳动者、社会主义事业建设者和拥护社会主义的爱国者。同时，中国政党制度还包括了未参加任何政党的无党派人士。把无党派人士纳入多党合作制度，说明在中国即使不加入任何党派，或者不组建新的政党，也同样能够行使自己的民主权利，同样能够在国家的政治生活中发挥作用。中国的政党制度，实现了广泛的民主参与，能够集中各民主党派和无党派人士的智慧，统筹兼顾各方面群众利益，促进执政党和各级政府决策的科学化民主化，是实现人民当家做主的重要途径。并且，还有人民政协来实现中国的政党制度。人民政协由共产党、各民主党派、无党派人士、各人民团体、各少数民族和各界的代表，香港特别行政区同胞、澳门特别行政区同胞、台湾同胞和归国侨胞的代表以及特别邀请的人士组成，不仅具有广泛的代表性，而且具有巨大的包容性，已成为中国政治生活中发扬人民民主的重要平台。

民族区域自治制度通过规定少数民族聚居地方的自治权进一步保证了少数民族当家做主的权利。中国是一个统一的多民族国家。汉族以外的少数民族，通过识别并由中央政府确认的有 55 个，人口约为 1.14 亿。为了保证少数民族当家做主的权利，在国家的统一领导下，各少数民族聚居的地方设立自治机关，行使自治权，实行区域自治，少数民族人民自己管理自己的内部事务。目前，中国共建立了 155 个民族自治地方，其中包括 5 个自治区、30

个自治州、120 个自治县（旗），实行区域自治的少数民族人口占少数民族总人口的 75%。依据宪法和民族区域自治法，民族自治地方的自治机关，在行使同级地方国家机关职权的同时还拥有多种自治权。民主区域自治制度，是民族自治与区域自治的有机结合，不仅使聚居的少数民族享有自治权利，而且使杂居的少数民族享有自治的权利，充分体现了少数民族当家做主的地位，对于加强各民族平等、团结、互助的关系，维护国家统一，加快民族自治地方发展，促进少数民族进步，起到了巨大的作用。

基层群众自治制度作为一种基层民主制度，典型特征是直接民主和自我管理，进一步彰显了民主主体的广泛性。当代中国，城市普遍建立了居民委员会，乡村普遍建立了村民委员会。居民委员会和村民委员会，是城乡基层群众性自治组织，成为当代中国最直接、最广泛的民主实践，极大地拓展了公民有序的政治参与渠道，极大地丰富了民主的实现形式。广大村民和市民，或者通过直接选举的居民委员会，或者通过直接选举的村民委员会，决定和参与与自身利益相关的事务，反映自己的利益诉求，维护自身的权益。这样一种深深扎根于人民群众的民主制度，不仅可以充分调动和发挥广大群众的积极性和创造力，而且有利于各地从本地实际出发加强民主政治建设，用民主的方式化解社会矛盾，融洽人际关系，建设幸福家园，创造美好生活。

当代中国，人民民主主体的广泛性还可以通过统一战线得到反映。中国共产党领导的统一战线，旨在最大限度地团结一切革命和建设的力量，经历了一个由非制度化到制度化的发展过程。今天的统一战线，已经成为社会主义劳动者、社会主义事业建设者、拥护社会主义的爱国者和拥护祖国统一的爱国者的最广泛的人民联盟。它是人民民主专政的政治基础，所有成员都是人民民主专政的主体，都依法享有各项民主权利。它坚持求同存异的原则，在根本利益一致的基础上尊重社会各界成员在信仰、利益和观念等方面的差异，通过政治协商、参政议政、民主监督，为社会各界提供更加广泛、有序的政治参与形式和途径，从而进一步扩大了中国政治制度的包容性。它能够团结一切可以团结的力量，调动一切可以调动的因素，为完成党在各个历史时期的中心任务提供强大的力量支持。它是共产党加强同各方面群众联系、充分反映社情民意的重要渠道，能够有效地把社会各界的利益要求反映到国家政治生活的各个层面，既反映多数人的普遍愿望，又吸纳少数人的合理主张，既接受支持的、一致的意见，又听取批评的、不同的声音，增强中国政治制度运转的效率和效果。

中国特色社会主义政治制度有利于发展最广泛的人民民主，不仅表现为人民民主主体的广泛性，而且表现为人民民主权利的多样性。人民依照法律规定，通过各种途径和形式，管理国家事务，管理经济和文化事业，管理社会事务，是中华人民共和国宪法的规定。新中国成立以来特别是改革开放以来，我们不断完善社会主义政治制度及其实现机制，形成了民主选举、民主决策、民主管理和民主监督的民主过程链条，从而将民主的精神和民主的形式贯彻到政治生活的全过程，有效推进了民主的制度化、规范化和程序化，拓展了中国式民主的实践空间，为人民行使当家做主的权利提供了有效渠道。多样性的民主权利，多样化的实现渠道，互为补充、相得益彰，既符合社会主义民主政治本质的要求，又体现中国社会主义政治制度的优势。

民主选举是现代民主政治的基石，指人民在本人意愿的支配下通过投票选出若干公民担任公职。由于自然地理条件和社会发展水平的制约，当今世界各国普遍实行代议制民主。选举是人民进行权力委托的行为，是实行代议制的基础，离开选举的代议制就谈不上民主。虽然如此，选举所体现的民主要比代议制直接得多，民主化程度也高得多。因此，选举是现代民主政治的基本标志，是现代民主政治制度的核心安排，甚至有人把自由与公正的选举视为民主的底线。一般说来，公开、公平、公正的选举，能使民意得到比较自由充分的表达，从而赋予所构建的政权的合法性。在资本主义社会，虽然也声称民主选举，有关选举活动接连不断，但存在一个不争的事实，这就是金钱控制选举，金钱操纵舆论，金钱影响政策。日本《读卖新闻》社长渡边恒雄在自己的回忆录中这样描述："为当政治家，就得从大佬那里来钱。等自己也具备了敛财能力之后，再分配给下面的追随者，培植自己的势力。在当今日本政界，这是铁律。虽然这是导致政治腐败的原因，但不这么干的人绝对成不了老大"。中国社会主义民主政治的本质是人民当家做主，实现这一本质绝对离不开民主选举。否则，人民当家做主就是一句空话。当代中国的民主选举，除了共产党内的选举外，主要包括国家机构组成人员的选举、农村村委会和城市居委会的选举。选举国家机构组成人员，是人民行使管理国家权利的重要内容和途径。选举村委会和居委会，是人民行使自治权利的重要内容和途径。我们高度重视民主选举的重要意义，坚持从本国国情出发，着眼于实际民主，坚持普遍原则、平等原则、直接选举和间接选举相结合的原则、秘密投票原则和差额选举原则，不断完善选举制度，努力探索有关做法，依法提供物质方面的支持，保证了人民行使当家做主的权利。

选举权和被选举权是中国公民的基本政治权利。1954年颁布的新中国第一部宪法就规定：年满18岁的公民，不分民族、种族、性别、职业、家庭出身、宗教信仰、教育程度、财产状况、居住限期，除依法被剥夺政治权利的人，都有选举权和被选举权。这些规定，不能说起点不高，因为在一些西方国家是经历上百年后才见之于法律的。中华人民共和国的任何一名公民，均不得因财产的多寡，居住于一地时间的长短，民族、宗教、信仰的不同，性别、职业、家庭出身的差异，受教育程度的高低，而被剥夺选举权和被选举权。即使旅居国外的中国公民，只要是县以下人大代表选举期间在国内的，也可参加原籍地或者出国前居住地的选举。法律还规定，各级人大应有适当数量的妇女代表，并逐步提高妇女代表的比例；全国人大和归侨人数较多的地方人大，应有适当名额的归侨代表。按照这些规定，多年来中国享有选举权和被选举权的人数占18周岁以上公民人数的比重超过99%。同时，我们在实践中大力改进选举工作，使每次人大代表选举的参选率保持在90%左右，有时超过了95%。

坚持平等原则是民主选举的内在要求。所谓平等原则，指每个选民都在平等的基础上参加选举，不允许任何选民有任何特权，也不允许任何选民受到任何限制和歧视。《中华人民共和国选举法》规定，每个选民在一次选举中只有一个投票权。这一规定表明，每一选民在一次直接选举中所投出的票的效力是一样的。这种平等权利不仅不受任何制约，而且有法律和物质保障。就被选举权而言，意味着选票面前人人平等，包括男女平等，没有性别歧视；民族平等，没有民族歧视；党派平等，没有党际歧视。随着中国城镇化的发展，农村与城市每一名人大代表所代表的人口比例，自1953年以来经历了从8∶1到4∶1再到1∶1的变化。今天按相同人口比例选举人大代表，表明城乡居民在代表选举上彻底实现了权利的平等。选举法还对少数民族选举代表作了特别规定。人口特少的民族，至少应有一名全国人大代表。在少数民族聚居的地方，每个聚居的少数民族都应有代表参加当地的人大。聚居境内，人口数量不足境内总人口15%的同一少数民族，每一代表所代表的人口数可适当少于当地人大每一代表所代表的人口数，但不得少于1/2，人口特少的民族至少应有一名代表；人口数量占境内总人口15%以上但不足30%的同一少数民族，每一代表所代表的人口数可适当少于当地人大每一代表所代表的人口数，但该少数民族的代表名额不得超过代表总额的30%。这些规定，看似不平等，但却符合中国城乡发展实际和民族分布状况，因而实质上体现了各民族之间在政治上的平等。

坚持直接选举和间接选举相结合的原则，不断扩大直接选举的范围。直接选举，就是由选民直接通过投票选举产生人大代表；间接选举，就是下一级人大代表根据选民意志选举产生上一级人大代表。前者是选民选代表，是选民意志的直接表达；后者是代表选代表，是选民意志的间接表达。从理论上讲，前者的民主程度更高，但更受制于现实条件。从中国的实际出发，实践中我们一直把二者结合起来，并于1979年在新通过的选举法中把直接选举的范围由乡镇一级人大代表扩大至县一级人大代表。直接选举范围的扩大，直接后果是扩大了人民直接参与政治生活的权利，有利于增强人民当家做主的意识和责任感，激发人民的政治参与热情，提高人民的政治参与素质，同时便于密切县级人大及其代表与群众的联系，有利于加强县级人民政权的建设。从更深远的意义上来讲，县一级的直接选举搞好了，不仅可以加强乡镇一级的政权建设，而且可以为直接选举范围的进一步扩大奠定基础。

选举中采用的无记名投票方式促进了人民群众自由意志的表达。无记名投票，指选举人在选票上只注明自己选中的人，而不签署自己的姓名，并亲自将选票投入密封的票箱。中国选举法规定，全国和地方各级人大代表的选举，一律采用无记名投票的方法。在以往的实践中，个别地方出现过无记名投票后查笔迹的现象。这种现象严重违反民主原则，不利于选民自由选择，我们坚决反对并采取措施加以纠正和防止。同无记名投票相对应，是记名投票或者以起立、欢呼、举手等公开方式代替投票。这些公开表明选民意愿的方法，有较大的局限性，只能使用于少数特定情况。相比之下，无记名投票能够保证和促进人民群众自由表达自己的意愿。

差额选举是中国选举制度中的另一重要原则。所谓差额选举，是指候选人名额多于应选人名额的选举。与它相对应的等额选举，指候选人名额等于应选人名额的选举。全国人大和地方各级人大选举法，明确规定全国和地方各级人大代表候选人的名额应多于应选代表的名额，同时规定了具体的差额比例。地方各级人大和地方各级政府组织法，规定国家权力机关、行政机关、审判机关、检察机关的正职领导人一般实行差额选举，副职领导人一律实行差额选举，同时规定了候选人的人数。既然是差额选举，必然出现有人当选、有人落选的现象。每一个候选人都面临两种可能，这有利于增强候选人"接受选民选择"的观念，也有利于避免少数领导人按照个人意志安排人选、保证当选的现象。差额选举的重大意义在于：选民和代表可以对候选人进行比较，按照自己的意愿选择合适的人为代表或领导人，从而增强主人翁责任感，有利于民主精神的弘扬；差额选举的过程是激励和鞭策候选人的过程，有利于他们更好地发扬长处、克服不足，同时有利于现任代表和领导人认真履行职责，接受群众监督，强化全心全意为人民服务的观念。

近些年来，全国各地在民主选举中进行了许多大胆的改革与创新，如"海选"、"两票制"、"决票制"、"公推公选制"等等，丰富了民主选举的形式。在基层民主选举过程中，村委会成员由村民提名候选人和直接投票产生，当场公布选举结果，努力做到公正、公开、公平，村民表现了很高的选举热情。据不完全统计，全国农村村民的平均参选率超过80%，有的地方超过了95%。城市社区居民直接选举也蓬勃发展，民主程度不断提高。调查表明，城市社区居民对社区居委会直选持积极参与的态度，超过九成选民参加了投票，通过直选产生的社区居委会呈现出年轻化、知识化和职业化的趋势。

民主决策，指在决策的规则和程序方面，保证广泛的人民参与，倾听意见并集中民智，使决策建立在民主和科学的基础之上。当代中国，有关公共事务、公共政策的决策，采取公开、民主、透明的方式，充分发扬民主，真诚问计于民，重大事情让人民群众知情，请人民群众参与，向人民群众问计，听人民群众意见，让人民群众评判。民主决策，既促进了决策的科学性，又推动了人民民主的弘扬。

就大政方针以及政治、经济、文化、社会生活中的重要问题，在决策之前和决策执行过程中进行民主协商，广泛听取各方面意见，集思广益，这是党和政府实现决策科学化、民主化的重要环节。共产党作为执政党，经常就国家重大问题直接与参政的民主党派和无党派人士进行协商对话，通过协商会、谈心会、座谈会等形式，通报情况，听取意见。特别是在政协会议上，共产党和各民主党派、人民团体、无党派人士及社会各界的代表人士，就重大问题进行协商讨论，充分发表意见。协商意见被吸收到执政党提交给全国人大的建议中，或者作为政协的决议和议案直接提交给人大，作为人大决策和立法的基础。此外，每年3月同时举行的全国人大会议与全国政协会议，政协委员就人大讨论的问题充分发表意见，为人大决策提供了直接参考。民主协商不仅体现于中央层面，而且包括各地不同层次的多党协商。在人民政协参政议政的过程中，提案工作举足轻重，中央和地方在制定和细化《提案工作条例》的同时进行了大量的制度创新，促进了提案办理工作的制度化、规范化，丰富了政治协商的内容，提高了政治协商的效果。民主协商进入决策程序，不但扩大了公民的政治参与，拓展了民主的社会基础，而且增强了决策的科学性，弥补了单纯实行选举民主的不足。

民主协商不限于多党合作和政治协商，在人大代表选举、人大有关工作、基层民主选举等方面都融入了政治协商机制。例如，各级人大常委会在立法过程中都将法律草案登报、上网广泛征求意见，地方各级人大常委会对公安交通、物业管理等涉及重要公共领域的地方性法规举行座谈会、听证会公开征询民意。民主协商，能够广开言路、广求良策、广谋善举，实现最广泛的政治参与，在充分、民主、平等、真诚的协商讨论中达成一致，有利于不同社会群体的利益协调与整合，化解相互之间的分歧与对立，促进社会整体利益的形成与实现。因而，民主协商在中国得到了迅速发展，成为中国民主政治的突出特点和优势。

我们不断完善行政决策机制，通过各种形式支持和扩大公众对政府决策的有效参与。各级政府特别是与学校、医院和水、电、气、公交等与人民群众利益密切相关的公共部门和单位，大力推行政务公开，加快完善旁听制度、信访制度、信息公开制度。可以说，目前凡是关系人民群众切身利益的公共决策、公共管理、公共事务，都在积极建立和完善各种制度和形式，支持和扩大公民的有序政治参与。民主参与渠道，除传统的面对面、电话等交流沟通方式，电视、网络、手机等工具的应用越来越广泛。近些年，"直通中南海"、"民意直通车"、"网络问政"、"政务微博"、"政务微信"等民主新鲜事纷纷涌现，网络已成为民众政治参与的重要渠道，成为党和政府听取民意的重要途径。据国家行政学院电子政务研究中心发布的评估报告，截至2012年底，中国政务微博账号数量已超过17万个。通过推广政府门户网站为窗口的电子政务、建立健全政府新闻发言人制度和突发事件新闻报道机制等工作，政府工作透明度不断提高。通过公布法规草案、专家咨询论证、召开座谈会和听证会等方式，加快政府立法公开化步伐，保证公众对政府立法的有效参与。如制定《国家中长期教育改革和发展规划纲要（2010-2020年）》时，有关领导亲自召集专家诚恳咨询，教育行政部门多次召开会议寻计问策，规划纲要起草小组深入基层调查研究，专家学者介绍情况、出谋划策，媒体广开言路、广集众智，群众通过教育部门户网站及社会网站、校园网、电子邮件、信件、征文等渠道积极建言献策。2009 年的头两个月内，社会各界人士通过多种渠道发表意见建议 210 多万条，提出了一大批思考深刻、见解独到、针对性强的思想观点和对策建议。对于社会听证，立法法、价格法、行政许可法、收费公路管理条例等法律法规作出了明确规定。以价格听证会为例，《中华人民共和国价格法》规定，制定关系群众切身利益的公用事业价格、公益服务价格、自然垄断经营的商品价格等政府指导价、政府定价，应建立听证会制度，征求消费者、经营者等方面的意见。听证会制度是一种有组织、有结构的沟通机制，虽然目前它表达民意的程度及有效性不尽如人意，但它表明了中国行政决策机制的发展趋势。

基层群众自治中的民主决策也在不断发展。在农村，凡涉及村民利益的重要事项，都由村民会议或村民代表会议讨论，按多数人的意见作出决定。由于中国农村千差万别，村庄规模大小不一，在一些人数较多、居住分散的村庄，存在村民会议难组织、难召开、难议决的实际困难。通过设立村民代表会议，较好地解决了这个问题。目前，中国 85% 的农村已建立了实施民主决策的村民会议或村民代表会议制度。正在广大农村兴起的村民民主恳谈会，实际上是公共决策的公开听证会，官员与公民的平等对话会，也是不同利益群体之间的协调沟通会。还有村民民主理财日、民主议政日、民主听证会、民主议事会、民主评议会等乡村治理形式，对民主决策都有一定的价值和意义。在城市，社区居民是社区民主决策的主体，他们通过居民会议、协商议事会、听证会等形式和渠道，对社区内公共事务进行民主决策。

民主管理，除了体现为人民通过人民代表大会制度、多党合作和政治协商制度等制度所进行的间接管理，主要体现为人民通过基层自治制度所进行的直接管理。随着基层群众自治制度的完善，人民依法直接行使民主管理权利的范围不断扩大。

在农村，广大农民直接管理本村的经济、政治、文化、社会等领域的事务。在一个村，哪些事情需要办，先办什么，后办什么，怎么办，村民最了解。把这些事情交给村民，完全可以办好。如果由政府来管理，不仅管不了，而且管不好。依据国家法律法规和有关政策，结合本地实际情况，由全体村民讨论制定或修改村民自治章程或村规民约，既是民主管理的内容，也是民主管理的基础。村委会和村民按照被形象地称为"小宪法"的自治章程，实行自我管理、自我教育和自我服务。目前，全国80%以上的村庄制定了村民自治章程或村规民约，建立了民主理财、财务审计、村务管理等制度。

在城市，按照社区居民自治章程和规约规范，居民积极参加社区自治的各项活动，共同管理社区公共事务和公益事业，社区正在成为人民生活、活动、利益以及文化认同的共同体，社区的凝聚力和向心力不断提升，社区的社会管理职能不断增强。"我们不曾约定，家却住在了一起，这是修来的缘分，彼此都感到欣喜。同种一棵树，同浇一蓬花，共有的家园更美丽。我们是同一个社区的居民，城市的文明，有我们动人的故事。我们不曾相许，心却连在了一起，这是人生的机遇，彼此都感到惬意。"这首有关社区的歌，反映了居民参与民主管理的作用和心情。

在企业，职工代表大会是保证职工参与本单位民主管理的基本制度。国家坚持全心全意依靠职工办企业的方针，努力推动各类所有制企业事业单位建立和完善民主管理制度，保障了职工参与管理的民主权利。职工代表大会具有广泛的群众基础，代表中不仅有工人，也有科技人员、管理人员等工作人员，能够代表全体职工民主管理企业。改革开放以来，以职工代表大会为平台的企业事业单位民主管理制度在加强民主管理、协调劳动关系、保障和维护职工合法权益、推进本单位改革发展稳定等方面发挥了不可替代的作用。

多年来我们在转变政府职能的过程中，积极推进政企分开、政社分开、政事分开、政府与市场中介组织分开，不仅加强了政府的公共服务职能，而且扩大了人民直接行使民主管理权利的范围。按照凡是公民和法人或其他组织能够自主解决的事项、市场竞争机制能够调节的事项、行业组织或者中介机构通过自律机制能够调整的事项，行政机关不要通过行政管理去解决的原则，理顺政府与企业、与市场、与社会的关系，把政府不该管的事情逐步交给企业、市场和社会。在社会管理中，我们重视发挥群众参与的基础作用，发挥各类基层组织的协同作用，实现了政府民主管理和基层民主管理的有机结合。广大城乡人民通过教育、卫生、科学、文化等组织参与相应领域的事务管理，通过青年、妇女、老年、残疾人等组织参与相应群体的事务管理。参与途径和形式的多样性，表明当今的中国人民享有广泛的民主管理权利。

人民当家做主，集中而言就是人民享有管理国家和社会事务的权力。但是，管理国家的权力难以由广大人民直接行使，而只能委托给少数人行使。于是，产生了一个很重要的问题，即如何使这一少部分人真正代表人民、而不是代表他自己行使管理权力。1945 年 7 月，著名民主人士黄炎培在延安访问，毛泽东问他的访问感受。黄炎培说：一部历史，"政怠宦成"的也有，"人亡政息"的也有，"求荣取辱"的也有，总之，没有跳出这周期率。毛泽东答："我们已经找到新路，我们能跨出这周期率。这条新路，就是民主。只有让人民来监督政府，政府才不会松懈。只有人人站起来负责，才不会人亡政息。"循着这条新路，我们在新中国成立后进行了长期探索，今天已确立起中国特色社会主义民主监督体系。

我们的民主监督体系，按照建立结构合理、配置科学、程序严密、制约有效的权力运行机制的目标，把加强对权力约束的制度建设与对干部的有效监督结合起来。在监督对象上，加强对领导机关、领导干部特别是各级领导班子主要负责人的监督，包括对民主集中制和领导班子议事规则落实情况的监督，对领导干部重大事项报告、述职述廉、民主评议、谈话诫勉、回复组织函询等制度执行情况的监督；在监督内容上，加强对重点环节和重点部位权力行使的监督，包括对干部选拔任用、财政资金运行的监督，对国有资产和金融的监管等；在监督主体上，充分发挥各监督主体的作用，提高监督的整体效能，包括加强执政党党内监督，支持和保证人大监督、政府专门机关监督、司法监督、政协民主监督、舆论监督和群众监督等。这个全方位的民主监督体系，从不同方面、不同层次体现了人民当家做主的地位。

实践证明，实现对公共权力的监督和制约，有效地克服和遏制权力腐败，需要动员和组织人民群众直接行使民主监督权利，形成强大的监督控制公共权力的社会力量。社会监督和群众监督的资源取之不尽，力量用之不竭，监督的范围更是无处不至，关键是要有效地动员和组织起来，不断拓宽和健全人民群众开展民主监督的渠道，使权力运行置于广大群众有力的制约和监督之下。实践中，我们努力保障人民的知情权、参与权、表达权、监督权，让人民监督权力，使权力在阳光下运行，促进了公共权力的正确行使。

中国宪法和法律规定，任何权力机关、行政机关、审判机关、检察机关、政党和社会团体，都要对人民负责并受人民监督。公民对任何国家机关及其工作人员，有提出批评和建议的权利；对任何国家机关及其工作人员的违法失职行为，有向有关国家机关提出申诉、控告或检举的权利。为了保障公民监督权的实现，国家采取了很多措施，如建立信访机构、检举机构，设立举报中心、举报电话和举报信箱；在司法实践中实行公开审判制度、人民陪审员制度（2012 年陪审员达到 8.5 万人，参审案件 148.7 万件），推动人民直接参与和监督审判工作，实行人民监督员制度，将检察工作置于人民群众的有效监督之下；等等。

人民民主监督权利在中国基层得到了广泛实践。在农村，村民通过村务公开、民主评议村干部、村委会定期报告工作、对村干部进行离任审计等形式，监督村委会工作和村干部行为。特别是村务公开，得到了村民普遍欢迎。目前，全国 95％的村实现了村务公开，90％以上的县制订了村务公开目录，91％的村建立了村务公开栏。在城市，实行居委会事务公开，凡是居民关心的热点、难点问题和涉及全体居民切身利益的重大事务，都及时向居民公开，并通过召开居民评议会，听取居民意见，接受居民监督。在企业，职工对行政领导干部有评议监督权，对工资、奖金、劳动保护、奖惩等重要规章制度有审查通过权。

互联网等新媒体、新技术的出现，为人民行使民主监督权利提供了便利。网络在拓展民众表达渠道的同时，也促进了公共话语权的实现。随着话语表达主体的多元化，网络民意正彰显出独特的作用。近年来，从"表哥"杨达才到"房叔"蔡彬，从"香烟局长"周久耕到"日记局长"韩峰，网民监督和网络反腐的力量日益显现。许多事件经过网络酝酿、发酵，引发网民乃至全民的大讨论，推动政府层面作出反应。如2011年网民热议的甘肃校车事件，引发有关部门重视并推动出台了《校车安全管理条例》。上海交通大学新媒体与社会研究中心、舆情网联合发布的微博年度报告指出，2012年广受关注的15起真实的网络反腐案件中，通过微博举报的有6起，其余9起案件中，微博虽没有直接充当举报平台，但巨大转发量对案情的推动产生了不可忽视的作用。

民主选举、民主决策、民主管理、民主监督，是当今中国人民的基本民主权利，构成了当代中国民主政治生活过程的有机链条。实事求是地说，这些权利得到了比较有效的制度和法律保障，在我们的民主政治生活中得到了比较充分的体现。"选时有民主，选完也有民主"，是来自当今中国基层群众的感言。

有利于实现全中国人民的整体利益

政治是调整社会关系的工具，历来与利益密不可分。当代著名学者齐思·佛克指出："政治不能否认差异的存在。若没有分歧和利益冲突，我们就不需要政治。但是，政治的整个重点便是要寻找妥协的空间，创造共同利益，创造能够和平协调差异与冲突的统治体制。"马克思和恩格斯认为，国家是阶级矛盾不可调和的产物，又具有缓和矛盾冲突的职能，为了使利益互相冲突的阶段不致在无谓斗争中把自己和社会消灭，就需要一种表面凌驾于社会之上的力量，这就是国家。"这种力量应该缓和冲突，把冲突保持在秩序的范围内。"一个国家，整体利益能否实现以及实现的程度，取决于这个国家的性质，也取决于这个国家的政治制度。

在我们这个共产党执政的社会主义国家，最广大人民的整体利益是根本利益。这种整体利益是由各方面具体利益构成的，如城市居民的利益、农村居民的利益，如东部地区居民的利益、中部和西部地区居民的利益。整体利益和具体利益之间的关系，是整体和部分、全局和局部的关系，彼此制约，相辅相成。没有具体利益就构不成整体利益，离开整体利益的具体利益也难以实现。利益主体虽然有整体和部分之分，但都是人民群众，他们的利益从根本上看是一致的。由于利益主体的多样化，这种总体上的一致又表现为比较复杂的情况。在一定情况下，具体利益之间、具体利益和整体利益之间会出现矛盾。处于执政地位的中国共产党没有自己特殊的利益，始终代表中国最广大人民的根本利益，始终以最广大人民的根本利益为最高标准。她强调，我们所有的政策措施和工作，最重要的是必须首先考虑并满足最大多数人的利益要求，同时都应正确反映并有利于妥善处理各种利益关系，都应认真考虑和兼顾不同阶层、不同方面群众的利益。实践证明，中国共产党能够根据社会发展的客观条件和要求把握大局，根据中国人民的整体利益、长远利益、根本利益制定出符合中国发展规律的路线、方针、政策，实现全社会利益的最大化。

中国特色社会主义政治制度，既能够反映人民群众中不同群体的意见和呼声，又能够从全局出发将人民群众中各种意见集中综合起来，使国家的法律与政策兼顾各方利益，妥善化解人民内部矛盾，使人民内部的局部利益、个别利益与整体利益、根本利益最大限度地协调起来。作为根本政治制度的人民代表大会制度，这方面的功能和作用更突出一些。1954年，时任国家主席的刘少奇在《关于中华人民共和国宪法草案的报告》中对此有过明确解释："人民的共同利益和统一意志，是人民代表大会和一切国家机关工作的出发点。因此，在这一切国家机关中，也就能够在民主的基础上形成人民的政治一致性。"人大通过人民选举的代表，汇集社会不同部分、不同行业的意志和利益，再通过大会的交流、协商和妥协，最后按照少数服从多数的表决原则，形成全体人民的意志和利益。人大制度以选举和表决为基础，同时具有鲜明的协商特征。每年与人大会议同时召开的政协会议，就人大讨论的重大问题、人事安排提出意见与建议，从而影响人大的立法和决策。人大及其常委会会议，不管是审议法律草案和决定案，还是讨论人事安排，都是先举行代表团会议或小组会议，再根据各方面合理意见修改议案，后在全体会议上交付表决。如果审议时在某些重要问题上存在意见分歧，或者发现某个问题尚未解决，则暂时搁置，等条件成熟或问题解决后再进行表决。可以说，人大通过的每一项法律法规和重大决策，都是在充分协商、考虑各方面的意见后做出的，少数群体的意见和利益并没有因为缺少代表而被忽略。正是这种表决加协商的制度运作方式，才使人民代表大会的各项立法和决策获得了极高的民意基础。

与中国的人民代表大会的代表不同，西方议会的议员往往是某个利益集团的代表。在多党制下，议会中每个政党代表的利益群体是不同的，没有一个政党是事实上的全民党。某个政党上台之后，施政偏向选举中支持自己的群体，中央政府则借转移支付等手段向同党执政的地方大力倾斜。因而，西方国家由普选产生的政权及其政策的制定难以获得全民意志。有人把普选作为标准，认为只有普选才算是民主政体，否则只能是集权政体。毋庸讳言，普选确实能在很大程度上表达人民意愿，使普选产生的政权具有一定形式上的正当性。然而，这种正当性仅具有象征意义，有时并不真正代表全民意愿。之所以如此，是因为选举中参加投票的选民仅是全体公民的部分，有时甚至不足全体公民的一半，而胜出的候选人的得票率往往仅有 48% 对 47% 的微弱优势。试想，48% 的选民的意志实现了，他们的意志能代表全民意志吗？显然不能。在多党竞争制下，很难出台那种代表绝大多数人长远利益的政策或方案。对于印度来说，计划生育政策无疑有利于社会整体利益和国家长远利益，但至今无法顺利推行，原因就在于敢于提出这项政策的政党要冒选举中败北的风险。有的学者指出，多党制民主放大了个人、团体利益和短期利益，损害了国家整体利益和长远利益。在美国，共和党与民主党在许多主张上明显对立，关于治国方略的争论针锋相对。2008 年凭着"希望和变革"的口号当选的奥巴马总统，发誓终结苦涩的党派政治，并一直努力摆脱这种僵局。但是，他的对手采取的策略是不惜一切代价扼杀任何对总统有利的妥协。奥巴马在 2012 年 7 月接受哥伦比亚广播公司电视台采访时承认，他未能扭转党争僵局。他说："华盛顿给人感觉仍与四年前一样存在毛病"；"在这座城市里，权术比解决问题更吃得开，而我显然低估了这种状况。作为总统，你能够学到的一点是，任何事情所耗费的时间都要比你愿意花费的时间稍长一些"。国际金融危机也是一场精神层面的危机，弱化了西方国家民众对本国民主制度的信心。早在 2008 年之前，美国诺贝尔经济学奖获得者克鲁格曼就嗅到了危机气息。他认为，这次国际金融危机的先兆和 1929 年的经济危机如出一辙，即财富集中到少数人手里，制度和政策偏向于富人，政府在某种意义上已经被金融资本绑架。克鲁格曼通过考察美国从 19 世纪末到 21 世纪初的政治经济关系得出一个结论：是不平等的政治决定不平等的经济，而不是相反。国家发展大局被不同群体选民的选票撕裂，被体制弊端牢牢缠住，这样的政治氛围，不大可能产生出具有强大动员力和执行力的政府，也不断放大着政治体制的缺陷，一盘散沙成为西方社会的突出特征。

中国改革开放以来，经济政策总体来看没有特别地倾向任何一个利益群体。中国特色社会主义政治制度与经济制度相配合，始终以维护和促进社会公平正义、实现共同富裕、让广大人民共享改革发展成果为价值取向。坚持这一价值取向，我们在发展多种所有制经济的同时，坚持公有制为主体，毫不动摇地巩固和发展公有制经济，为实现共同富裕奠定坚实的经济基础；在实行多种分配方式的同时，坚持按劳分配为主体，在初次分配和再分配中都重视处理好效率和公平的关系，再分配更加注重公平；在鼓励一部分地区率先发展的同时，坚持地区之间、城乡之间协调发展，努力缩小地区之间、城乡之间的发展差距，推动东、中、西部地区协调发展；在允许一部分人先富起来的同时，坚持健全和完善社会保障体系，采取各种举措提高低收入者收入，不断缩小贫富差距。海内外学者公认，中国共产党立党为公、执政为民，总体上保持了中性、公正的角色，推动了整个社会的发展进步，实现了、维护了和发展了最广大人民的利益。中国旅法政治学者宋鲁郑认为，政治本身有两种，一是基本上处于独立状态，二是处于非独立状态。在西方，选举上受财团的影响、下受大众的制约，从而导致政治失去独立性。在中国，政治保持了独立性和中立性，不被某些利益集团所左右，能够从国家整体利益出发制定长远发展规划，而不是进行短期的财富分配，这是中国制度模式成功的一个重要原因。

因发表"苏联的解体预示着历史的终结"的言论而著称的弗朗西斯·福山，2011 年初在一篇文章中谈了他对中美两国政治体系的看法。中国的政治体制最重要的优点，就是能够迅速做出众多复杂的决定，而且决策的结果还不错，至少在经济政策方面是如此。与美国人相比，更多的中国人认为他们国家正沿着正确的方向前进。美国的制度缺乏应对长期危机的能力。在美国政治体系中，金钱已经成为选举的王牌，最高法院认可企业有权利用雄厚的经济实力来支持有利于它经营的候选人和政策，同时抵制有损其商业利益的候选人和政策。因此，无论是有关身体健康的改革还是有关经济刺激的方案，特殊利益团体要么把它搅得无法落实，要么弄出一个满足少数集团利益而不是整个经济和社会利益的立法。中国恰恰相反。中国的制度不可能牺牲整个体系的需要，让企业参与政府的决策，从而满足它们的底线。例如，美国制药公司能够施加政治影响力，让政府无权在公共医疗系统中协商药品价格。福山并不是中国的辩护者，他同时指出了中国存在的问题。

美国皮尤调查中心是国际知名调查机构，来自于它的调查数据有一定的权威性。2005 年该中心对 17 个国家的调查显示，72% 的中国人对自己的国家的现状表示满意，在被调查的国家中拔得了头筹；76% 的中国人认为，自己的生活质量在今后五年中还会提高，这个结果也高于其他国家。2008 年该中心就一些国家的国民对本国总体状况的满意度在 24 个国家又进行了一次民调，结果显示，在中国，86% 的受访者感到满意，比排名第二的澳大利亚高出 25 个百分点；在美国，只有 23% 的受访者表示满意，英国、法国、德国表示满意的分别只有三成。该中心称，调查样本正负误差为 2 个百分点。如果上述调查大致属实的话，那么我们可以说，当今中国虽然还有许多不尽如人意的地方，尽管国人还抱怨各种各样的问题，但中国的政治制度能够最大限度地维护和实现全中国人民的整体利益。

"人民对美好生活的向往，就是我们的奋斗目标"，这是中国新一届中央领导集体所表达的价值追求。在中共中央新一届领导集体产生后与记者的见面会上，总书记习近平饱含深情地讲话指出，全党同志的重托，全国各族人民的期望，是对我们做好工作的巨大鼓舞，也是我们肩上的重大责任。这个重大责任，就是对民族的责任，我们要团结带领全党全国各族人民，接过历史的接力棒，继续为实现中华民族伟大复兴而努力奋斗，使中华民族更加坚强有力地自立于世界民族之林，为人类作出新的更大的贡献；这个重大责任，就是对人民的责任，我们要团结带领全党全国各族人民，继续解放思想，坚持改革开放，不断解放和发展社会生产力，努力解决群众的生产生活困难，坚定不移走共同富裕的道路；这个重大责任，就是对党的责任，我们要同全党同志一道，坚持党要管党、从严治党，切实解决自身存在的突出问题，切实改进工作作风，密切联系群众，使我们党始终成为中国特色社会主义事业的坚强领导核心。中共十八大给人以信心，在中国共产党领导下，中国人民的幸福生活会越来越好，中华民族的复兴步伐会越来越快。

能够使政府成为负责任有能力的人民政府

中国政府是人民的政府。为人民服务，对人民负责，支持和保证人民行使当家做主的权利，是中国政府全部工作的根本宗旨。政府机关及其工作人员在行政管理活动中的所作所为，必须合乎人民的利益、权利和福利，制定的方针政策、法律法规、行政命令、决定措施，必须符合人民的利益和意志。

为了执行国家宪法和法律，贯彻本级人大通过的决议，管理各领域行政事务，中国从中央到地方设立了各级执行机关，即国家行政机关，形成了完整统一的国家行政机关体系。国务院作为最高国家权力机关的执行机关，向全国人大负责，接受全国人大的监督并向全国人大报告工作。全国人大常委会有权撤销国务院制定的同宪法、法律相抵触的行政法规、决定和命令。省、自治区、直辖市、自治州、县、自治县、市、市辖区、乡、民族乡、镇的人民政府，是地方各级人大的执行机关，也是地方各级行政机关，对本级人大和上一级国家行政机关负责并报告工作。在整个行政体系中，国务院处于最高地位，行使国家最高行政权，统一领导各部、各委员会和地方各级人民政府，地方各级人民政府是国务院统一领导下的国家行政机关，都服从国务院。国务院依据宪法和法律制定的行政法规、发布的决议和命令，地方各级人民政府必须执行，有权改变或者撤销地方各级国家行政机关不适当的决定和命令。国务院作为最高国家行政机关，通过贯彻执行宪法和法律，管理国家各领域行政事务，统一领导国务院各部和各委员会、地方各级国家行政机关工作，担负起执行并实现国家意志的重任。

　　围绕形成行为规范、运转协调、公正透明、廉洁高效的行政管理体制的目标，中国政府大力加强行政能力建设，特别是依法行政能力建设。行政机关和政府官员坚持执法有依据、有权必有责、违法受追究、侵权须赔偿，运用法律法规赋予的执法手段，依法履行经济、社会和文化事务管理职责，若违法或行使职权不当，需要承担法律责任。1999 年 11 月，国务院颁发《关于全面推进依法行政的决定》，明确了依法行政的任务和要求；2004 年 3 月，国务院印发《全面推进依法行政实施纲要》，加快了依法行政的推进步伐。通过多年的努力，建设法治政府的目标基本实现。在行政决策方面，按照谁决策、谁负责的原则，对超越权限、违反程序而造成重大损失的决策，严肃追究决策者责任。在行政执法方面，全面推行责任制，按照法定权限和程序行使职权，严格追究执法过错责任，依法保障当事人和利害关系人的权益，坚决纠正行政执法中损害群众利益和以权谋私等各种违法行为，努力做到严格执法、公正执法、文明执法。近年来，政府坚决纠正和严肃处理了在城镇房屋拆迁、农村土地征用和征收等方面侵犯群众权益的违法行政行为。在行政监督方面，政府的层级监督和专门监督明显加强，监督效能显著提高。政府在接受人大、政协、司法、舆论和群众监督的同时，还建立和完善了一系列行政监督制度。通过规章、规范性文件的备案审查制度，及时有效地监督所属部门和下级政府严格依法行政。通过行政复议制度，加强行政机关自我纠错能力，保护公民、法人和其他组织的合法权益，对依法应受理而不受理行政复议申请的行为，对应撤销、变更或者确认而不撤销、变更或者确认违法具体行政行为的行为，对不在法定期限内作出行政复议决定以及违反行政复议法其他规定的行为，依法追究法律责任。通过审计、监察等专门监督，审查和监督中央财政预算执行和其他财政收支情况，对违反财政财务法规的问题作出审计处理决定。

　　中国政府的能力集中表现为非凡的宏观调控能力。从高度集中的计划经济体制转向社会主义市场经济体制，中国的宏观经济体制发生了重大变化。

旧体制的主要弊端，一是管理权限过于集中，束缚了地方和企业的积极性；二是分配方面吃大锅饭，企业和劳动者不能从直接的物质利益上关心生产经营成果。宏观经济改革从破除这两个弊端展开：实行简政放权，把部分权力放给地方、企业和市场；调整国家与企业的关系，实行政企分开，打破平均主义，为企业创造平等竞争环境。同时，积极改革计划、财税、金融等方面体制，建立适应市场经济要求的宏观调控体系，实现了由被动调控向主动调控转变、由直接调控向间接调控转变、由依靠单一手段调控向综合运用多种手段调控转变，调控能力大大增强，有力地推动了国民经济持续快速健康发展。近年来，面对发达经济体回升步履蹒跚和国内经济下行压力加大、自然灾害频发、各种矛盾交织的形势，中国政府积极创新宏观调控方式，明确提出守住稳增长、保就业的下限，守住防通胀的上限，稳定政策，重在改调，长短结合，增强了社会信心，稳定了社会预期，保证了国民经济运行的总体平稳。前摩根士丹利亚洲区主席、现耶鲁大学教授史蒂芬·罗奇在英国《金融时报》刊文认为，中国在管理经济方面的表现仍远远胜过多数人对它的肯定，甚至在宏观政策战略方面给世人上了一课，这一课是世界其他地区应该聆听的。

中国政府是一个强势、高效的政府，这是许多学者的共识。中国学者张维为指出，西方历史上强政府曾带来宗教迫害、极权主义、民族主义所引起的战争等问题，所以很多人把政府看作坏事的祸根，是一种"必要的恶"，因而主张最好不要政府，但这样又行不通，所以要对政府进行限制，防止政府做坏事。今天，西方也要求发展中国家与它限制政府，但它忘记了发展中国家更大的问题是政府能力普遍太弱。对发展中国家来说，关键是改善和加强政府能力。否则，往往连自来水、供电、社会治安、初级教育等基本服务都提供不了，更不要说实现现代化，赶超西方国家了。中国是另一种情况。中国人传统中把政府看作"必要的善"。中国历史上自然灾害多，为了防灾治灾，强势政府应运而生，形成了强势政府的传统。强势政府确实是中国政治文化传统的一部分，一旦形成就有相对稳定性。强势政府的优点和缺点都很明显，优点是可以集中力量办大事，弱点是容易导致专断。我们在现代化过程中，需要扬长避短、趋利避害，实现向服务型政府的转型。实际上，从1930年代凯恩斯强调政府干预以来，除了极少数新自由主义信徒，已经很少再有人否定政府的作用了。从宏观经济环境的稳定，到提供各种社会服务，到防止恐怖主义和大规模杀伤性武器的扩散，都需要政府发挥作用。从国际经验来看，一个发展中国家有一个现代化导向的强势政府，在某种意义上是一种幸运。在一个游戏规则完全由发达国家制定的世界上，不通过强势政府来推动经济，参与国际竞争，要发展起来很不容易，恐怕最多只能跟在发达国家后面爬行。在中国的特殊国情下，强势政府指的不仅是集中力量办大事，而且包括利用自己的力量来放弃、转变甚至强化政府的一些职能。我们今天说转变政府职能，不仅要处理好政府与市场的关系，政府从一些只有市场主体才能进入的领域退出，而且要处理好政府与社会的关系，建立一种既是强势的、又是公共服务型的责任政府。这种改革是强势政府通过"革自己的命"来实现的，也是中国国情下政府"必要的善"的一部分。越来越多的发展中国家对中国模式感兴趣，说明他们也开始意识到这一点。中国学者周天勇认为，中国政府主导下的经济发展模式，虽然也会带来一些问题，如周期性产能过剩、政府干预资源分配以及日益加剧的社会不公平，但它有一个突出的优点，就是能够强劲地推动经济发展。因此，中国政府主导经济发展，虽然受到这样那样的责难，但不能不承认的一个事实，就是政府的强有力推动，是中国经济高速发展的极其重要的成因。

英国《金融时报》专栏作家吉利恩·泰特的一篇名为《大堵塞！美国政治的红灯》文章，探讨了当前美国政治体系中利益集团利用手中财富来推进自己的诉求，影响政治决策，从而造成两党政治僵局，使政府和国会在应对经济危机等挑战时受到掣肘、效率低下的问题。在这篇文章中，作者引用了世界大型企业研究会针对商业委员会70名CEO会员的一份调查报告，称在问到哪些全球组织称职可信时，64%的被调查者认为中国共产党领导集体近年处理政治经济挑战的做法"有效"，排在"跨国公司"和"央行"之后，位居第三。这一排名远高于美国总统和美国国会，表明受访者认为中国共产党的"执行力"和"效率"比西方政府强。这项调查结果表明，美国企业界领袖对中国非凡崛起有深刻的印象，赞叹中国政府采取的长期政策使本国巨大的经济保持了增长。

美国著名未来学家约翰·奈斯比特提出，中国在创造一个崭新的社会、经济和政治体制，它的新型经济模式已经把中国提升到了世界经济的领导地位，而它的政治模式也许可以证明资本主义所谓的"历史的终结"不过是人类历史道路的一个阶段而已。中国式民主，那种从上而下的管理和从下而上的活力，最终能够使得政府信任人民，人民也信任政府。中国没有使自己陷入政党争斗局面，而是以一党体制实现现代化，发展出一种独特的纵向民主。在未来几十年中，中国不仅将改变全球经济，也将以自身模式挑战西方的民主政治。需要指出，中国实行的不是一党制，而是共产党领导的多党合作制。

畅销书《当中国统治世界》作者马丁·雅克认为，中国政府是一个相当称职的机构，而西方国家的政府大有改进的必要。他说，在一些西方人的眼里，中国最大的弱点是它的统治体制。首要的一点，由于缺乏西方式民主，认为中国政府丧失了合法性。的确，中国缺乏西方式民主，但是这真的意味着它的政府缺乏合法性吗？他这样提出问题并回答说，皮尤研究中心的民调结果和其他类似的证据表明，中国政府享有的满意度要比那些西方国家的政府高很多；造成这一结果的原因，除了中国取得了非凡的经济成就，还有中国人看待政府的方式与西方迥异等更深层次的因素。马丁·雅克认为，中国的统治体系会向西方学习，同时会保持极大的差异性，但这不会是单向传播。鉴于中国在全球影响力不断增加，西方不得不对中国的精英领导与政府能力的传统抱以极大兴趣。

谈到西方某些政府的责任与能力，时常爆出令人咋舌的新闻。在一些西方国家，出了问题可以推诿，执政党说是在野党不配合，在野党成为执政党后说是前任造成的。对跨越政党任期的项目，往往会首先被牺牲掉。美国奥巴马总统向国会提交的2011年预算案，其中一款砍掉了小布什时代的登月计划，使已耗资 91 亿美元的项目成了半拉子工程。西方由于任期制的限制，官员往往有短期的过客心态。自己做得好，也未必连任；做得不好，常可以连任。政党利益往往高于国家利益。关于这一点，在奥巴马的第一次国情咨文中有着明确的评论："我知道，两党的分歧是根深蒂固的……但是，令国民沮丧的是如今在华盛顿，好像每天都是选举日。我们不能每天只想着让对手成为媒体嘲弄的对象，不能永远抱着分出胜负一决高下的心态。任何一方都不应该因为有权反对就拖延或阻挠所有法案的通过。在华盛顿，人们可能会认为和对方唱反调是游戏规则，无论自己的观点是多么虚伪和恶毒。但是，正是这种做法使得两党都无法对民众有所帮助，更糟的是，这还会使民众对政府更加不信任。"2012 年 6 月 28 日晚，欧洲足球锦标赛半决赛德国对意大利的比赛正在紧张进行。这天晚上，按照计划德国联邦议院要加班开会，就新的《登记法》进行表决，但绝大多数议员找地方看球赛去了，600 多人的会议到会的不到 30 名。即使到场的议员，心里也在想着这场球赛，没有兴趣针对新法案展开辩论。结果，令人难以置信的事情发生了：议员们在没有宣读、辩论的情况下，不到一分钟就通过了《登记法》草案。问题不仅在于这个法案通过的过程，还在于这个法案本身的内容。德国人获知后十分愤怒，纷纷表示不满。

多年来中国政府所坚持的政策试验，从另一个方面为"负责任有能力的政府"作了注脚。所谓政策试验，指凡属影响广泛、深刻、持久的重大公共决策，在可能的情况下都选择若干局部范围（如单位、部门、地区）先试先行，然后在总结经验的基础上形成整体性政策或全面铺开政策实施的做法。改革开放之初，来自中国高层的"步子要稳"、"摸着石头过河"等声音，实际上就有政策试验的意思。政策试验作为政策工具，得到了中国政府的高度重视，在改革开放中发挥了重要作用。为什么政策试验能够在当代中国大放异彩？北京大学教授宁骚分析了来自中国现行的政治制度的原因。首先，共产党作为领导核心的一个基本体现，就是对重大改革举措进行战略指导，提出具有统领性、统摄性的大概念大理论，如"社会主义初级阶段"、"社会主义市场经济体制"。有这些政策理念或战略构想的指引，各项具体政策试点的试验就有了方向，就可以解放思想、大胆探索。其次，政策试验、政策推广过程的展开，推动者和掌控者是公共权力。当代中国所实行的民主集中制的组织制度和群众路线的领导制度，是保障公共权力在公共决策中有效运作的制度性因素。再次，现行政治制度体系为"不争论，大胆地试"留下了空间。中国政治制度的优势在于具有弹性，重要表现就是容纳多样性，鼓励试验、探索和创新。如果政策理念或战略构想已经达成共识，在各项重点改革举措的决策上，就可以"不争论，大胆地试，大胆地闯"，"允许看，但要坚决地试"，经过试验形成整体性政策。这样，能够消除分歧，达成共识。宁骚认为，中国现行的政治制度为政策试验搭建了必不可缺的制度平台。在一些西方国家，任何重大政策的制定，都是利益集团和政党在议会内外反复博弈的结果，论争、争吵、喧闹只不过是这种博弈的外在表现。因此，在博弈达成结果以前，任何有意义的政策试验都会引发相关利益群体的激烈争议，而在这样的争议声中，试验是无法进行的。

中国政府是一个负责任、有能力的政府，与高度重视人才培养和干部选用密切相关。中国政府为提高自身的管理能力，积极实施人才强国战略。从推动人才优先发展、实施重大人才工程、统筹各类人才队伍建设、加快人才发展体制机制改革和政策创新、营造人才发展良好环境等方面，落实人才工作的重点任务。从健全党管人才体制机制、形成人才工作整体合力、加强人才工作理论研究、建设高素质人才工作队伍等方面，着力提高人才工作科学化水平。当代中国，共产党是执政党，人民代表大会是权力机关，对各级国家机关领导成员任免，要求处理好"人大依法选举或决定"与"党管干部"的关系，既坚持"人大依法选举或决定"，又坚持"党管干部"。我们找到了二者的最佳结合点：党组织把考察合格的国家机关领导成员的人选推荐给人大或人大常委会，再由人大或人大常委会依法选举或决定。这里，党组织对人大是"推荐"或"建议"，而不是"命令"或"指示"。党组织推荐的人选，如果被人大通过，表明党组织的意见反映了人民的意愿；如果没有被人大通过，党组织尊重人大及其常委会依法选举或决定的结果。

政治人才的培养是一个漫长的过程，尤其是高端政治精英必须有足够的基层历练，才可能在能力这一最主要标准上达到要求。但在一些西方国家，存在诸多影响选举的因素，如宗教信仰、性别、种族、形象、演讲才能、政治裙带，是否善于做秀，有否足够的金钱支持，而能力作为最重要的因素往往被边缘化。特别是在今天，现代传播与商业模式的结合，使金钱的投入轮番上升，参选人拼得更多的是金钱，金钱成为形象打造成功与否的关键因素。美国前总统卡特在 2007 年感慨地说："乔治·华盛顿和托马斯·杰斐逊要是活到今天，还能当上美国总统吗？！我们永远也不知道，有多少具备优秀总统潜质的人，就因为不愿意或者不能够采取一种能够募集到大量竞选经费的政策，而永远与总统宝座无缘。"此外，多党制把政治人才切割为几个部分，并随政党共进退。一党获胜，原来的政务官再有能力，也难以继续留任。一个政党连续执政八年，意味着另一个政党的政治精英闲置八年。这一方面造成人才的短缺，另一方面造成人才的浪费。选举这种方式产生的领导人，要么难以选出最优秀人才，要么无优秀人才可选。这就是某些国家为什么往往选不出杰出人才的原因。舆论认为，中国由培养、选拔、推荐、选举等环节产生领导人的机制，胜于西方通过选举产生领导人的模式。

能够保持政权稳定和大政方针的连续性

中国特色社会主义政治制度的优势，还表现于不受立场不同、意识形态相异的政党更替的影响，能够制定国家长远发展规划和保持政策的稳定性连续性。一位外国学者这样评论："中国政体不会出现经常变更而导致经济、外交、政治、贸易等政策缺乏连贯性，用最低管理成本取得了比其他国家更大的成绩。1978 年以来的 30 年取得了年均增长 9.8% 的发展速度……证明中国政体的'奇妙之处'。"

大政方针，作为经济社会发展的重大政策与措施，是引导现代化建设事业前进的方向和指南，是执政党和政府实现领导和施政的重要手段。在社会主义中国，共产党以她的人民性和先进性的本色，坚持解放思想、实事求是、与时俱进，制定并且执行了一系列源于人民、服务人民的方针政策，推动了社会主义改革开放和现代化建设的健康发展。但是，这并没有改变中国大政方针的连续性。既与时俱进，又一脉相承，始终是当代中国大政方针的重要特点。

发展是人类社会的永恒主题，也是社会主义的价值所在。实现社会主义现代化和中华民族伟大复兴，是我们建设中国特色社会主义的战略任务。中国共产党从成立那天起，就肩负着实现中华民族伟大复兴的历史使命。我们党领导人民进行革命、建设和改革，就是为了实现国家富强、民族振兴、人民幸福的中国梦。实现工业化，是新中国最初提出的发展目标。后来，我们又于1960年代提出了"四个现代化"（农业、工业、国防和科学技术现代化）的奋斗目标。"四个现代化"，是一个以发展科技为支撑、以发展经济为实质的综合性较强的战略目标体系，较之工业化的单一目标，全面、深入而具体。它的提出，充分总结了新中国成立以来现代化建设的经验教训，尤其是处理工业和农业的关系的经验教训；但仍有一定的局限性：它虽然含有科学技术的内容，但涉及的多是物质文明，难以体现精神文明和民主政治建设的要求。随着实践的发展和认识的深化，我们在1980年代又提出把中国建设成为富强、民主、文明的社会主义现代化强国的宏伟目标。进入21世纪后，我们把建设社会主义现代化国家的奋斗目标，由富强、民主、文明的三位一体发展为富强、民主、文明、和谐的四位一体，把中国特色社会主义事业总体布局，由经济建设、政治建设、文化建设的三位一体发展为包括社会建设在内的四位一体。后来，我们把总体布局又由四体一体发展为包括生态文明建设在内的五位一体。生态文明建设进入总体布局，它的战略地位得到空前突出，有利于融入经济建设、政治建设、文化建设、社会建设的各方面和全过程。中国现代化事业的奋斗目标和总体布局的历史演进，从发展战略这一极为重要的方面说明了中国大政方针的连续性。中国的现代化建设所以取得今天这样的成就，与中国发展战略的连续性有着密切的关系。

凡事预则立，不预则废。社会主义中国历来重视国民经济和社会发展规划的制定和实施。这种规划主要对全国重大建设项目、生产力分布和国民经济重要比例关系等事项作出合理部署，为国民经济和社会发展设定目标和方向，是整个国家经济社会发展的总体纲要，是具有战略意义的指导性文件。迄今为止，新中国已编制了十二个五年计划。前十一个五年计划已顺利完成，2011年开始实施第十二个五年规划。从"六五计划"开始，"国民经济发展计划"更名为"国民经济和社会发展计划"，反映了经济社会全面发展的现代化建设要求。从"十一五规划"开始，"五年计划"更名为"五年规划"，更加体现出计划的指导性、战略性、宏观性、政策性。1981-2010年，中国实施了六个五年计划（规划），每个都是先由中共中央提出比较全面的制定建议，再由国务院根据建议形成政府制定的五年发展计划（规划），后提交全国人大讨论、修改、通过，作为国务院各部门和各级地方政府执行的法定性文件。计划（规划）的形成，是充分发扬民主的过程，较好地集中了各方面的智慧。计划（规划）的执行，既有中央的集中统一领导，也照顾到地方的自主性，同时发挥了两个方面的积极性。制定实施国民经济和社会发展五年计划（规划），不只是形式上的连续，内容上也不断完善，有力地推动了新中国经济社会的全面进步。

农业、农村、农民问题，关系中国改革开放和现代化建设全局，任何时候都不能轻视和放松。我们始终把农业置于国民经济的基础地位，把加强农业生产、发展农村经济、增加农民收入，作为经济工作的重中之重。改革开放以来，我们几乎每年召开全国性的农业或农村工作会议，连续多年发出关于农业问题的专门文件，把发展粮食生产作为建设现代农业的首要任务，实行以工促农、以城带乡的方针，切实维护农民的权益、尊重农民追求美好生活的意愿，充分调动了农民发展生产、建设新农村的积极性。特别是进入21世纪以来，我们在2004-2014年就农业农村改革发展连续发出11个中央一号文件：2004年，《关于促进农民增加收入若干政策的意见》；2005年，《关于进一步加强农村工作提高农业综合生产能力若干政策的意见》；2006年，《关于推进社会主义新农村建设的若干意见》；2007年，《关于积极发展现代农业扎实推进社会主义新农村建设的若干意见》；2008年，《关于切实加强农业基础设施建设进一步促进农业发展农民增收的若干意见》；2009年，

《关于2009年促进农业稳定发展农民持续增收的若干意见》；2010年，《关于加大统筹城乡发展力度进一步夯实农业农村发展基础的若干意见》；2011年，《关于加快水利改革发展的决定》；2012年，《关于加快推进农业科技创新持续增强农产品供给保障能力的若干意见》；2013年，《关于加强发展现代农业进一步增强农村发展活力的若干意见》；2014年，《关于全面深化农村改革加快推进农业现代化的若干意见》。这些文件，针对实际，与时俱进，有力地推动了农业农村的改革发展。1978-2012年，中国的粮食产量由6085.4亿斤增至11791亿斤，农业总产值由1027.5亿元增至52377亿元，农村居民人均纯收入由134元增至7917元。农村基础设施和社会事业的快速发展，极大地改变了农村的面貌和农民的生产生活条件：取消了农业税，建立起粮食生产补贴和最低收购价等制度；率先在农村实行免费义务教育，义务教育阶段的所有农村孩子不仅不再交学杂费，而且享受由政府提供的免费教科书，家庭经济困难的寄宿生还得到生活补助；中等职业教育对农村家庭经济困难学生实行免学费，涉农专业对所有学生免学费；新型农村合作医疗制度、农村最低生活保障制度、新型农村社会养老保险制度基本实现对农村人口的全覆盖；农村扶贫开发事业取得历史性成就，贫困地区农民的温饱问题基本得到解决，农村贫困人口减少了近2.5亿，中国成为最早实现联合国千年发展目标中"贫困人口比例减半"的国家。按照常住人口占总人口的比例，中国的城镇化率从1978年的17.9%升至2012年的52.6%，带动2.5亿农村劳动力转移到城镇和非农产业就业。目前农民的人均纯收入中，约有42%来自于工资性收入。2012年10月，联合国粮农组织向国务院总理温家宝颁发"农民"奖章。在颁奖仪式上，联合国粮农组织总干事达席尔瓦先生说，中国粮食生产连续多年保持稳定增长态势，很多农产品的产量位居世界第一，仅用占全球9%的耕地和6%的淡水养活了占全球21%的人口，这不仅仅是中国的骄人成绩，也是对世界粮食安全作出的巨大贡献。

大陆和台湾同属一个中国，维护台海地区和平、增进两岸同胞福祉，符合两岸中国人的共同愿望，符合中华民族的整体利益。对此，我们的立场坚定不移，奉行的大政方针始终一贯。2013年农历开年，中共中央总书记习近平、中国国家主席胡锦涛分别会见率团访问大陆的中国国民党荣誉主席连战。随即，台湾《工商时报》发表社论，称这是两岸关系发展的又一个里程碑，是大陆对台政策"再接再厉、务实进取"的具体表征。这篇社论称赞大陆对台政策的连续性，有必要在这里转述几段：

"当今两岸经贸、文化、观光、学术乃至社会全面的交流，可以归功于2005年连战访问大陆'破冰之旅'以及在当时发表的《两岸和平发展共同愿景》。过去8年，大陆只要提及两岸关系的进展，不论高层领导或是基层参访人员，口径一致都归功于2005年的'破冰之旅'；习近平接任中共总书记后，两岸关系也走到先易后难的十字路口，习近平选择从2005年的连战访问团再度出发，'政策延续''再接再厉'的宣示意味不言而喻。

过去8年在胡锦涛的主导下，两岸关系获得重大突破，必须归功于中共对台政策的一贯性与延续性。虽然两岸对谈无法从国家领导人开始，但是由连战扮演促进两岸和平发展的桥梁，获得胡锦涛以下中共各级领导人的信任。大陆展现自信，持续推进以尊重台湾、争取台湾人民、创造两岸人民福祉为主轴的对台政策，在各项谈判中采取和平、尊重与让利的策略，创造出两岸分隔60余年来，往来最密切、和平势头最强劲的新局。

胡锦涛在十八大的宣示，是中共对两岸关系所提出的新愿景，将过去8年局限于经济与观光交流的格局，提升到建立政治互信的层面，期望在政治协商方面取得新进展、新成果，而这正是习近平接任中共总书记以及国家主席后的重要工作。"

大陆和台湾是休戚与共的命运共同体。两岸同胞共同参与、团结奋斗是推动两岸关系和平发展的不竭动力。近代以来，中华民族饱受列强欺凌。实现中华民族伟大复兴，是中华民族近代以来最伟大的梦想，需要两岸同胞携手来圆这个"中国梦"。

发展战略、大政方针的连续性，与我们国家稳定的政治环境密切相关，包括高层政治领导的平稳更替，发展经济的决心始终一贯。改革开放以来，我们改革了党和国家领导体制，废除了领导职务终身制，建立了领导人退休制度，修改了宪法和法律，完善了人民代表大会制度等政治制度。这些举措，保证了党和国家领导人更替的平稳性，从而保持了国家大政方针的连续性。2012 年 11 月中共十八大召开后，克罗地亚发行量最大的《晨报》刊发了前总统梅西奇的文章《中国——变化与传承》。文章称："目前，中国共产党和政府的最高领导层出现了干部年轻化的特点，但这并不会影响到中国的基本政策。因为中国的政策是经过深思熟虑制定出的长远规划，不是为了未来几年或者下届选举制定的，而是着眼于未来十年乃至更加长远的发展战略，这也是中国区别于其他大国的优势所在。"《俄罗斯商业咨询日报》发表的题为《2013 年为何将成为中国年》的文章认为，中国新领导人不仅会保持党的原则的连续性，而且会发出新一轮经济改革的信号；在美国经济发展速度减缓和欧洲债务危机久拖不决的背景下，中国完全可以成为全球经济的新火车头。

中国学者宋鲁郑认为，中国政治体制在符合国情基础之上进行的不断改革调整，在权力传接、监督和制约方面形成了中国特色的制度模式。这种特色与深陷经济危机的西方国家对比，与激发革命、动荡不堪的阿拉伯国家对比，便一目了然：西方国家是定期的换人换党，阿拉伯国家是既不换人也不换党，中国是定期的换人但不换党。从目前看，中国的模式表现最佳。原因在于，一个制度要想良好地运转，不仅要具有灵活性，还要具有延续性。西方国家的制度模式有灵活性，但缺乏延续性，往往随着新政府的建立而发生大幅度改变。阿拉伯国家虽然有连续性，但缺乏灵活性，最后制度必然走向僵化。他举例指出，在欧洲，英国、法国的左派和右派政党上台之后，国家发展政策立即改变，要么实行大规模的国有化，要么实行大规模的私有化。在美国，偏左的民主党执政，一般采取对富人增税、对财团开刀、对穷人补助的政策，如克林顿政府和奥巴马政府力推的医疗保险改革。偏右的共和党执政，则采取对富人减税、对财团扶持的政策。每一次摇摆，都对国民经济产生不同程度的损害。在印度，过去几十年里，对农民的补贴上升了，但对农业的投资却下降了，农民可能在短期内受益，但长期而言却失去了生产能力，生活水平得不到提高。但是，由于短期分配可以讨好民众，对政党的选票有利，所以尽管印度可耕地面积居世界前列，人均土地面积也是中国的两倍，但却解决不了全国的温饱问题。像对内政策一样，对外政策也处于不确定中。小布什时代极力搞单边主义，到了奥巴马时代又积极主张多边主义。希拉克和施罗德时代，中法、中德关系极佳，但到了萨科奇和默克尔时代则急速逆转。这种由于政党和领导人的变化而导致的180度政策调整，其严重后果可想而知。

中国学者国纪平引用世界舆论说明自己的这样一种主张：决策的短视造成了一些西方国家寅吃卯粮的债务依赖型经济。美国《时代》周刊发表的《民主能解决西方的经济问题吗》一文指出："大西洋两岸的政治问题有着相同的症结，即现代民主国家选举政治的要求，西方政客们将选举胜利这种狭隘的利益看得重于更大的国家长远利益，他们关心的不是削减赤字，提升经济竞争力，或者推动欧洲一体化进程，他们的眼光最远也就是停在下一次选举计票上。"美国《新观点季刊》主编内森·加德尔斯则一针见血地指出：西方民主制度屈服于即时新闻和一人一票的"短期暴政"，导致民粹主义泛滥，这种制度缺乏长期思考、策划，缺乏持续统治的政治能力。国纪平认为，政客为了拉选票竞相讨好选民，开出各种各样的福利支票，耗尽了国库，到头来让老百姓埋单。美欧各国的债务危机、财政危机，在某种意义上就是这样形成的。

国内外学者喜欢拿美国与中国进行比较，这可以理解，因为一个是最大的发达国家，一个是最大的发展中国家，并且美国享有"西方民主样板"的美誉。但是一旦进行比较，美国政策的连续性着实难以令人称道。远的不说，我们只看一下被称为奥巴马任期内最重要立法成果的"医改法案"。该法案出台前，美国有4700万人无医疗保险，约占总人口的15%。该法案的目标，是到2014年基本实现人人有医保。2010年3月，民主党凭借在参众两院的多数党地位，使国会通过了该法案，并由奥巴马签署成为法律。但是，这场史无前例的医疗保健改革分裂了美国社会。两年后的一次民调显示，56%的民众对该法案持反对态度。为废除这个法案，全美26个州几乎同时提出了"医改法案"违宪的诉讼。亚特兰大联邦上诉法院在2011年8月裁定"医改法案"违宪，迫使这一案件最终提交最高法院审理。2012年6月，联邦最高法院对

"医改法案"是否违反宪法作出裁决,以 5 比 4 的微弱多数票裁定"医改法案"合法。这个裁决无疑巩固了奥巴马的政治地位,却很难改变美国社会的分裂状态。奥巴马表示,这项裁决是美国人的胜利,生活将因裁决而变得更有保障。参院共和党领袖麦康奈尔、众院共和党人议长博纳声称,将继续在国会推动相关议案,争取推翻"医改法案"。2012 年 7 月《光明日报》的一篇新闻分析指出:"美国民意的分歧与 2008 年大选时相比,有过之而无不及。因此,共和党并没有在废除医保法案问题上偃旗息鼓,而是继续将这场斗争当做动员本党支持者的利器,为 2012 年秋天的总统大选及国会选举造势。共和党总统候选人罗姆尼表示,如果当选,他在当政第一天就用总统行政命令的方式废除医保法案。"多亏大选中罗姆尼输给了奥巴马,否则,奥巴马为"医保法案"所进行的努力又将前功尽弃。不过,这也表明,政策的连续性在美国确实是一个问题。

能够集中力量办大事并实现高效率

如何实现民主与效率的平衡,历来是代议制民主面临的难题。作为现代政治制度的两个标准,民主是指制度对参与者的容纳程度以及制度运行的民主性,效率是指制度运行的投入产出比以及国家机构履行职能的能力。在一些西方国家,一项决策往往要经过不同利益集团的博弈,并伴随冗长的程序,政治制度显示出低效率的通病。不仅如此,最终决策由于不同利益集团的相互妥协,负面作用往往成为主导,时常出现重大失误。如美国的三权分立制度没能阻止对伊拉克的入侵,无法防范金融危机的爆发,难以阻止最高法院取消实行了百余年的对财团政治捐款的顶额限制。

中国国家机构所贯彻的民主集中制原则,比较好地实现了民主与效率的统一。民主集中制,是民主基础上的集中与集中指导下的民主的结合,是同一过程中两个不可或缺而又紧密相连的环节。坚持这一原则,人民代表大会作为国家权力机关统一行使国家权力,集体决定问题;国家行政机关、审判机关、检察机关由它产生、对它负责、受它监督,合理分工、协调一致地工作,保证了国家统一有效地组织各项事务。这种政治制度,既充分发扬民主,吸收各方面的意见建议，调动各方面的积极性、主动性、创造性，又实现正确的集中，保证党和国家的决策部署得到迅速有效的贯彻执行，因而有利于充分反映人民的要求、集中人民的意志、维护人民的利益，有利于避免西方政治体制下那种互相牵扯、议而不决、决而不行的局面，有利于形成集体领导进而防止决策重大失误，有利于中央政令统一，全国上下一盘棋，集中力量办大事，加快各项事业发展。这些优势，在应对各种挑战特别是重大突发事件时表现得尤为突出。

中国政府主导经济社会发展的一个巨大优势，是在动员和分配资源方面具有强大的能力。资源动员能力，指政府动员所有可以利用的人力和物力资源，以实现社会公众所追求的共同目标的能力。资源分配能力，指政府通过一定方式合理分配社会价值的能力。对于后发型现代化国家来说，政府的资源动员能力和分配能力尤为重要。因为在这样的国家里，人民的生活水平还不是很高，人们抵御自然灾害侵袭的能力还十分有限，如果政府不能有力承担起资源动员和分配的责任，而纯粹由市场去发挥作用，那么后果将十分严重。当代中国，由于社会制度等方面的原因，政府对资源的动员和分配受其他因素的影响较小，往往表现出很强的能力，维护正常的生产生活秩序，保证经济的健康平稳发展。比如，政府拥有较强的分配和集中土地资源的能力，用以建设企业、住宅、交通、电网等基础设施，从而较快地推进城市化、工业化和信息化；政府有着较强的金融资源动员和整合的能力，对金融体系实施科学而有力的控制，大大增强了中国金融体系防范风险的能力；政府还有运用巨额国有资产的能力，通过对国有和国有控股经济进行调控，有目的地进行交通、水利、电力等方面的建设，并且通过国有经济的重组和集中以及技术改造，推进基础设施资本的积累和工业化的进程。所有这些，都充分体现了社会主义制度集中力量办大事的特点。国际舆论认为，便于资源集中、行动高效的主导型政府是成就中国模式的核心要素。英国前首相撒切尔夫人的私人秘书和外交政策顾问查尔斯·鲍威尔讲，中国拥有能够实现目标的政府体制，这种政府体制纪律严明、坚定一致并充满活力。

中国特色社会主义政治制度，既坚持以人为本、充分保障个人民主权利而充满活力，又能形成共同意志、集中力量办大事而富有效率，适应了中国人口和民族众多、经济文化不发达、区域发展不平衡、传统文化影响深厚等现实。这种优势在许多方面显示出巨大威力。

在推动发展方面，我们比较充分地调动了中央与地方两个积极性，全国经济蓬勃发展、整体水平不断提升，同时各个区域经济也呈现出八仙过海、各显其能的局面。到 2012 年底，中国国内生产总值超过 50 万亿元，香港、澳门两个特别行政区和台湾之外的 31 个省级行政区，已有 2/3 以上迈过了地区生产总值万亿元的门槛。1997 年亚洲金融危机来袭时，我们通过海关、外汇、对外资本账户、货币、财政等管理机制和调控政策，成功地应对了冲击。2008 年下半年以来，面对国际金融危机的严重冲击，我们果断调整宏观调控政策，出台一系列扩大内需、促进经济发展的举措，很快初见成效，国际社会给予了积极评价。美国经济学家斯蒂芬·罗奇认为，在经济困难时期，中国的指挥和控制体系实际上比其他市场经济体系更有效。法国《欧洲时报》认为，包括"制度优势"在内的"中国特色"已成为中国信心的有力支撑。美国学者奈斯比特观察到，在全球金融危机的背景下，西方民主体制的弊端频频暴露，低效率、犹豫不决；与此同时，中国民主体制的优势却在逐步彰显，快速、高效率。

在基础设施建设方面，我们建成了三峡工程、青藏铁路、京沪高铁、武广高铁、西气东输、西电东送以及世界上最大的电信网络等举世瞩目的项目。摩天大楼、高速公路、高速铁路、超级商厦、城市地铁、电动汽车等，过去都是西方的专利，后来西方突然发现中国不仅在这些领域几乎全面领先，而且做得更快、更多、更好、更新、更时尚、更低碳。今天，中国大中型城市几乎都在进行脱胎换骨的改造，中国现代化建设的规模和速度刷新了世界现代化的历史。2009 年 12 月武汉到广州的高铁开通时，一些国外媒体对这条世界上最快的高铁仅用 4 年建成表示惊叹，一些网民也表达了他们的"不可思议"之感。一位英国网民说："请把中国工程师请到苏格兰爱丁堡来吧。

一条 12 英里的铁路，最高时速仅 70 公里，已经拖了 3 年了，要到 2011 年才能完工。"几位美国网民说："跟我们的纽约世贸中心遗址形成了鲜明对比，八年过去了，现在还是个大土坑"；"看看我们波士顿的工程项目，由于贪婪的工会吸血鬼，预算超支 350%，还得延期二十年以上才能完成"；"瞧瞧，一个国家专心办事情，那会发生什么？中国，干得不错"。

在民生保障方面，我们建立了城镇居民基本医疗保险制度、新型农村合作医疗制度、农村最低生活保障制度等制度，社会保障的"安全网"越织越密，全体人民学有所教、劳有所得、病有所医、老有所养、住有所居的蓝图越绘越美，中国人民的生活水平在实现从贫困到温饱到小康的相继跨越后，正在奔向高更高水平的小康，人均预期寿命从 35 岁提高到 75 岁。欧盟一位荷兰籍高官曾对一位中国学者坦言："虽然我们和中国举行人权对话时，要求中国进行各种改革，但我们自己国内的改革却步履艰难。比方说，为了每周增加一小时的商店营业时间，政府和工会代表谈了十几年才达成协议。这对公共利益是好还是坏？当然不好。"2012 年 10 月，英国《泰晤士报》发表题为《来自东方的挑战》的社论，批评英美政党为琐事而争斗，感叹中共善于抓大事。社论认为，北京构思宏伟，在同有限资源竞赛的问题上，在新工业革命问题上，北京的计划者比西方的计划者想得更为大胆。"这就是中国对西方构成的挑战，我们的政治家需要冷静下来，努力思索，作出回应。"2013 年 3 月在全国政协举行的记者会上，中国农工党主席陈竺在回答提问时指出："过去四年多，我亲身参与了中国医疗卫生事业的改革发展，我们能在这么短的时间里建立起一个覆盖全民的基本医疗卫生制度，充分证明了这个制度的合理性，它不仅解放了生产力，而且解放出来的生产力能够很快转化为民生的巨大效益。"

在重大国际活动方面，我们先后成功举办了 2008 年北京奥运会、2010 年上海世博会和广州亚运会等事项。北京奥运会上，场馆设施现代化程度之高、志愿者服务之热情、赛事组织之科学严密、各项机构运转之高效，都体现了当代中国的风貌。奥运会开幕前夕，来自台湾的国际奥委会委员吴经国感慨地说，他和全球华人都感受到中华民族复兴时刻的到来，一个充满生机的中华民族将展现在世界面前。英国《金融时报》在 2008 年底发表的一篇文章中说，回首过去，对于体育界而言，2008 年是特殊的一年，未来几年的辉煌可能都不及这一年的一半；具有讽刺意味的是，北京奥运会是一届更民主的奥运会，这不仅因为中国首次高居金牌榜榜首，还因为赢得奖牌的国家数比以往任何一届都要多，登上领奖台的运动员来自 87 个国家，这一数字创历史新高，阿富汗、毛里求斯、塔吉克斯坦和多哥等国也赢得了本国的首枚奥运会奖牌。美国全国广播公司（NBC）在 2012 年伦敦奥运会开幕前称，电视观众将对伦敦奥运会产生浓厚兴趣，但这届奥运会很可能无法与四年前的北京奥运会盛况相媲美；当年观众是怀着对中国的兴趣在收看北京奥运会赛事的，这届奥运会在 NBC 及其有线电视台创下美国电视史上赛事转播的最高收视率，平均每天有 2770 万人观看 NBC 连续 17 天的晚间黄金时段赛事转播。奥运会举办过程中，中国政府展现出的无可比拟的强大组织力，中国人民展示出的万众一心的社会认同感，从一个方面展示了中国政治制度的优势。

在应急救灾方面，我们战胜了"非典"、四川汶川大地震、甘肃舟曲特大泥石流、青海玉树地震等灾害，展示了中国特色社会主义政治制度在应对突发灾难事件时的及时有效反应能力。2008 年 5 月发生于汶川的特大地震，震中在中国中部山区，远离国家的经济和金融中心，但我们的军队在 20 分钟内就启动了救灾机制，我们的总理在 2 小时内就坐上了飞往灾区的飞机，我们的医疗队在三四天内就覆盖到所有 1000 多个受灾的乡镇，直接救助 2000 多万灾民。震后几年来，灾区 13 万多平方公里的国土完成城镇再造，修建居民住房 657 万套，灾区经济年均增长 15.75%，财政年均增速 54.5%，创造了灾后恢复重建的奇迹。现在，灾区最漂亮的是住房，最坚固的是学校，最现代的是医院，最满意的是居民。有国外学者评论说："地震之后人们确实看到了中国制度体系的优越性，中国在短时间内动员巨大的力量投入，这是其他任何制度所不能比拟的。"相比之下，一些国家在应对突发事件时却不够及时有效。2003 年法国发生的酷暑导致多人死亡，而总统希拉克当时正在度假，直至假期结束。2005 年美国遭遇卡特里娜飓风袭击时，总统布什在三天后才终止度假指挥救灾。2008 年孟买恐怖袭击发生后，印度反恐部队用了 9 个小时才抵达袭击现场。在意大利，频繁更换的政府连城市垃圾等问题都处理不好，更不要说解决根深蒂固的黑社会问题。2010 年海地地震，第一个到达灾区的救援队，竟是万里之遥的中国，比海地的邻国美国提前了两个小时。2011 年利比亚突发内战，各国在利侨民面临生死危机。中国政府在第一时间作出不惜一切代价撤回侨民的决定，并在 12 天内将 35860 名同胞安全撤离和转运回国。

发挥中国特色社会主义政治制度集中力量办大事的优势，我们克服了一个又一个困难，战胜了一个又一个挑战，取得了一个又一个胜利，从而创造了"中国崛起"的奇迹。实践表明，在中国特色社会主义政治制度下，越是处在危难时刻和紧要关头，全民就越能拧成一股绳、全国就越能形成一盘棋，携手抵御风险、克服困难。国际舆论评论，中国特色社会主义政治制度的优势，总体上超过了一些采用西方政治制度的发展中国家，甚至在一些方面也超过了发达国家。

能够以有力举措推动反腐败和廉政建设

腐败问题，是一种历史现象，是一个世界顽症，与中国共产党水火不容，与社会主义格格不入。大力加强廉政建设，积极预防腐败，坚决惩治腐败，是中国政府的一贯主张和行动。在多年的实践中，我们完善了党委统一领导、党政齐抓共管、纪委组织协调、部门各负其责、依靠群众支持和参与的反腐败领导体制和工作机制，在坚决惩治腐败的同时，重视治本，重视预防，重视制度建设，拓展从源头上防治腐败的工作领域，形成了教育长效机制、制度保障体系、权力监控机制，走出了一条适合中国国情、具有中国特色的反腐倡廉道路，反腐败和廉政建设取得明显成效，呈现出系统治理、整体推进的良好态势。中国国家统计局的民意调查结果显示，2003-2010 年，公众对反腐败和廉政建设成效的满意度从 51.9% 提高到 70.6%，认为消极腐败现象得遏制的比例从 68.1% 上升到 83.8%。中国社科院廉政研究中心问卷调查显示，2013年89％的普通干部、76.1％的专业人员、73.8％的企业管理人员认为腐败蔓延势头正在有效遏制和一定范围内遏制，比2012年分别提高1％、5.9％和22.8％。实践证明，中国政府能够以取信于民的有力举措推动反腐败和廉政建设。

中国的反腐败和廉政建设的职能机构，主要有共产党纪律检查机关、国家司法机关、政府监察机关和审计机关以及国家预防腐败局。各级纪律检查委员会（简称"纪委"）是依据《中国共产党章程》设立的党内监督专门机关，由同级党的代表大会选举产生，主要任务是维护党的章程和其他党内法规，检查党的路线、方针、政策和决议的执行情况，协助同级党委加强党风建设和组织协调反腐败工作，经常性工作是对党员进行遵纪守法教育，对党员领导干部行使权力进行监督，查处违犯党纪的案件，受理党员的控告和申诉，保障党员的权利。人民法院和人民检察院是国家司法机关，分别依法独立行使审判权和检察权，不受行政机关、社会团体和个人的干涉。监察机关是行使监察职能的机关，依法对国家行政机关及公务员和国家行政机关任命的其他人员，对法律法规授权的具有公共事务管理职能的组织及其从事公务的人员，对国家行政机关依法委托从事公共事务管理活动的组织及其从事公务的人员的执法、廉政、效能情况进行监察。审计机关是依据宪法设立的审计监督机构，依法对国务院各部门和地方各级政府及其各部门的财政收支、国有金融机构、国有企事业单位的财务收支等进行审计监督。中国还建立了经济责任审计制度，对国家机关和依法属于审计对象的其他单位主要负责人进行审计监督。国家预防腐败局是政府为统筹预防腐败工作而专门设置的机构，负责全国预防腐败工作的组织协调、综合规划、政策制定、检查指导，协调指导企事业单位、社会团体、中介机构和其他社会组织的防治腐败工作，负责预防腐败的国际合作和技术援助。以上各机构的工作，既相对独立、各司其职，又相互协调、密切配合。纪律检查机关在掌握党员违纪线索之后，经调查认定为违犯党纪的，对其作出相应的党纪处分（包括警告、严重警告、撤销党内职务、留党察看、开除党籍）；对其中涉嫌犯罪的，移送司法机关处理。政府监察机关对于违反政纪的监察对象，作出相应政纪处分（包括警告、记过、记大过、降级、撤职、开除）；对其中涉嫌犯罪的，移送司法机关处理。公安、审计、行政执法机关在履行职责过程中发现有违法违纪行为的，根据具体情况分别移送司法机关或党的纪律检查机关、政府监察机关处理。人民法院、人民检察院在履行职责过程中发现犯罪嫌疑人涉嫌违犯党纪或政纪的，将有关证据材料移送党的纪律检查机关或政府监察机关处理。中国的反腐败和廉政建设的职能机构，通过加强内部管理和制度建设，完善制约监督机制，督促执法执纪人员秉公用权、严格自律，通过推行权力公开透明运行、廉政监督员等制度，督促执法执纪人员牢固树立接受监督意识、自觉接受各方面监督，不断提高执法执纪能力和水平，为中国的反腐败和廉政建设提供组织保证。

中国坚持依法治国基本方略，重视法律法规制度的规范和保障作用，从执政党和国家两大层面推进反腐败和廉政建设的法制化规范化，初步形成了内容科学、程序严密、配套完备、有效管用的反腐倡廉制度体系。在党内，是以党章为核心，以惩治和预防腐败体系为主要内容的一系列党内法规制度体系，如《中国共产党党内监督条例（试行）》、《中国共产党巡视工作条例（试行）》、《中国共产党党员领导干部廉洁从政若干准则》、《关于实行党政领导干部问责的暂行规定》、《关于领导干部报告个人有关事项的规定》、《中共中央纪委关于严格禁止利用职务上的便利谋取不正当利益的若干规定》等等。在国家，是以宪法为核心，以刑法、公务员法、行政监察法等为主要内容的一系列反腐倡廉法律体系。党纪和国法两套制度体系如车之双轮、鸟之两翼，共同构成了中国特色反腐倡廉制度体系。这一体系的初步形成，标志着党风廉政建设和反腐败斗争基本上实现了有法可依，保证了党风廉政建设和反腐败斗争深入发展，标志着我们的反腐倡廉制度化建设达到了一个新水平。

中国按照结构合理、配置科学、程序严密、制约有效的原则，逐步建立健全决策权、执行权、监督权既相互制约又相互协调的权力结构和运行机制，推进权力运行的程序化和公开透明，加强对权力的制约和监督。目前，已形成了由共产党党内监督、人大监督、政府内部监督、政协民主监督、司法监督、公民监督和舆论监督组成的具有中国特色的监督体系。各监督主体，既相对独立，又密切配合，形成了整体合力。阳光是最好的防腐剂，公开是对权力最好的监督。从1980年代开始，中国政府积极推行政务公开、厂务公开、村务公开和公共企事业单位办事公开等制度。颁布《中华人民共和国政府信息公开条例》等重要法规文件，规定按照公开是原则、不公开是例外的要求，及时、准确地公开除涉及国家秘密、商业秘密和个人隐私以外的政府信息，依法保障公民的知情权、参与权、表达权和监督权。中央和国家机关、各省（自治区、直辖市）普遍建立了新闻发布和新闻发言人制度，绝大多数县级以上政府建立了政府网站。仅2012年，全国省级以上党政机构就举办新闻发布会2200多场。国家司法机关推进审判公开、检务公开、警务公开、狱务公开等司法公开制度，为加强对司法活动的监督提供了保证。共产党积极推进党务公开，发布实施《关于党的基层组织实行党务公开的意见》，健全党内情况通报制度，及时公布党内事务特别是党组织重大决策、干部选拔任用、党员领导干部执行廉洁自律规定等情况，拓宽党员了解党内事务和表达个人意见的渠道。人民网、新华网、光明网等中央重点新闻网站和新浪网、搜狐网、网易网等主流商业网站推出网络举报监督专区，鼓励广大网民依法如实举报违纪违法行为。中央纪委、监察部网站开通以来，充分发挥12388举报网站的作用，日均接受群众举报超过八百件。

改革开放以来特别是进入21世纪以来，中国坚持用发展的思路和改革的办法预防和治理腐败。针对容易滋生腐败的重点领域和关键环节，大力推进体制改革和制度创新，建立适合时代发展要求的新体制新机制，减少和消除产生腐败现象的土壤和条件。行政审批制度方面，在全面清理审核的基础上，大幅度地削减和调整了行政审批事项，对于保留的行政审批项目，通过广泛设立行政服务中心公开审批，建立行政审批电子监察系统及时监控，完善行政审批责任追究制度和信息反馈机制，提高工作效率，减少权力寻租的机会。干部人事制度方面，坚持民主、公开、竞争、择优，建立健全科学的干部选拔任用和管理监督机制，提高选人用人公信度，从源头上防治用人腐败。司法体制和工作机制方面，坚持以维护司法公正为目标，按照科学配置侦查权、检察权、审判权和执行权的原则，建立公正、高效、权威的司法制度。财政管理体制方面，深化部门预算公开、国库集中支付、收支两条线管理、政府采购、规范转移支付等改革。投资体制方面，着力建立市场引导投资、企业自主决策、银行独立审贷、融资方式多样、中介服务规范、宏观调控有效的新型投资体制，减少行政干预。金融体制方面，实行中央银行与商业银行分离、政策性金融与商业性金融分离、银行与证券及保险业分业经营，加强和改进金融宏观调控，建立和完善银行业、证券业、保险业分业的金融监管体制，加强了金融监管，规范了金融市场。市场配置资源方面，注重完善制度、强化监管，防止在公共资源配置、公共资产交易、公共产品生产领域出现腐败问题。为了指导党风廉政建设和反腐败工作，我们实施了《建立健全惩治和预防腐败体系 2008－2012 年工作规划》，目前正在实施《建立健全惩治和预防腐败体系 2013－2017 年工作规划》。

依法依纪查处腐败案件，是惩治腐败最直接最有效的手段。我们坚持法律和纪律面前人人平等的原则，严肃查处党员干部和国家工作人员中的腐败行为，保持了惩治腐败的强劲势头。坚持有案必查、有腐必惩，严肃查办领导机关和领导干部中滥用职权、玩忽职守、贪污贿赂、腐化堕落的案件，严肃查办重点领域和关键环节的腐败案件，严肃查办商业贿赂案件。深入开展纠风和专项治理，重点是金融、电信等公共服务行业，教育、医疗、涉农、征地拆迁、涉法涉诉等领域，工程建设、市场中介等方面。针对不同时期腐败现象发生的特点，确定查办案件的重点。1980 年代，重点打击严重经济犯罪活动和利用价格"双轨制"非法倒买倒卖行为。1990 年代，重点查办党政领导机关、行政执法机关、司法机关、经济管理部门和县处级以上领导干部的违法违纪行为，着重查处贪污贿赂、挪用公款、失职渎职、贪赃枉法、腐化堕落等方面的案件，加大金融、房地产、工程建设等领域案件的查处力度。进入 21 世纪，着重查办领导干部利用人事权、司法权、行政审批权、行政执法权等搞官商勾结、权钱交易、索贿受贿的案件，为黑恶势力充当"保护伞"的案件，严重侵害群众利益的案件，群体性事件和重大责任事故背后的腐败案件。我们始终把纠正损害群众利益的不正之风作为反腐败的重要内容。针对一些地方和部门存在的乱涨价、乱收费、乱罚款、乱摊派等现象，针对农村土地征收、城镇房屋拆迁、国有企业改制、医药购销和医疗服务中损害群众利益的行为，针对拖欠农民工工资等问题，采取专项检查等措施予以纠正。同时，相继取消农业税和义务教育阶段收费，不断深化教育、医药卫生等方面体制改革，为纠正损害群众利益的不正之风提供了支持。我们逐步加大以行政首长为重点的行政问责力度，认真解决违法行政、执法不公，有令不行、有禁不止，行政不作为、乱作为等问题，依法依纪严肃追究给国家利益、公共利益和公民合法权益造成严重损害的人的责任。2008-2012 年，检察机关共立案侦查各类职务犯罪案件 165787 件 218639 人，其中县处级以上国家工作人员 13173 人（含厅局级 950 人、省部级以上 30 人）；加大惩治行贿犯罪力度，依法追究了 19003 名行贿人的刑事责任；严肃查处执法司法不公背后的职务犯罪，立案侦查行政执法人员 36900 人、司法工作人员 12894 人；严力惩治渎职侵权违法犯罪，立案侦查这方面案件 37054 件 50796 人。2013 年，中央坚持"老虎"、"苍蝇"一起打，惩治腐败的力度进一步加大，各级纪检监察机关接受信访举报 1950374 件（次），其中检举控告类 1220191 件（次），立案 172532 件；结案 173186 件，给予党纪处分 150053 人，给予政纪处分 48900 人，其中县处级以上干部 6400 多人。

教育是反腐败和廉政建设的一项基础性工作。多年来，我们坚持不懈地在国家工作人员中开展廉洁从政教育，在全社会加强廉政文化建设，促使国家工作人员增强廉洁自律意识，推动全社会形成崇尚廉洁的良好风尚。在中共党员和国家工作人员中开展国家法律法规和党纪政纪教育，是廉洁从政教育的一项经常性工作。中共中央政治局经常组织法制内容的集体学习，对全社会特别是党员和国家工作人员学习法律发挥了带动作用。目前，共产党各级组织和国家机关的集体学习已形成制度。我们积极开展全民普法教育，从1986 年起，在全体公民特别是国家工作人员中连续实施了 5 个（目前正在实施第 6 个）五年普及法律知识教育，共有 8 亿多人次接受了各种形式的法制教育，增强了公众的法治观念和对国家工作人员廉洁从政的监督意识。为筑牢拒腐防变的思想道德防线，我们注重开展岗位廉政教育和培训，注重加强示范教育和警示教育。同时，大力开展廉政文化建设，推动廉政文化进机关、社区、家庭、学校、企业和农村，弘扬以廉为荣、以贪为耻的社会风尚。我们重视弘扬中华优秀传统中的廉政文化精华，以文学艺术、影视作品、书画展览和公益广告等形式表现廉政文化的丰富内涵，不断推出主题昂扬向上、时代特色鲜明、体现人文关怀的优秀廉政作品。这些内容丰富、形式多样、喜闻乐见的廉政文化活动，宣扬了中华民族崇尚廉洁的优良传统，展示了廉政建设的丰硕成果，推进了廉政文化建设深入开展。

总结反腐倡廉的实践经验，基于对反腐败斗争长期性、艰巨性和复杂性的深刻认识，我们努力建立健全融教育、制度、监督于一体的惩治和预防腐败体系。其中，教育是基础，解决领导干部"不想"腐败的问题；制度是保证，解决领导干部"不能"腐败的问题；监督是关键，解决领导干部"不敢"腐败的问题。三者相互配套、相互促进。这个体系，既立足于当前又着眼于长远，体现了标本兼治、综合治理、惩防并举、注重预防的精神。近些年来，我们深化从源头上防治腐败的体制改革，形成了惩治和预防腐败体系的基本框架，拒腐防变教育长效机制初步建立，反腐倡廉法规制度更为健全，权力运行监控机制比较完善。建构惩治和预防腐败体系，不仅表明中国政府反对腐败的决心，也表明我们的反腐倡廉的制度化建设达到了一个新的水平。

中国正处于经济起飞期和社会转型期，经济体制、社会结构、利益格局正在发生深刻变化，各种社会矛盾比较集中地表现出来。发达国家的经历表明，这一时期一般是腐败的高发期。美国乔治·梅森大学经济学家拉米雷斯对中美两国的腐败问题进行了对比研究，结论是："中国的腐败程度可能与美国在相同发展阶段时的程度大致相似"。他认为，腐败现象有一个"生命周期"，在一个国家发展的早期会增加，但当这个国家成为发达经济体时就会下降；根据透明国际的腐败排名，最恶劣的绝大多数是穷国，中国居中的地位或许适合像中国这样的中等收入国家。居中的地位不能令国人自豪，但也使我们充满信心。中国共产党的宗旨是为人民服务，它坚决反对腐败并有能力反对腐败。许多深入观察中国社会的外国学者注意到，中国发生的许多群体性事件很少是直接针对政治制度的，而是要求共产党惩治腐败官员。这些外国学者的结论是：中国人民愿意和中国共产党一起克服腐败，因为他们相信共产党在根本上是为他们谋利益的。我们应借鉴西方国家反腐败的一些做法，但不应盲目搬用它们的模式，因为这个模式本身就存在诸多问题，如民主的商业化（铺天盖地的广告）、庸俗化（一切为了讨好选民，当选后又不能兑现承诺）、金钱化（选举需要大量的金钱），这与许多先哲的理想已相去甚远，即使在这些国家也受到很多批评。美国总统奥巴马在他的《希望的勇气》一书中坦陈："竞选需要电视媒体和广告，这就需要钱，去弄钱的过程就是一个产生腐败影响的过程，拿了钱，就要照顾提供钱者的利益，虽然也可能使用政府的钱（但这个钱很有限，不足以应付竞选，可能还会附带很多条件）。"坚持和完善中国特色社会主义政治制度，我们完全能够依靠自身力量和广大人民群众的支持，把腐败现象减少到最低程度。

能够有效维护民族团结、社会稳定、国家统一

民族团结、社会稳定和国家统一，是全体中国人民的根本利益。中国特色社会主义政治制度，把中国人民的根本利益作为制度设计的出发点和落脚点，能够统筹兼顾不同民族、不同阶层、不同群体的利益，组织和保障人民从各个层次、各个领域有序政治参与，最大限度地增加和谐因素，最大限度地减少不和谐因素，从而维护民族团结、社会稳定、国家统一。

在人民代表大会制度下，全国各族人民通过直接或间接选出的代表组成各级人大来行使管理国家和社会事务的权利。人大及其所产生的各种国家机关，都对人民负责，受人民监督。全国人大制定的法律、通过的决定，一切国家机关都必须遵守和执行，从而使我们的国家机构形成为一个坚强的有机整体。人大制度坚持以广泛的代表性为自己的生命，保证各方面人民通过自己的代表参与国家政治生活，管理国家事务，管理经济和文化事业，管理社会事务，既能集中全国人民的共同意志，又能兼顾不同地区、不同民族、不同阶层的具体利益。在人大制度下，中央和地方的关系是整体和局部之间的关系，局部服从整体，下级服从上级，地方服从中央，保证中央的统一领导，同时又给地方一定的自主权，积极发挥地方的积极性和创造性。所有这些，

都有利于民族团结、社会稳定、国家统一。

中国共产党领导的多党合作和政治协商制度，为民主党派和无党派人士等社会各界各方面人士的政治参与提供了广阔平台，既有利于增进社会活力，又有利于促进社会和谐。这一制度具有极强的包容性，能够把中国特色社会主义事业中的各种建设力量纳入其中，如非公有制人士、归国留学人员、港澳同胞、大陆台商，从而实现更广泛的民主参与。多党合作制度能够有效集中各民主党派、各人民团体和各界人士的智慧，反映社会各方面的利益、愿望和诉求，畅通和拓宽社会利益表达渠道，协调利益关系，从而保持社会和谐稳定。多党合作制度以合作、协商代替对立、争斗，避免了多党制下互相倾轧、纷争不断造成的政局不稳和政权频繁更迭，避免和减少了社会内耗，维护了安定团结的社会政治局面。一个充满活力而和谐稳定的局面，对于处于转型时期快速发展的中国极为重要。如果实行西方国家那样的两党制或多党制，极有可能把中国推向动乱甚至分裂。这种结果对中国是一场灾难，对世界也是一场灾难。

我们所实行的单一制从国家结构上保证了国家的统一与稳定。中央统一领导地方，权力较多地集中于中央，是中国所实行的单一制的主要特点。具体说来，在法律制度方面，国家有一部宪法，只有一套以宪法为基础的法律体系，维护宪法的权威和法制的统一是国家的基本国策；在国家机构方面，具有一套包括最高国家权力机关、最高国家行政机关和最高国家司法机关的中央国家机关体系；在中央与地方的关系方面，省、县、乡都是中央政府领导下的地方行政区域，不得脱离中央而独立；在对外关系方面，中华人民共和国是一个统一的国际法主体，公民只有统一的中华人民共和国国籍。发展到今天，中国的单一制也发生了一些变化。1990年代，随着香港、澳门的回归，这些地区实行了特别行政区制度，保持着高度自治。在单一制下，我们形成了全国一盘棋的民主团结、生动活泼、稳定有序的政治局面，经济社会发展取得了举世瞩目的成就，特别是在非常时期展示出动员作用好、决策效率高、执行能力强等优势。实践证明，我们所实行的单一制是克服新中国成立前的百余年间出现的总体性社会危机的有效治国之道。

在中国特色社会主义政治制度下，我们紧紧抓住经济建设这个中心不动摇，不断巩固民族团结、社会稳定和国家统一的物质基础。影响民族团结、社会稳定和国家统一的因素不尽相同，社会物质生活水平堪称最大的共同因素。中国是世界上最大的发展中国家，目前人口约占世界总人口的19%。在过去相当长时期里，由于诸多原因，贫困一直困扰着中国。实行改革开放政策以来，中国共产党更加自觉地把推动发展作为执政兴国的第一要务，领导全国人民创造了经济发展的中国奇迹，同时实施了以解决贫困人口温饱问题为主要目标的有计划、有组织的大规模扶贫开发，极大地提升了人们的物质生活水平。1978-2000年，中国农村没有解决温饱的贫困人口由2.5亿减至0.3亿，贫困人口占农村总人口的比例由30.7%降至3%左右，我们确定的到20世纪末解决农村贫困人口温饱问题的战略目标基本实现。进入21世纪以来，我们实施了《中国农村扶贫开发纲要（2001—2010年）》，把扶贫开发纳入国民经济和社会发展总体规划，制定和实施有利于农村贫困地区发展的政策措施，把扶贫投入作为公共财政预算安排的优先领域，把贫困地区作为公共财政支持的重点区域，坚持开发式扶贫和社会保障相结合，坚持专项扶贫与行业扶贫、与社会扶贫相结合，坚持外部支持与自力更生相结合，不断加大对贫困地区的扶持力度，切实提高扶贫政策的执行力。在距离2020年全面建成小康社会的奋斗目标还有10年之际，我们又适时推出了《中国农村扶贫开发纲要（2011－2020年）》。这个纲要明确提出：提高扶贫标准，加大投入力度，把连片特困地区作为主战场，把稳定解决扶贫对象温饱、尽快实现脱贫致富作为首要任务。扶贫开发的主战场，包括六盘山区、秦巴山区等11个区域的连片特困地区和已明确实施特殊政策的西藏、四省（四川、云南、甘肃、青海）藏区、新疆南疆三地州，共有14个片区680个县。解决好这些地区的贫困问题，对于新形势下的政治稳定、民族团结、边疆巩固、社会和谐、生态安全都具有特殊重要的意义。中国特色社会主义政治制度以维护和促进社会公平正义、实现全体人民共同富裕为价值追求，是整个国家所有地区平衡发展的制度保证。坚持这一制度，必将在继续促进经济发展的基础上，更好地使全体人民学有所教、劳有所得、病有所医、老有所养、住有所居，进一步促进人民安居乐业、社会和谐稳定。

当代中国，民族问题处理得如何，不仅影响民族团结，而且影响社会稳定和国家统一。中国是一个多民族国家，1亿多少数民族人口大部分居住在边疆地区，分布于约占2/3的国土面积，不仅城乡之间、地区之间发展不平衡，民族之间发展也很不平衡。如何处理好民族问题，既关系到民族团结，也关系到社会稳定，还关系到国家统一，可谓牵一发而动全身。我们所采取的民族平等团结、各民族共同繁荣的政策，所实行的民族区域自治制度，能够妥善处理各种民族问题。中国的各个民族，不论人口多少、经济发展程度高低、风俗习惯和宗教信仰异同，都是中华民族大家庭的平等一员，具有同等的地位，在国家生活的一切方面，依法享有相同的权利、履行相同的义务，反对一切形式的民族压迫和民族歧视。各民族在社会生活和交往中平等相待、友好相处、彼此尊重、互相帮助。民族区域自治制度坚持国家统一与保证各少数民族享有平等权利相结合，使少数民族依法自主地管理本民族事务，保证了各民族不论大小都享有平等的经济、政治、文化和社会权利，共同维护国家统一和民族团结。改革开放以来，我们把加快民族自治地方发展摆到更加突出的战略位置，多次召开西藏工作会议、新疆工作会议等民族自治地方工作会议，制订和实施一系列与民族地区发展密切相关的各种政策，如优先合理安排民族自治地方基础设施建设项目，加大对民族自治地方财政投入和金融支持力度，重视民族自治地方的生态建设和环境保护，采取特殊措施帮助民族自治地方发展教育和科技事业，加大对少数民族贫困地区的扶持力度，增加对民族自治地方社会事业的投入，扶持民族自治地方扩大对外开放，组织发达地区与民族自治地方开展对口支援，照顾少数民族特殊生产生活需要，等等。我们在积极开展的民族团结进步创建活动中，注重激发少数民族和民族地区加快发展的积极性，推动国家支持民族地区发展的政策的贯彻落实和创新发展；注重保障和改善民生，让各族人民更好地共享改革发展成果；注重化解涉及民族因素的矛盾纠纷，建立推进民族团结和社会稳定的长效机制；注重民族团结宣传教育，促进各民族互相信任、互相尊重、互相学习、互相帮助；注重推进民族领域的社会管理创新，努力拓展中国特色解决民族问题的宽广道路。正是由于切实实行民族区域自治制度，正是由于努力贯彻民族平等团结、各民族共同繁荣的政策，中华民族显示了空前强大的凝聚力，中国没有发生前苏联分裂那样的大地震。

有利于维护国家主权、领土完整和尊严，是中国特色社会主义政治制度设计的重要原则。中国人民争取民主，从一开始就与维护国家主权、领土完整和尊严紧密联系在一起。在无数仁人志士探索和斗争的基础上，中国共产党领导中国人民经过 28 年的浴血奋斗，于 1949 年建立了社会主义新中国，确立了中国人民当家做主的地位，为当代中国的一切发展进步奠定了坚实基础。1950 年代，我们实现了西藏的和平解放。1990 年代，我们实现了香港和澳门的回归。至此，除了台湾，我们基本上实现了国家统一。解决台湾问题、实现祖国完全统一，是中国人民的共同心愿，是中华民族的根本利益，因而也是不可阻挡的历史进程。为了遏制"台独"分子把台湾从中国分裂出去的企图，2005 年全国人大通过了《中华人民共和国反分裂国家法》。

2012 年 9 月，日本政府不顾中方一再严正交涉，宣布"购买"钓鱼岛及其附属小岛，实施所谓"国有化"。针对这一事件，中国政府采取一系列行动宣示了自己的严正立场。巴基斯坦政策研究所学者阿扎·艾哈迈德在接受《光明日报》记者采访时表示："在涉及中国主权问题上，中国政府的坚定立场表达了 13 亿中国人民的意愿。中国已经不再是 100 年前的中国，任何对中国主权肆意侵犯的行为都必须付出代价。我一向认为，中国政府和谐世界的和平外交政策应当是世界政治潮流的主旋律，但是和平的实现单靠和平友好愿望是不够的，必须有能捍卫和平的能力。中国不仅拥有与对手坐下来谈判的善意，而且也具备当自己主权受到侵犯时进行正当防卫的实力"；"我曾在国家战略委员会任职，深知任何国家战略都必须首先建立在维护国家根本利益的基础之上。我个人想对那些打错政治算盘的国家和某些国际反华势力说几句话：对中国来说，任人宰割、任人欺侮的时代已经一去不复返了"。

能够通过改革实现自身不断完善发展

近三十多年来的中国，最显著的成就是快速发展，最鲜明的特征是改革开放。政治领域的改革，对象是由政治制度派生而来的政治体制，性质是社会主义制度的自我完善和发展。政治体制，是政治制度的运行机制和操作程序，是政治制度的表现形式和实现形式。实现政治制度所确立的基本原则，需要政治体制来确定具体的组织制度、管理权限、运转方式，也需要随着实践的发展对政治体制中不合时宜的部分进行改革创新。如果政治体制不能随着实践的发展而与时俱进，就可能妨碍政治制度优越性的发挥。通过改革实现自身不断完善和发展，是处于社会主义初级阶段的中国国情的内在要求，是中国特色社会主义政治制度优越性的重要体现。

以生产力为基础的人类社会，总是在生产力与生产关系、经济基础与上层建筑的矛盾运动中发展的。在剥削阶级占统治地位的社会，这种矛盾具有不可避免的对抗性，发展到一定程度，往往通过进步阶级的革命斗争，摧毁旧的生产关系，建立新的生产关系，从而解除束缚生产力发展的羁绊，使矛盾得到解决。这已为人类社会发展史所证明。人类社会发展史还表明，既定的社会制度的巩固，这一社会制度下的生产力的发展，一般是经过持续不断的大大小小改革来实现的。原始社会、奴隶社会、封建社会和资本主义社会是这样，社会主义社会也是这样。在中国，社会主义制度的建立为生产力的解放和发展开辟了广阔的道路。但是，社会主义的生产关系和上层建筑同样有一个与生产力发展水平不断适应的问题。如果它们不能适应生产力发展的要求，也必然要发生调整和变革。特别是由于社会主义社会基本矛盾的非对抗性，更要求我们把改革作为一个自觉长期坚持的战略方针。

如果说社会主义社会是一个不断改革的社会，那么在社会主义初级阶段更需要我们自觉推进改革。任何社会形态都不是纯而又纯的，既有主要方面，也有次要方面，它在主要方面属于某种社会制度，而在次要方面又带有其他社会制度的痕迹或特征。对于一种产生不久的新社会来说，它带有的旧社会的痕迹或特征更为明显。处于初级阶段的中国社会主义，由半殖民地半封建社会脱胎而来，主要矛盾是人民日益增长的物质文化需要同落后的社会生产之间的矛盾，民主政治的发展不能不受到诸多因素的制约。消除旧中国在各方面留下的痕迹需要改革，解决社会主要矛盾需要改革，发展民主政治需要改革，尤其需要通过改革解放和发展生产力，不断增强社会全面进步的物质基础。社会主义制度建立以来，中国的社会生产力有了很大发展，各项事业有了很大进步，但总起来说，人口多、底子薄、地区发展不平衡、生产力不发达的状况还没有根本改变，社会主义制度还不完善，民主法制还不健全，特别是肃清思想政治方面的封建主义残余仍然是一个艰巨的任务。所有这些，都要求我们在战略方针上确立改革的重要地位。

中国社会主义初级阶段客观上始自 1956 年社会主义改造基本完成，而我们清醒地认识到它并以此为基础致力于改革开放却始自 1978 年中共十一届三中全会。之所以如此，来自苏联社会主义模式的影响是一个重要原因。新中国成立之初，在毫无经验的情况下，我们借鉴了苏联模式。这种模式，产生于社会主义没有先例可循的历史条件，主要是适应战争与革命那个时代的需要，有一定的历史必然性，但存在严重的缺陷和弊端。从经济体制上看，所有制形式过于单一，部门管理体制过分集中，实行严格的计划调节，反对市场机制，以行政手段为主管理经济，政治斗争时常干扰经济生活。从政治体制上看，以党代政，高度集权，机构臃肿，人浮于事，官僚主义严重，干部终身制，缺乏有效的民主监督机制。苏联社会主义模式，曾经对中国社会主义建设发挥了积极作用，但弊端也越来越严重阻碍生产力发展和社会进步。消除苏联模式弊端的影响，要求我们进行政治体制改革。

经过数十年的改革发展，中国特色社会主义政治制度得以形成。形成虽然不等同于定型，但提供了一个制度框架，奠定了政治改革发展的基础。邓小平在 1990 年代初曾指出，恐怕再有 30 年的时间，我们才会在各方面形成一整套更加成熟、更加定型的制度。中国政治体制改革的基本目标，是适应扩大人民民主、促进经济社会发展的要求，实现社会主义政治制度自我完善，发展更加广泛、更加充分、更加健全的人民民主，巩固人民当家做主的地位，增强党和国家的活力，调动人民群众的积极性，充分发挥社会主义政治制度的优越性。同时，政治体制改革作为整个改革事业的组成部分，为其他方面改革提供支持和保证。

中国政治体制改革不同于经济体制改革。中国的经济体制改革，是在坚持以公有制为基础的社会主义基本经济制度的同时，从根本上变革传统的计划经济体制，建立社会主义市场经济体制这一新体制。中国的政治体制改革，不仅要坚持人民民主专政这一国体，而且要坚持人民代表大会制度、中国共产党领导的多党合作和政治协商制度、民族区域自治制度和基层民主自治制度，并不是要改变这些制度，要变革的是这些政治制度下面那些不能充分体现民主和法治精神的具体制度和做法。简单地说，中国的经济体制改革是"取代型"的改革，即由社会主义市场经济体制取代计划经济体制的改革，而中国的政治体制改革是"完善型"的改革，即按照社会主义民主和法制的精神完善现有的政治体制的改革。

以世界眼光审视，更说明我们的政治制度能够通过改革不断完善发展的优势所在。在西方，当危机爆发、不得不进行改革时，却在很大程度上遇到来自政治制度的阻力。近几年欧洲主权债务危机发生后，有关国家不得不紧缩财政、削减福利。然而，由于拥有选票的大众早已视福利为天然权利，丝毫不想接受任何改革。于是，罢工式街头政治接二连三，一些国家处于博弈的胶着状态。有学者认为，这场博弈，不管最终结果如何，都标志着西方模式的终结：如果政府置民意于不顾，强制推行紧缩政策，那就是对西方民主制度合法性的质疑；如果政府在民意的压力下妥协让步，或者民众通过选举使主张改革的政党下台，那就很难进行有关改革，从而动摇西方制度体系。2013年2月意大利议会选举，为这个观点提供了最新的例证。意大利这次选举，在参议院形成了没有多数的局面，导致股指大跌，使国家陷入难以组阁执政的僵局。美国《华尔街日报》评论说，虽然大选本应帮助意大利采取更多经济改革措施，但选民们制造了一种政治僵局，导致全球市场作出负面回应。另外，一些西方国家的政治活力正在丧失，与这些国家自认为"终极"、"完美"、不思进取有很大关系。相比之下，中国则能看到自身的问题，以高度的改革自觉性，与时俱进，勇于创新，推动政治制度及其体制机制不断完善。中国共产党要求全党同志牢固树立社会主义改革和发展的基本观点和自觉性，在社会主义社会各个历史阶段都根据经济社会发展的要求，适时地通过改革不断推进社会主义制度自我完善和发展，使社会主义制度充满生机和活力。

社会主义政治制度的优势，不是与生俱来的，也不是一劳永逸的。过去拥有不等于现在拥有，现在拥有不等于永远拥有。但是，中国特色社会主义的辉煌实践与巨大成就，使我们对中国特色社会主义政治制度充满信心。我们坚信，随着经济不断发展和社会日益进步，随着政治体制改革的推进和政治制度的完善，中国特色社会主义政治制度的优越性和生命力必将更加充分地展现出来。

中国特色社会主义
政治制度的完善

　　肯定中国特色社会主义政治制度的优越性，并不意味着中国特色社会主义政治制度已尽善尽美。我们清醒地认识到，我们的政治制度并没有成熟定型，特别是保障人民民主权利、发挥人民创造精神的政治体制还存在不足，有法不依、执法不严、违法不究的现象依然存在，滥用职权、失职渎职、执法犯法的现象还比较严重，关系人民群众切身利益的执法司法问题仍比较突出。正是由于始终保持清醒的头脑，改革开放以来我们一直致力于推进政治体制改革。2012 年 11 月，中国共产党召开了第十八次全国代表大会。大会的主题是：坚定不移沿着中国特色社会主义道路前进，为全面建成小康社会而奋斗。为全面建成小康社会而奋斗，在政治领域就是要不断扩大人民民主。具体说来就是：民主制度更加完善，民主形式更加丰富，人民积极性、主动性、创造性进一步发挥；依法治国基本方略全面落实，法治政府基本建成，司法公信力不断提高，人权得到切实尊重和保障。为了实现这个目标，大会要求把制度建设摆在突出位置，继续积极稳妥地推进政治体制改革。2013年11月召开的中共十八届三中全会，把政治体制改革纳入全面深化改革的总体布局，提出了加强社会主义民主法制建设的重大举措。完善中国特色社会主义政治制度，充分发挥中国特色社会主义政治制度的优越性，必须按照中共十八大和十八届三中全会的精神继续推进政治体制改革。

完善人民代表大会制度

人民代表大会制度是符合中国基本国情、体现社会主义国家性质、保证人民当家做主的根本政治制度，也是在国家政权中充分发扬民主、贯彻群众路线的最好实现形式。支持和保证人民当家做主，最重要的是支持和保证人民通过这一制度行使国家权力。

支持人大及其常委会充分发挥国家权力机关的作用。这方面的主要工作是：健全立法起草、论证、协调、审议机制，提高立法质量，防止地方保护和部门利益法制化；健全"一府两院"由人大产生、对人大负责、受人大监督制度；健全人大讨论、决定重大事项制度，各级政府重大决策出台前向本级人大报告；加强人大预算决算审查监督、国有资产监督职能。宪法赋予人大的职权可以分解为授权和监督两个部分，前者如立法权、行政权、司法权、军事权，后者指保证政府权力和司法权力行使符合授权目的的监督权。从理论上讲，监督权应不低于人大权力总量的百分之五十。但从实践来看，监督权弱化导致了授权与监督的失衡。如审议政府工作报告是人大监督权的重要表现，但在改革开放以来人大制度正常运转的六届全国各级人大十万余次的会议中，工作报告未被通过的仅有两起。如此低的未通过率，从一个侧面表明了人大监督弱化的程度。各级人大对政府财政预算的监督也存在一些问题：有关法律法规不够完善，表现为法律依据过于原则笼统，不同法律规定相互间缺乏衔接；财政审查监督工作乏力，表现为预算编制技术粗化，预算审批不够严格，执行监督缺乏刚性，决算监督流于形式；支持保证条件不足，表现为人大财政监督专业机构及人员缺乏，缺少必要的信息资料，监督力度不大；等等。因此，支持人大及其常委会充分发挥国家权力机关作用，应特别注重加强对"一府两院"的监督，加强对预算决算的审查监督。

提高基层人大代表特别是一线工人、农民、知识分子代表比例。来自基层的人大代表，基层经历丰富，联系群众紧密，对民生等社会情况有着直接而真实的体验。中国选举法规定，各级人大代表应有广泛的代表性，有适当数量的基层代表，特别是工人、农民和知识分子代表。今后应在实现城乡按相同人口比例选举人大代表的基础上，进一步提高基层人大代表特别是一线工人、农民、知识分子代表的比例。这样，可以更加充分地体现人人平等的原则，进一步优化代表结构，体现代表的广泛性；可以扩大人大代表的覆盖面，调动基层参政议政的积极性主动性，使党的主张和人民心声更加紧密地联系起来，推动解决人民群众最关心最直接最现实的利益问题；可以使党和国家的决策部署更加切合实际、更加科学有效，更好地体现人民的意志、利益、愿望。同时，相应地降低党政领导干部代表比例，继续解决人大代表"官民比例"失衡的问题；大力提高人民代表的素质，避免仅有基层工作经历而缺乏参政议政能力的现象；严格规范人大代表选举程序，坚决杜绝贿选等破坏选举的现象。

建立健全代表联络机构，完善代表联系群众制度。代表联络机构不同于西方议会议员个人工作室，而是主要设在各级人大机关内部，作为人大代表集体联系选举单位选民和人民群众的常设办公地点，方便人大代表通过书信、电话、来访接待、调研走访、督办等形式，保持同选举单位选民和广大人民的密切联系。这个机构的设立，有利于在人大代表和人民群众之间构建开放、互动、畅通、紧密的关系，使人大代表深入了解民情、广泛反映民意、充分集中民智，推动解决群众反映强烈的突出问题；同时使人民群众及时便捷地反映自己的利益诉求、提出自己的意见建议，实现有序政治参与，进一步增强中国特色社会主义民主政治的生机和活力。

健全国家权力机关组织制度，优化常委会、专委会组成人员知识和年龄结构，提高专职委员比例，增强依法履职能力。在人民代表大会制度中，人大的经常性工作甚至基本职能主要由常委会等常设机构履行。提高常委会和专委会专职委员的比例，必然能够增强人大常设机构的履职能力。目前，专职委员的配备很不平衡，一些地方占到了1/3，而更多地方根本没有。提高专职委员比例，优化他们的知识和年龄结构，增强他们依法履职的能力，应成为人大自身建设的一个重点。

健全社会主义协商民主制度

协商民主是社会主义民主的本质属性，是中国人民民主的独特优势，是与中国传统文化相契合的民主形式，是中国共产党群众路线在政治领域的重要体现。实践证明，协商民主能够通过对话、讨论等过程使立法和决策更科学、更符合实际；能够通过鼓励积极的参与、表达与倾听来培养广大群众对公共利益的关注，养成相互理解、宽容和妥协的民主精神；能够通过协商的程序设计有效制约行政权力的膨胀，防止公权力被滥用；能够通过公开的交流和协商，促进不同文化间的沟通与理解；能够平等、公正地对待社会的分歧与差异，建立社会信任。人民群众政治参与积极性的提高，要求我们拓展协商民主的平台，丰富协商民主的形式，完善协商民主制度及工作机制，推进协商民主广泛、多层、制度化发展。

健全社会协商对话制度。实践协商民主，关键在制度建设。有了制度并按制度办事，才能避免协商的随意性，才能增强结果的有效性。在社会范围内，及时地、畅通地、准确地坚持下情上达、上情下达，做到彼此沟通、互相理解，是社会协商制度的功能与作用。通过国家政权机关、政协组织、党派团体等渠道，就经济社会发展重大问题和涉及群众切身利益的实际问题广泛协商，广纳群言、广集民智，增进共识、增强合力，是国家政权机关实现决策民主化的必然要求。健全社会协商对话制度，就是要发挥人大、政协、人民团体、行业协会等组织的职能作用，完善公共决策社会公示制度、公众听证制度、专家咨询论证制度，完善信访工作机制，落实领导干部接访、下访、回访、联系群众制度，畅通公民利益表达渠道，深入了解民意、广泛集中民智、寻求不同利益的交汇点，以获得群众普遍认同，取得群众支持和拥护。

充分发挥人民政协的重要渠道作用。人民政协的协商民主，以宪法、政协章程和相关政策为依据，以中国共产党领导的多党合作和政治协商制度为保障，集协商、监督、参与、合作于一体，经过多年发展已形成比较完备的工作方法、实践模式和工作网络，实现了人民知情权、参与权、表达权、监督权的有机结合。新的形势和新的任务，要求我们继续推进人民政协的制度化规范化程序化，更好地发挥它作为协商民主的重要渠道的作用。第一，合理设置政协界别。界别设置是否科学，直接关系到协商主体是否具有代表性和包容性。目前的界别设置，体现了广泛团结、包容各界的特点。适应经济社会发展和社会阶层结构的发展变化，需要进一步优化界别设置，扩大团结面和包容性，充分发挥界别作为扩大社会各界有序政治参与的重要渠道作用。为了使界别设置有章可循、有据可依，应提出界别设置的全国性指导意见。第二，提高政协委员的协商能力。政协委员参政议政的能力直接影响着协商民主的成效。需要在总结经验的基础上，完善委员推选制度，改进委员产生办法。在一定范围内采取群众推荐、界别协商、组织选拔相结合的办法，有条件的地方可以在界别内选举产生，确保委员有代表性、责任感和议政建言能力。在政协健全委员联络机构，完善委员联络制度。第三，增强民主协商的实效性。民主协商的根本目的，是使决策更加完善、更加科学，使社会各方面利益在决策过程和执行过程中得到更好体现和保障。增强民主协商的实效性，需要探索建立以界别为基础、以专题为内容、以对口为纽带、以座谈为主要形式的协商机制，更好地发扬民主、充分讨论；创新政协经常性工作方式，特别是完善委员与一定的人群、界别相联系的制度，让委员参与一定范围内的政治讨论，并接受人民与界别的监督；把推进民主协商与健全决策机制紧密结合起来，规范协商内容，完善协商程序，增加协商密度，更加活跃有序地开展专题协商、对口协商、界别协商、提案办理协商，强化协商成果的运用和反馈；拓宽公民有序政治参与渠道，努力构建多层次、全方位协商格局。第四，着力提高建言献策的质量。选取调研课题，应善于把握经济社会发展重大问题和群众强烈关注问题的结合点，不求多而求精，不求全而求深。加强闭会期间提案征集，发挥党派团体和政协专委会优势，探索开展界别提案工作，切实使提案成为人民政协富有特色的智力库和信息库。健全承办单位、提案者、政协组织三方办理协商机制，完善提案工作考核评价、重点提案跟踪督办、公开提案内容和办理复文等制度。在政协健全委员联络机构，联络委员联络制度。

积极开展基层民主协商。经过多年的发展，中国已形成了以农村村民自治、城市社区居民自治、企业职工代表大会为主要内容的基层民主体系，并形成了基层民主协商这一民主形式。基层民主协商以村、社区和企业为单位展开，每一单位所占地域面积不大、所辖人口不多，最能体现协商民主的包容性、平等性、公开性，是人民当家做主最直接、最广泛的途径。当前的基层民主协商，举行的频率较高，但有时流于形式，协商结果反馈不足，质量有待提高。需要进一步提高广大基层干部对协商民主的认识，充实与群众协商沟通的有效渠道，健全群众参与决策的规范程序，完善党委领导下的专家论证、群众参与的有效机制。制定民主恳谈会的相关办法、条例，扩大群众参与范围，明确各类参与主体的权利与义务，规范协商结果的表决及其实施，使民主恳谈会的各个阶段都尽可能处于公开、公平、公正状态。同时，深化企业和机关事业单位工资制度改革，推行企业工资集体协商制度，保护劳动所得。

完善协商民主制度和工作机制。改革开放以来，中国的协商民主得到了迅速发展，但仍存在制度化不足的问题。如何划分全国的、地方的、基层的民主协商，如何明确各种协商的主体、内容和形式，如何构建程序合理、环节完整的民主协商体系，如何健全决策咨询制度、加强中国特色新型智库建设，如何协调国家政权机关、政协组织、党派团体的民主协商，如何切实把协商成果纳入决策程序，如何更加活跃有序地组织各种协商，突出特点，避免重叠，都有待通过制度加以认定和规范。社会主义协商民主的主体，不仅包括各领域各方面的代表人士，还要进一步扩大至普通群众。通过完善有关会议的旁听制度，通过改进群众大会、民主恳谈会、民主评议会以及群众来信来访、领导接待日、人民调解等方式，使群众参与协商的渠道更为丰富和畅通。互联网的开放性、互动性、多样性、超时空等特点，与协商民主所倡导的公共协商精神有耦合之处。目前，中国网民以网络论坛、网络社区、网络社团和网络博客等为载体，将互联网技术运用于政治参与，对社会主义协商民主产生了重要影响。应加强互联网设施建设，扩大网络覆盖面，建立公共信息及时发布制度，健全政府与网民对话协商制度，完善引导网民理性讨论制度，促进网络协商民主健康发展。

完善基层民主制度

发展基层民主直接关系到广大人民群众的切身政治权利，是中国民主政治建设的重点内容和基础工程。在城乡社区治理、基层公共事务和公益事业中依法自我管理、自我服务、自我教育、自我监督，是人民直接行使民主权利的重要方式。改革开放以来，群众政治参与的积极性不断提升，中国城乡面貌发生了历史性变化。加强社会主义民主政治制度建设，要求我们进一步完善基层民主制度。

健全基层党组织领导的充满活力的基层群众自治机制，以扩大有序参与、推进信息公开、加强议事协商、强化权力监督为重点，拓宽范围和途径，丰富内容和形式，保障人民享有更多更切实的民主权利。扩大有序参与，更多地吸收居民村民参与基层事务管理，就涉及群众利益的事务广泛听取意见和建议。推进信息公开，使居民村民知晓城乡基层管理涉及的事务，让每位群众心里都有一本"明白账"。加强议事协商，凡涉及居民村民的公共事务和公益事业，尽可能达成一致意见，努力维护社区和谐稳定。强化权力监督，督促城乡社区管理人员履职尽责，防止腐败现象发生。在农村，进一步完善村民民主选举、民主决策、民主管理、民主监督的方式方法，提高农村公共事务、公益事业的自我管理水平，增强调解民间纠纷、维护社会治安的能力。在城市，进一步完善居委会协调会制度、听证会制度、评议会制度、居民来访制度、居委会工作报告制度，充分发挥居民在社区治理、公共事务和公益事业中的积极性主动性。发展基层群众自治的出发点和落脚点是实现好、维护好、保障好人民群众的权益，应着力健全基层选举、议事、公开、述职、问责等方面机制，充分发挥村委会、居委会在反映群众利益诉求方面的作用，使城乡群众从利益实现和权益保障中不断增强参与民主政治建设的积极性。

全心全意依靠工人阶级，健全以职工代表大会为基本形式的企事业单位民主管理制度，保障职工参与管理和监督的民主权利。健全职工代表大会制度，应着眼强化职工在本单位民主管理、民主监督中的作用，包括审议重大决策、管理内部事务、监督管理人员依法行使职权，维护职工合法权益，推动本单位各项事业健康、可持续发展。除了职工代表大会，工会也是企业民主管理的组织机构。截至 2012 年 9 月，全国建立基层工会组织 266.6 万个，覆盖企事业机关单位 616.6 万个，会员总数 2.8 亿人。中国工会作为世界最大的工会，不像西方国家那样是纯粹的工人自治组织，而是党和国家创办的群众团体。全心全意依靠工人阶级，要求我们充分重视并发挥工会的作用，保障职工参与管理和监督的民主权利，支持工会担负起维护职工合法权益的基本职责，让职工群众切实感受到工会是"职工之家"，工会干部是可信赖的"娘家人"。

随着经济体制的深刻变革和社会结构的深刻变化，大量新兴社会组织蓬勃发展。目前，全国有七十多万个注册登记和过百万个没有注册登记的各类社会组织。如何规范并扩大这些组织特别是新兴组织的自主权、自治权和群众参权，日益成为发展基层群众自治的迫切任务。需要给予有力指导，推动各类社会组织广泛发扬民主，实行民主决策、民主监督，提高工作透明度；充分发挥它们在反映基层群众诉求、管理基层事务、扩大群众参与等方面的积极作用，增强各自的自治功能，拓宽基层群众自我管理、自我服务、自我教育、自我监督的渠道。在社会管理体制改革和创新中，强化各类社会组织在社会管理和服务中的职责，引导群众性社会组织健康有序发展，充分发挥人民群众参与社会管理的基础作用。进一步理顺基层党组织和群众自治组织的关系，发挥基层党组织对群众自治的领导作用和保障作用。正确处理政府行政权力与群众自治权利的关系，加强服务型政府建设，支持和扶持基层群众自治，实现政府管理和基层民主的有机结合。

深化行政体制改革

行政体制是经济体制与政治体制的纽带，行政体制改革是推动上层建筑适应经济基础的必然要求。改革开放以来，我们已进行了多次较为集中的行政体制改革。历次改革构成了一个由表及里、由浅入深、由易到难、相互衔接的渐进过程，呈现出从以精简机构人员为重点转向以科学配置政府职能为核心、从主导经济发展转向注重社会管理、从注重微观经济管理转向注重宏观经济管理、从管制转向服务、从结构调整转向机制建构的发展趋势，形成了基本适应社会主义市场经济体制的组织架构和职能体系。同时，现行行政体制仍存在一些问题：政府职能转变不到位，干预微观经济运行过多，社会管理和公共服务薄弱，政府机构设置不尽合理，行政运行和管理制度不够健全，部门职责交叉、权责脱节和效率不高的问题仍较突出，对行政权力的监督制约机制还不完善，滥用职权、以权谋私、贪污腐败等现象仍然存在。实现到 2020 年建立起比较完善的中国特色社会主义行政体制的目标，必须深化行政体制改革。

继续简政放权，推动政府职能转变。转变政府职能是行政体制改革的核心，需要解决好政府、市场和社会三个领域的权力划分，促进政府职能向创造良好发展环境转变、向提供优质公共服务转变、向维护社会公平正义转变。实现这样的转变，需要深化行政审批制度改革，继续简政放权，切实减少对微观经济活动的干预，更大程度更广范围发挥市场在资源配置中的基础性作用。凡公民或法人或其他组织能够自主决定、市场竞争机制能够有效调节、行业组织或者中介机构能够自律管理的事项，政府都要退出。2001 年行政审批制度改革启动以来，国务院已取消调整原有行政审批事项的 69.3%。截止 2012 年底，国务院各部门行政审批事项仍有 1700 多项。本届政府正加大从改革审批制度入手转变政府职能的力度，努力落实再削减 1/3 以上的承诺。同时，加强和改进国家宏观调控，完善宏观调控体系，着力提高宏观调控和管理水平；加强和改进市场监管，进一步完善市场体系，创造良好市场环境，维护公平竞争的市场秩序；更加注重社会管理和公共服务，从体制、法制、政策、能力、人才和信息化方面全面加强社会建设，创新社会管理，保障和改善民生，提高公共服务水平；营造既有活力又有秩序的社会环境，切实维护社会公平正义，促进和谐社会建设。

稳步推进大部门制改革，健全部门职责体系。大部门制是一种合理设置机构、优化职能配置、与经济社会发展相适应的政府组织模式。大部门制改革作为以往改革的延续，不仅可以继续优化政府组织结构和行政运行机制，有效克服行政体制中机构重叠、职能交叉、权责脱节、职责不清、推诿扯皮、效率低下等弊端，而且有利于推进决策科学化、民主化、规范化，提高决策水平，有利于整合公务员队伍，优化人员结构。推进大部门制改革，需要合并职能相近、管理分散的机构，需要调整职责交叉重复、相互扯皮、长期难以协调工作的机构，以利于权责统一、提高整体效能；同时对职能范围过宽、权力过分集中的机构进行适当分设，以改变部门结构失衡和运行中顾此失彼的现象。建立健全部门职责体系，是政府全面正确履行职能的基础，需要科学划分、合理界定各部门职能，明确各部门责任，健全部门间协调配合机制。

优化行政层级和行政区划设置，深化乡镇行政体制改革。合理、协调的行政层级，是国家行政权力顺畅、高效运行的重要条件。需要合理确定中央与地方政府的职能与责任，健全中央和地方之间财力与事权相匹配的体制；科学界定和明确省以下不同层级地方政府的职能与权责的关系，充分发挥地方各级政府的积极性。近几年，一些省所进行的省直管县（市）改革，是减少行政层级、提高行政效率的有益探索。这方面改革，应积极而慎重，不能一个模式，不搞一刀切，坚持从实际出发，因地制宜决策，及时总结经验，给予正确引导。行政区划是国家行政管理的基础，区划设置是否科学合理直接关系行政管理的效能。近些年来，中国经济体制改革、政府职能转变以及城市化发展对行政区划设置提出了新的要求。需要按照有利于提高行政效率、有利于优化配置资源、有利于改进社会管理、有利于提供公共服务的原则，简化行政管理层级，适时适度地调整行政区规模和管理幅度。乡镇政府等基层政权组织是国家政权的基石，乡镇行政体制直接关系到农村经济发展和社会稳定。需要按照因地制宜、精简效能、权责一致的原则，转变政府职能，优化机构设置，精简机构人员，创新服务方式，提高行政效率，建立行为规范、运转协调、公正透明、廉洁高效的基层行政体制和运行机制。对经济总量较大、吸纳人口较多的县城和小城镇，可赋予其相适应的经济社会管理权限。

创新行政管理方式，提高政府公信力和执行力。第一，创新服务和管理模式。坚持以人为本、执政为民，在服务中实施管理，在管理中实现服务。善于运用市场机制，善于调动社会力量，善于利用信息技术，推行电子政务，优化管理流程，创新公共服务方式，提高行政管理成效。第二，继续推进依法行政。进一步加强行政立法、执法和监督工作，加强行政程序和行政监督制度建设，规范政府行为，推进政府建设和行政工作法治化、制度化。第三，大力推进政务公开。完善政务公开制度，保障公众对公共事务的知情权、参与权、表达权和监督权，创造条件让人民群众更好地了解政府、监督政府、支持政府。第四，提高科学决策水平。健全科学决策、民主决策、依法决策机制，合理界定决策权限，规范决策行为。完善决策信息系统和智力支持系统，健全决策评估体系和纠错机制。第五，推进政府绩效管理。加快健全行政绩效指标体系，完善评估标准、机制和方法，引导政府工作人员树立正确的政绩观。推进统计制度改革，建立信息公开制度。特别是要让广大群众参与政府绩效考评，充分听取人民群众意见。注重运用绩效考评结果，严明奖惩办法，加快完善责任追究制度。第六，提高工作效率和服务水平。加强公务员队伍建设，改进工作方式，转变工作作风，同时严格控制机构编制，减少领导职数，降低行政成本。这样，才能有效提高政府的公信力和执行力。

推进事业单位分类改革，激活事业单位活力，扩大公益服务供给。中国事业单位涉及面广、机构庞杂、情况复杂。据有关部门提供的数据，2010年全国有126万家事业单位、3000多万从业人员，分布在教育、科研、文化、医疗、卫生、体育、社会服务等各个领域。这些事业单位分别隶属于不同的党政机构，包括隶属乡镇一级为基层服务的各种站所。长期以来，事业单位在促进经济社会发展、改善人民生活方面发挥了重要作用，同时在管理运行中积淀了一些深层次问题，如政事不分、事企不分，事业单位自我营利倾向严重，内部缺乏活力，主管部门管得过多过死。随着经济社会的发展，传统的国家办事业、国家养事业、国家管事业的格局难以持续下去。因此，理顺政府与事业单位之间的关系，加快事业单位改革的步伐，完善公共服务体系势在必行。2011 年 3 月，中共中央和国务院发布了关于分类推进事业单位改革的指导意见。意见提出，按照政事分开、事企分开和管办分离的要求，以促进公益事业发展为目的，以科学分类为基础，以深化体制机制改革为核心，总体设计、分类指导、因地制宜、先行试点、稳步推进，到 2020 年建立起功能明确、治理完善、运行高效、监管有力的管理体制和运行机制，形成基本服务优先、供给水平适度、布局结构合理、服务公平公正的中国特色公益服务体系。同时，一系列配套政策陆续出台，具体明确了事业单位的机构编制、内部治理、人事管理、收入分配、职业年金、财政支持、税收政策、国有资产管理等事项。推进事业单位改革，就是要创新完善体制机制，激活事业单位活力，加快社会事业发展，扩大公益服务供给，满足人们日益增长的公益服务需求。

在整个行政体制改革中，国务院机构改革和职能转变极为重要，它事关改革发展稳定大局。2013 年 3 月召开的第十二届全国人大一次会议，审议通过了《国务院机构改革和职能转变方案》。这个方案贯彻建立中国特色社会主义行政体制目标的要求，以职能转变为核心，继续简政放权、推进机构改革、完善制度机制、提高行政效能，深入推进大部门制改革，对减少和下放投资审批事项、生产经营活动审批事项，对减少资质资格许可和认定、专项转移支付和收费、部门职责交叉和分散，对改革工商登记制度、社会组织管理制度，对加强宏观管理、基础性制度建设、依法行政等，都作出了重大部署，体现了加快行政管理体制改革、建设服务型政府的要求，积极稳妥，循序渐进，切实可行。推进国务院机构改革和职能转变，就是要加快形成权界清晰、分工合理、权责一致、运转高效、法治保障的国务院机构职能体系，切实提高政府管理科学化水平，处理好政府和市场、政府和社会、中央和地方的关系，充分发挥市场在资源配置中的基础性作用，充分发挥社会力量在管理社会事务中的作用，充分发挥中央和地方两个积极性。

强化权力运行制约和监督体系

"权力导致腐败，绝对权力导致绝对腐败"，说的不是权力本身，而是掌握权力的人。为了监督和制约权力，西方国家设计出了一整套的机制和办法，如三权分立、多党制。这些机制和办法建立在西方社会特有的价值观念基础之上，其他国家不能随意照搬照抄。但是，权力必须受到监督和制约却是政治运作的一般规则。中国从本国的历史与现实的国情出发，借鉴人类政治文明优秀成果，按照结构合理、配置科学、程序严密、制约有效的原则，不断完善决策权、执行权、监督权既相互制约又相互协调的权力运行体系，做到用制度管权、管事、管人，保障人民知情权、参与权、表达权、监督权，确保国家机关按照法定权限和程序行使权力。经验告诉我们，实现干部清正、政府清廉、政治清明，必须健全决策科学、执行坚决、监督有力的权力运行制约和监督体系。

健全决策机制和程序。加强对权力运行的制约和监督，首先要加强对决策权的制约和监督。决策权如果失去制约和监督，就会出现拍脑袋决策的现象，也难以避免为私利而决策的现象，从而带来巨大甚至难以挽回的损失。中国共产党各级委员会决定重大事项，必须严格落实集体领导、民主集中、个别酝酿、会议决定的原则；强化全委会决策和监督作用，健全常委会议事规则和决策程序，完善地方党委讨论决定重大问题和任用重要干部票决制，规范常委会向全委会定期报告工作并接受监督制度。加强决策咨询工作，做好重大问题前瞻性、对策性研究，广泛听取党员、群众、基层干部意见和建议，发挥咨询研究机构、专家学者、社会听证在决策过程中的作用，不断提高科学决策、民主决策、依法决策水平，特别是要建立健全决策问责和纠错机制，凡是损害群众利益的决策和做法都要坚决防止和纠正。

推进权力运行公开化规范化。权力运行公开，不仅是在本部门或本单位内部公开，接受本部门本单位干部职工的监督，也要向社会公开，接受社会公众的监督。需要进一步完善党务、政务和各领域办事公开制度，推进决策公开、管理公开、服务公开、结果公开，推行地方各级政府及其工作部门权力清单制度，依法公开权力运行流程，健全权力公开的机制，明确权力的幅度和依据，明确公开的内容、范围、形式、载体和时间，提高权力运行的透明度和公信力。近些年来，各级政府积极利用微博开展工作，在微博问政、议政与参政方面积累了有益经验，彰显了微博作为政府与网民沟通桥梁的独特价值。但是，政府利用微博存在较大的随意性，层次有待提高，内容有待丰富。需要大力加强各级政务微博的制度化建设，对政务微博的形式、内容、维护、反馈以及评价等作出明确规定。

健全监督体系。加强对权力的监督，必须构建完善的监督体系，充分发挥各方面监督的作用，使监督覆盖权力运行的各环节、各方面。加强党内监督，落实党内监督条例，更好地发挥巡视制度的监督作用，重点加强对领导干部特别是主要领导干部、人财物管理使用、关键岗位的监督，健全质询、问责、审计、辞职、罢免等制度，有效防止权力失控、决策失误、行为失范。认真落实民主生活会、述职述廉、诚勉谈话等制度，增强党内监督实效，以党内监督促进各方面监督。加强民主监督，完善民主党派监督机制，经常听取民主党派负责人和无党派人士的意见，定期向他们通报廉政建设和反腐败工作情况，充分发挥各党派、各团体、各阶层、各界人士的民主监督作用。加强法律监督，支持人大及其常委会通过行使询问、质询、执法检查、听取和审议有关部门工作报告以及预算审查等职权，加强对政府、法院、检察院及其工作人员的监督。完善监督的法律制度，保证各方面监督有法可依。完善宪法和法律监督制度，确保宪法和法律贯彻实施。完善司法监督，加强对行政机关、司法机关及其工作人员公务活动合法性的监督，推动行政机关依法行政、司法机关依法司法。加强舆论监督，推进舆论监督法治建设，健全舆论监督引导机制，特别是要做好网络监督的有关工作，提高监督的针对性和实效性。各级领导干部要善待媒体、善用媒体、善管媒体，提高通过舆论监督发现问题、改进工作、密切党群关系的意识和能力。总之，把党内监督与党外监督、专门机关监督与人民群众监督、法律监督与社会监督有机结合起来，形成监督合力，真正做到让人民监督权力，让权力在阳光下运行。

巩固和发展最广泛的爱国统一战线

统一战线是促进政党关系、民族关系、宗教关系、阶层关系、海内外同胞关系和谐，凝聚各方面力量，胜利推进现代化建设和中华民族复兴伟业的法宝。在社会主义初级阶段，我们将长期面临生产力不够发达的现实，需要调动各方力量共同奋斗；面对各种利益关系调整所带来的矛盾，需要积极化解、协调关系；处于社会结构剧烈变动、思想观念多元多样的状态，需要开放包容、凝聚共识；实现中华民族伟大复兴的中国梦，需要推进祖国和平统一、创造良好外部环境。这些都有赖于充分发挥统一战线的作用，也对统一战线提出了新的时代课题。统一战线要高举爱国主义、社会主义旗帜，巩固统一战线的思想政治基础，正确处理一致性和多样性的关系，团结一切可以团结的力量，调动一切可以调动的积极因素，最大限度增加和谐因素、激发社会活力，为夺取中国特色社会主义事业新胜利作出贡献。

坚持和完善中国共产党领导的多党合作和政治协商制度。贯彻长期共存、互相监督、肝胆相照、荣辱与共的方针，加强中国共产党同民主党派和无党派人士团结合作，推进多党合作和政治协商的制度化、规范化、程序化。支持民主党派、无党派人士提高参政议政能力，引导他们围绕党和国家重大方针政策的制定和执行、执政党依法执政和领导干部履行职责等情况进行民主监督，围绕经济社会发展重大问题深入调查研究、积极建言献策，提升多党合作制度的整体效能。支持民主党派按照中国特色社会主义参政党的目标和原则不断加强自身建设，做到与中国共产党思想上同心同德、目标上同心同向、行动上同心同行。

巩固和发展各民族平等团结互助和谐的社会主义民族关系。坚持民族区域自治制度，加大帮助和扶持力度，加快少数民族地区发展，使之同全国一起实现全面建成小康社会的目标。全面落实党的民族政策，培养更多高素质的少数民族干部，维护和促进民族地区改革发展稳定的良好局面。牢牢把握各民族共同团结奋斗、共同繁荣发展的主题，深入开展民族团结进步教育，增强各族群众对伟大祖国的认同、对中华民族的认同、对中华文化的认同、对中国特色社会主义道路的认同，建设中华民族的共有精神家园。在社会主义市场经济促使各民族更多交往交流交融的历史条件下，保障少数民族合法权益，促进各民族和睦相处、和衷共济、和谐发展，共谋国家的强盛和统一。对打着民族旗号搞分裂主义的势力，进行坚决的揭露和斗争。

积极引导宗教与社会主义社会相适应。中国有佛教、道教、伊斯兰教、天主教、基督教等五大宗教，信教群众超过一亿。宗教工作的基本任务，是坚持马克思主义的立场、观点、方法，认识宗教在社会主义社会长期存在的客观现实，努力探索和掌握宗教现象的内在规律，不断提高宗教工作水平，把广大宗教界人士和信教群众团结到中国共产党周围，为中国特色社会主义事业共同目标而奋斗。要全面贯彻党的宗教工作基本方针和宗教信仰自由政策，坚持独立自主自办宗教原则，依法管理宗教事务，发挥宗教界人士和信教群众在促进经济社会发展中的积极作用。贯彻落实国务院《宗教事务条例》，推进宗教事务管理法制化，保护合法，制止非法，抵御渗透，打击犯罪。对涉及社会公共领域的宗教行为，尽可能纳入社会管理范围，由有关部门依法管理。促进宗教之间彼此尊重、互相学习，形成和谐的宗教关系。

鼓励和引导新的社会阶层人士为中国特色社会主义事业作出更大贡献。改革开放以来，我国个体、私营等非公有制经济不断壮大，已经成为社会主义市场经济的重要组成部分和社会生产力发展的重要促进力量；个体户、私营企业主、受聘于外资企业的管理技术人员、中介组织的从业人员、自由职业人员等新的社会阶层人员不断涌现，已经成为中国特色社会主义事业的重要建设力量。必须坚持充分尊重、广泛联系、加强团结、热情帮助、积极引导的方针，加强同非公有制经济人士和其他新的社会阶层人士的联系，关注他们的利益诉求，凝聚他们的聪明才智，扩大他们有序的政治参与，引导他们爱国、敬业、诚信、守法、贡献，把自身发展与国家发展结合起来，把个人富裕与全体人民共同富裕结合起来，自觉履行社会责任，做合格的中国特色社会主义事业建设者。

加强党外代表人士队伍建设。党外代表人士是与中国共产党团结合作、对祖国发展作出较大贡献、有一定社会影响的非中共人士，包括民主党派代表人士、无党派代表人士、少数民族代表人士、宗教界代表人士、非公有制经济代表人士，也包括香港、澳门、台湾以及海外代表人士，等等。加强党外代表人士队伍建设，事关中国特色社会主义政治制度的特点和优势，事关祖国现代化建设和中华民族伟大复兴，事关共产党的执政基础和群众基础，事关统一战线的发展壮大。新的形势和新的任务，要求我们认真贯彻实施《国家中长期人才发展规划纲要（2010-2020年）》，努力建设一支数量充足、结构合理、素质优良、作用突出的党外代表人士队伍。全面加强党外代表人士的教育培养，强化有关理论培训，加大实践锻炼力度，注重思想政治教育，充分发挥社会主义学院主阵地的作用。认真贯彻党外代表人士安排有关规定，健全选拔任用工作机制，加大选拔任用工作力度，切实搞好共产党与党外代表人士的合作共事。重视党外代表人士管理，中共领导干部和统战干部带头做好联谊交友工作，各级党政领导班子发挥示范带头作用，把联谊交友工作贯穿于党外代表人士发现、培养、使用和管理的各个环节。通过培养大批高素质、有影响、作用大的党外代表人士，推动爱国统一战线不断巩固壮大。

推进全体中华儿女的大团结大联合。发展壮大港澳爱国力量，引导他们支持特别行政区发展经济、改善民生、维护社会和谐稳定，循序渐进推进民主，促进香港同胞、澳门同胞在爱国爱港、爱国爱澳旗帜下的大团结。深入做好台湾人民工作，重点做好常住大陆青少年、职工、少数民族等群体的工作，不断增强他们对祖国的文化认同、民族认同和国家认同，对"台独"分裂势力作坚决斗争。落实党的侨务政策，以凝聚侨心、汇集侨智、发挥侨力为目标，坚持把维护海外侨胞和归侨侨眷的根本利益作为侨务工作的出发点和落脚点，支持海外侨胞、归侨侨眷关心和参与祖国现代化建设与和平统一大业。

以共产党内部民主带动人民民主

中国共产党是中国工人阶级的先锋队，同时是中国人民和中华民族的先锋队，其先进性也体现于党内民主。党内民主是中国共产党的生命，对党和国家事业的发展也至关重要。作为一个有八千多万党员的大党，中国共产党聚集了中国社会广大的政治、经济和文化精英。没有党内民主，难有实质性人民民主。党内民主的进程，在很大程度上决定着人民民主的进程。"以党内民主带动人民民主"，这一命题意味着党内民主不是中国民主政治建设的根本目标。"人民民主是社会主义的生命"，"人民当家做主是社会主义民主政治的本质和核心"，这些命题意味着人民民主才是中国民主政治建设的根本目标。积极发展党内民主，增强党的创造活力，以党内民主带动人民民主，成为中国民主政治发展的现实路线。

中国共产党历来重视党内民主建设。发扬光大这一优良传统，最重要的是用制度来配置党内权力、调整党内关系、规范党内生活，使民主成为党内政治生活的日常秩序和基本方式。我们党在长期实践中形成了许多保障党内民主的制度，如党内选举制度，重大决策征求意见制度，全委会投票表决制度，常委会接受全委会监督制度，党代表大会代表提案制度，代表提议的处理和回复制度，民主测评推荐干部制度，差额考察干部候选人制度，干部任前公示制度，干部公开选拔制度，干部竞争上岗制度，领导干部职务任期制度，党内情况通报制度，党内情况反映制度，质询、问责、罢免或撤换等方面制度。这些制度环环相扣、相互补充、配套衔接，比较有力地保障了党内民主，对于避免权力过分集中专断具有重要作用。加强和扩大党内民主，必须坚持和完善这些制度，特别是需要重点做好以下工作。

保障党员主体地位和民主权利。坚持民主集中制，健全党内民主制度体系，保障党员主体地位，完善党员权利保障制度。以落实党员知情权、参与权、表达权、选举权、监督权为重点，进一步提高党员对党内事务的参与度，充分发挥党员在党内生活中的主体作用。推进党务公开，健全党内情况通报制度，及时公布党内信息，畅通党内信息上下互通渠道。拓宽党员意见表达渠道，健全党内事务听证咨询制度，鼓励和保护党员讲真话、讲实话，营造党内民主平等、民主讨论、民主监督的环境。扩大党内基层民主，完善党员定期评议基层党组织领导班子等制度，推行党员旁听基层党委会议、党代表大会代表列席同级党委有关会议等做法，增强党内生活原则性和透明度，发挥党的基层组织在保障党员民主权利方面的作用。加强民主集中制教育，提高党员民主素质，引导党员正确行使权利、认真履行义务。通过努力，以党员民主意识、党内民主氛围引导人民的民主意识和社会的民主氛围。

完善党代表大会制度和党内选举制度。改善党代表大会代表结构，提高工人、农民代表比例；完善党代表大会代表任期制，试行乡镇党代表大会年会制，深化县（市、区）党代表大会常任制试点；围绕增强提案的科学性、针对性和可操作性，完善各级党代表大会代表提案制；扩大党代表大会代表对提名推荐候选人的参与，改进候选人提名方式。建立健全代表参与重大决策、参加重要干部评议推荐、列席党委有关会议、联系党员群众等制度和办法，做好代表联络工作，保障代表充分行使各项权利，充分反映党员意见和建议。完善党内选举制度，优化选举程序和投票方式，改进候选人介绍办法，规范差额提名、差额选举，使真正具有竞争实力的优秀人才成为候选人，形成充分体现选举人意志的程序和环境。对于基层党组织领导班子成员，推广由党员和群众公开推荐与上级党组织推荐相结合的办法，逐步扩大直接选举范围。选举人有了解候选人情况、要求改变候选人、不选任何一个候选人和另选他人的权利。不允许任何组织和个人以任何方式妨碍选举人依照规定自主行使选举权。严格控制选任制领导干部任期内职务变动，维护选举结果严肃性。

以党内民主带动人民民主，不仅需要加强党内民主建设，而且需要建立以党内民主带动人民民主的体制机制。建立这样的体制机制，最重要的是改进中国共产党的领导方式和执政方式，以民主执政保证党领导人民有效治理国家。各级党委既要支持人大、政府、政协、司法机关和人民团体依照法律和各自章程独立负责、协调一致地开展工作，又要发挥这些组织中共产党党组的领导核心作用，保证党的路线方针政策和党委决策部署贯彻落实。坚持和完善人民代表大会制度，支持人大及其常委会依法履行职能，善于通过国家政权组织实施党对国家和社会的领导。加强和改进党的群众工作，充分发挥工会、共青团、妇联等人民团体联系和服务群众的作用。以明确权责为重点，完善地方党委领导体制和工作机制，健全部门党组（党委）工作机制，健全党对国有企业和事业单位领导的体制机制。

新加坡国立大学东亚研究所所长郑永年在一篇文章中谈到了他对中国共产党党内民主的认识。他认为，开放性逐渐成为中国政党体制的一个重要特征。在西方，政治开放性是通过外部多元化、也就是多党制来实现的，每一种利益都可以在某个政党中得到体现。在中国，政治开放性是通过内部多元化来实现的，这就意味着政党的开放性。当社会上出现不同利益群体时，执政党向他们开放，吸纳他们加入政权，通过各种机制来体现他们的利益。由于中国没有反对党，对于任何一个社会群体来说，加入中共政治过程是表达自身利益的最有效途径。中共务实地领悟到，它必须代表不同社会利益。随着中共的社会基础的扩大，对党内民主的要求也日益增强。这就是为什么执政党在过去十年里一直强调党内民主的重要性和寻求形式多样的党内民主。郑永年认为，这种多元化开放性的效用丝毫不比其他体制差。

全面推进依法治国

法治是治国理政的基本方式，是中国现代化建设的执著追求。经过坚持不懈的努力，我们的法治建设取得了巨大成就，法治中国正在走来。《中共中央关于全面深化改革若干重大问题的决定》指出："建设法治中国，必须坚持依法治国、依法执政、依法行政共同推进，坚持法治国家、法治政府、法治社会一体建设。"落实这一要求，必须推动科学立法、严格执法、公正司法、全民守法全面进步。

加强重点领域立法，完善中国特色社会主义法律体系。中国特色社会主义法律体系虽已形成，但按照门类齐全、结构严谨、内部和谐、体例科学的要求还存在不足。今天中国改革发展稳定面临的新课题新矛盾，迫切需要更为完善的法律制度予以回应，特别是生态保护、食品药品监管等领域的立法亟待加强。我们将进一步完善立法规划，坚持立、改、废并举，把更多精力放到法律的修改完善上，同时突出重点领域立法；健全立法起草、论证、协调、审议、评估机制，切实增强法律法规的针对性、及时性、系统性，防止地方保护和部门利益法制化，充分发挥立法的引领和推动作用；完善人大代表参与机制，拓展人民群众参与途径，健全公众意见表达机制和采纳公众意见反馈机制,保证立法更加充分体现广大人民群众的意愿。同时,完善规范性文件、重大决策合法性审查机制,健全法规、规章、规范性文件备案审查制度。

推进依法行政,切实做到严格规范公正文明执法。行政机关承担着社会各领域的管理任务,实施 80% 以上的法律法规,执法水平与人民群众生产生活息息相关。推进依法行政、建设法治政府,是全面推进依法治国的中心环节,实践方面也取得了重大成就。但是,依法行政的现状与经济社会发展的要求还不相适应,一些地方和部门还存在形式化、口号化、实用化的倾向。推进依法行政,要求行政机关遵循职权法定、程序法定、公正公开、有效监督等原则行使职权,依法调整行政机关与行政管理相对人之间因行政管理活动发生的关系,注重保障公民、法人和其他组织的正当权利;围绕行政决策、行政执法、行政公开、行政监督、行政化解矛盾纠纷等环节规范政府行为,特别是要紧紧抓住行政机关严格规范公正文明执法这个重点,规范执法行为,完善执法程序,创新执法方式,规范执法自由裁量权,全面落实行政执法责任制;整合执法主体,减少执法层级,相对集中执法权,推进综合执法,着力解决权责交叉、多头执法问题,建立权责统一、权威高效的行政执法体制;加强对执法活动的监督,排除对执法活动的非法干预,坚决惩治腐败现象,做到有权必有责、用权受监督、违法必追究,切实维护公共利益、人民权益和经济社会秩序。

深化司法体制改革,加快建设公正高效权威的司法制度。中国的司法体制及工作机制,伴随多年的改革不断完善,但改革的任务依然艰巨。深化司法体制改革,要求以提高司法公信力为目标,重点解决影响司法公正和制约司法能力的深层次问题,加快建设公正高效权威的中国特色社会主义司法制度。继续优化司法职权配置,健全司法权力分工负责、互相配合、彼此制约机制,提高司法工作效率。推动省以下地方法院、检察院人财物统一管理,探索与行政区划适当分离的司法管辖制度,保证国家法律统一正确实施。严格规范司法行为,着力推进司法公正和司法公开,让人民群众在每一个司法案件中都能感受到公平正义。健全错案防止、纠正、责任追究机制,改进国家司法救助制度，完善法律援助制度。改进司法工作作风，切实解决好老百姓打官司难的问题，特别是加大对困难群众维护合法权益的法律援助。建立符合职业特点的司法人员管理制度，健全法官、检察官、人民警察统一招录、有序交流、逐级遴选机制，完善司法人员分类管理制度，健全法官、检察官、人民警察职业保障制度。加强司法职业道德建设，提升法官检察官的司法理念、业务能力和工作水平，切实维护司法公信力和权威。

深入开展法制宣传教育，弘扬社会主义法治精神。提高全民法治意识、努力建设法治社会，是全面推进依法治国的基础工作。打好这一基础，要求深入开展法制宣传教育，弘扬社会主义法治精神，树立社会主义法治理念，增强全社会学法遵法守法用法意识。通过法治宣传教育进乡村、进社区、进机关、进企业、进学校，使社会主义法治精神深入人心，培育以法治为内容的社会主义核心价值观。创新法治宣传方式，提高舆论引导能力，抵御错误观点的干扰和影响，让公众在学法遵法守法用法中升华对社会主义法治精神的认识和信仰。把法制教育与法治实践结合起来，广泛开展依法治理活动，提高社会管理法治化水平，引导人们自觉遵守法律、依靠法律解决问题，形成守法光荣的良好氛围。把法治建设和道德建设结合起来，深入推进公民道德建设工程，培育知荣辱、讲正气、作奉献、促和谐的文明道德风尚，形成依法维护权利、自觉履行义务的现代公民意识。

提高领导干部运用法治思维和法治方式深化改革、推动发展、化解矛盾、维护稳定的能力。领导干部是行使党的执政权和国家公权力的特殊群体，是运用法治方式治国理政的执政主体。全面推进依法治国，关键在各级领导干部，尤其在他们运用法治思维和法治方式完成工作的能力。运用法治思维和法治方式，实质就是各级领导干部想问题、作决策、办事情，必须时刻牢记人民授权和职权法定，必须严格遵循法律规则和法定程序，必须切实保护人民权利和尊重保障人权，必须坚持法律面前人人平等，必须自觉接受监督和承担法律责任。各级领导干部必须认真学习宪法和法律，把思想认识从重经济建设、轻法治建设的观念中转变过来，把法治建设从重立法重形式重宣传、轻执法轻落实轻效果的倾向中转变过来，把法治工作从重治民重处罚重管理、轻治官轻教育轻服务的方式中转变过来，在重视程度和领导力度上进一步增强使命感、紧迫感和责任感；必须带头遵守宪法和法律，杜绝以言代法、以权压法、徇私枉法，善于用法治规范领导行为、解决各种问题、促进社会和谐，努力把推动改革发展稳定与推动法治建设统一起来。

在中国特色社会主义法律体系初步形成的今天，加强法律实施成为全面推进依法治国的最重要环节。我们将进一步健全宪法实施监督机制和程序，完善全社会忠于、遵守、维护、运用宪法和法律的制度，建立科学的法治建设指标体系和考核标准。任何公民、社会组织和国家机关，都必须在宪法和法律范围内活动，依照宪法和法律行使权利或权力、履行义务或职责，切实做到有法必依、执法必严、违法必究，维护社会主义法制的统一、尊严、权威，形成人们不愿违法、不能违法、不敢违法的法治环境。《中国共产党党章》规定，党必须在宪法和法律的范围内活动，党员必须模范遵守国家的法律法规，除了法律和政策规定范围内的个人利益和工作职权，所有党员都不得谋求任何私利和特权。在中国共产党领导下，把遵循法治规律与立足中国国情结合起来，把自上而下推动与自下而上参与结合起来，我们一定能开创全面推进依法治国的新局面，一定能创造与我们的经济建设奇迹相媲美的法治建设的新奇迹。

主要参考文献与资料

01 《中华人民共和国宪法》（1982 年）；

02 《中华人民共和国全国人民代表大会组织法》（1982 年）；

03 《中华人民共和国民族区域自治法》（1984 年）

04 《中华人民共和国城市居民委员会组织法》（1989 年）；

05 《中华人民共和国村民委员会组织法》（1998 年）；

06 《中国人民政治协商会议章程》（1982 年）；

07 《坚定不移沿着中国特色社会主义道路前进，为全面建成小康社会而奋斗——在中国共产党第十八次全国代表大会上的报告》（2012 年）；

08 《中共中央关于全面深化改革若干重大问题的决定》（2013 年）；

09 《中共中央关于进一步加强中国共产党领导的多党合作和政治协商制度建设的意见》（2005 年）；

10 《政协全国委员会关于政治协商、民主监督、参政议政的规定》（1995 年）；

11 中华人民共和国国务院新闻办公室：《中国的民主政治建设》（2005

年）；

12 中华人民共和国国务院新闻办公室：《中国的法制建设》（2008 年）；

13 中华人民共和国国务院新闻办公室：《中国的民族政策与各民族共同繁荣发展》（2009 年）；

14 中华人民共和国国务院新闻办公室：《中国的反腐败和廉政建设》（2010 年）；

15 中华人民共和国国务院新闻办公室：《中国特色社会主义法律体系》（2011 年）

16 中华人民共和国国务院新闻办公室：《中国的对外贸易》（2011 年）；

17 中华人民共和国国务院新闻办公室：《中国的司法改革》（2012 年）；

18 中华人民共和国国务院新闻办公室：《2012 年中国人权事业的进展》（2013 年）；

19 本书编写组编著：《十八大报告辅导读本》，人民出版社 2012 年版；

20 许崇德主编：《宪法学（中国部分）》，高等教育出版社 2005 年版；

21 李秋生编著：《中国人民代表大会制度》，中国民主法制出版社 2009 年版；

22 陈斯喜编著：《中国基层群众自治制度》，中国民主法制出版社 2009 年版；

23 浦兴祖主编：《中华人民共和国政治制度》，上海人民出版社 2005 年版；

24 徐纬光、杨淑琴主编：《当代中国政治制度》，上海交通大学出版社 2012 年版；

25 聂月岩著：《当代中国政治制度》，北京大学出版社 2011 年版；

26 李君如著：《中国特色社会主义道路研究》，人民出版社 2012 年版；

27 张维为著：《中国触动》，世纪出版集团、上海人民出版社 2012 年版；

28 宋鲁郑著：《中国能赢》，红旗出版社 2012 年版；

29 陈明显主编：《中华人民共和国政治制度史》，南开大学出版社 1998 年版；

30 田居俭主编：《当代中国发展进步的政治前提和制度基础》，当代中国出版社 2011 年版；

31 杨光斌著：《中国政治发展的战略选择》，中国人民大学出版社 2011 年版；

32 俞可平著：《敬畏民意》，中央编译出版社 2012 年版；

33 谢春涛主编：《中国共产党如何治理国家》，新世界出版社 2012 年版；

34 王民朴、万远英、钟兴明著：《中国特色社会主义民主政治发展道路研究》，人民出版社 2011 年版；

35 中央政策研究室本书编写组：《改革开放 30 年的辉煌成就和宝贵经验》，研究出版社 2008 年版；

36 《人民日报》、《光明日报》、《学习时报》、《参考消息》、《北京日报》、《求是》、《 望》等报刊的有关文章；

37 中国共产党 – 中国网、中华人民共和国全国人民代表大会网、中国人民政治协商会议全国委员会门户网、中华人民共和国中央人民政府门户网、人民网、新华网等网站的有关资料。

图书在版编目（ＣＩＰ）数据

实践与发展：中国特色社会主义政治制度 / 林培雄，
庞仁芝著． -- 福州 ： 海风出版社，2014.7
ISBN 978-7-5512-0154-4

Ⅰ．①实… Ⅱ．①林… ①庞… Ⅲ．①中国特色社会
主义－政治制度－研究 Ⅳ．① D621

中国版本图书馆 CIP 数据核字（2014）第 144951 号

实践与发展：
中国特色社会主义政治制度

作　　者	林培雄　庞仁芝
责任编辑	胡立昀
装帧设计	胡立昀
封面设计	张阳阳
出版发行	海风出版社

（福州市鼓东路 187 号　邮编：350001）

印　　刷	福州力人彩印有限公司
开　　本	787 毫米 ×1092 毫米　1/16
印　　张	14.75 印张
字　　数	218 千字
印　　数	1-1000 册
版　　次	2014 年 9 月第 1 版
印　　次	2014 年 9 月第 1 次印刷
书　　号	ISBN 978-7-5512-0154-4
定　　价	58.00 元